TRAITÉ
D'ARCHITECTURE
SECOND VOLUME
Contenant
LES FIGURES.

LES

ORDRES

DES

COLONNES

ORDRE TOSCAN.

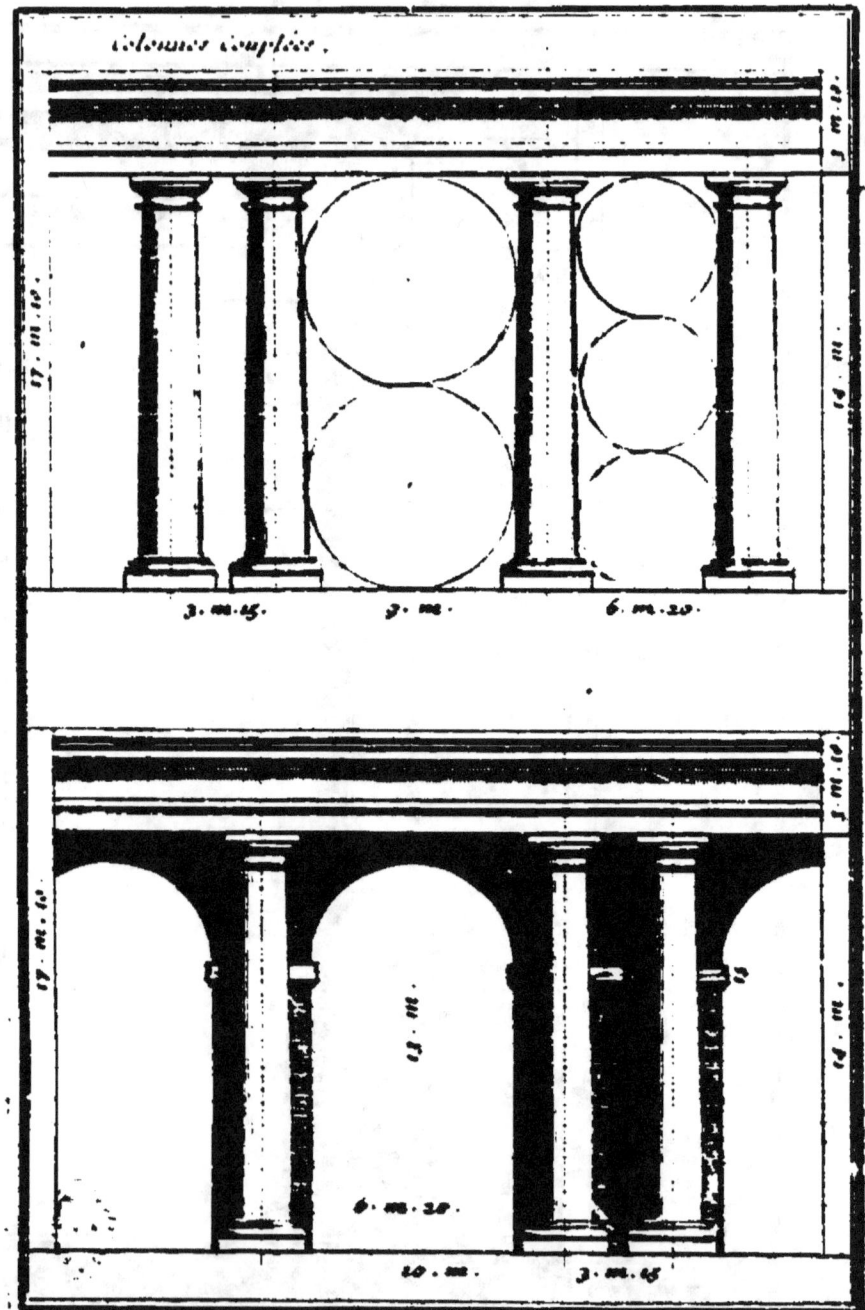

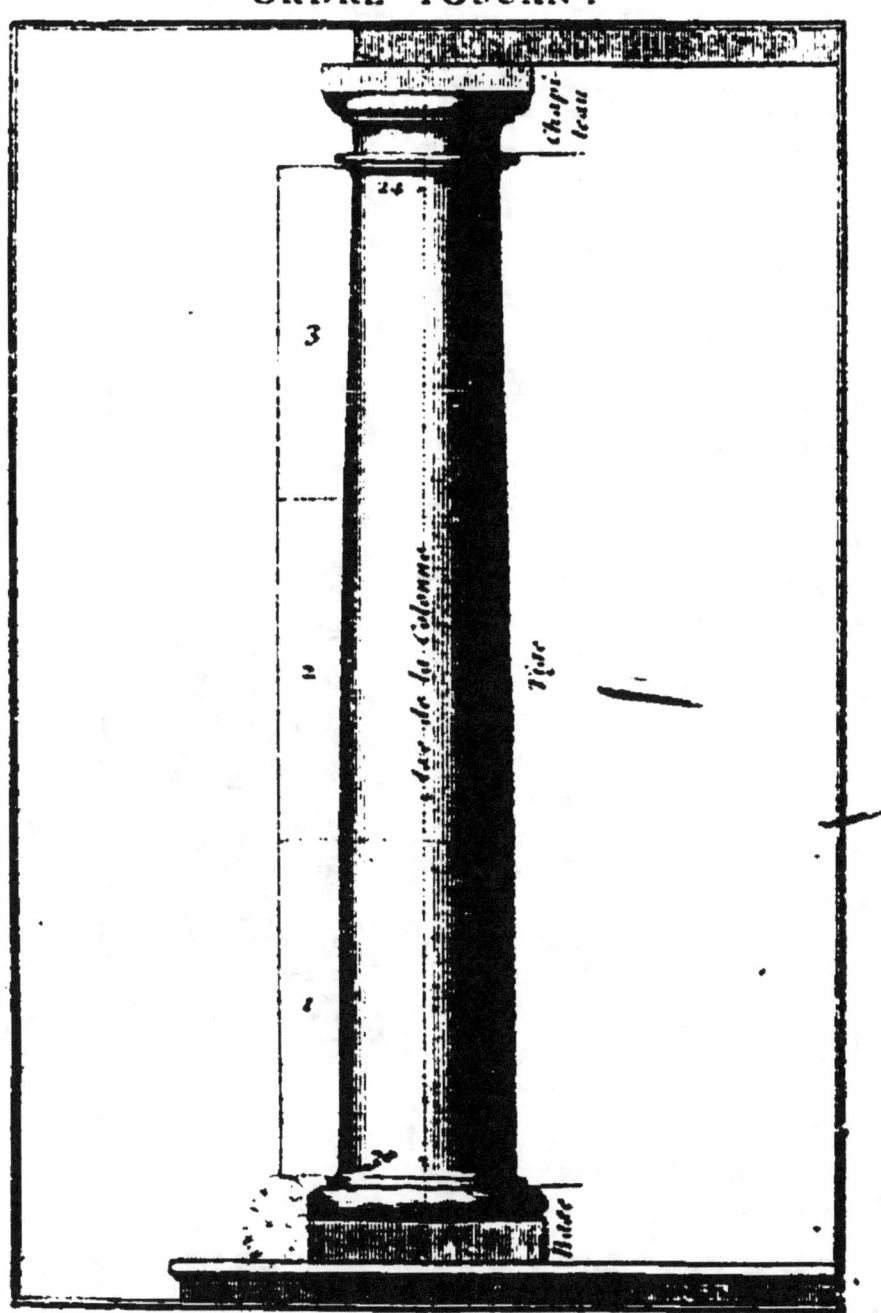

ORDRE TOSCAN

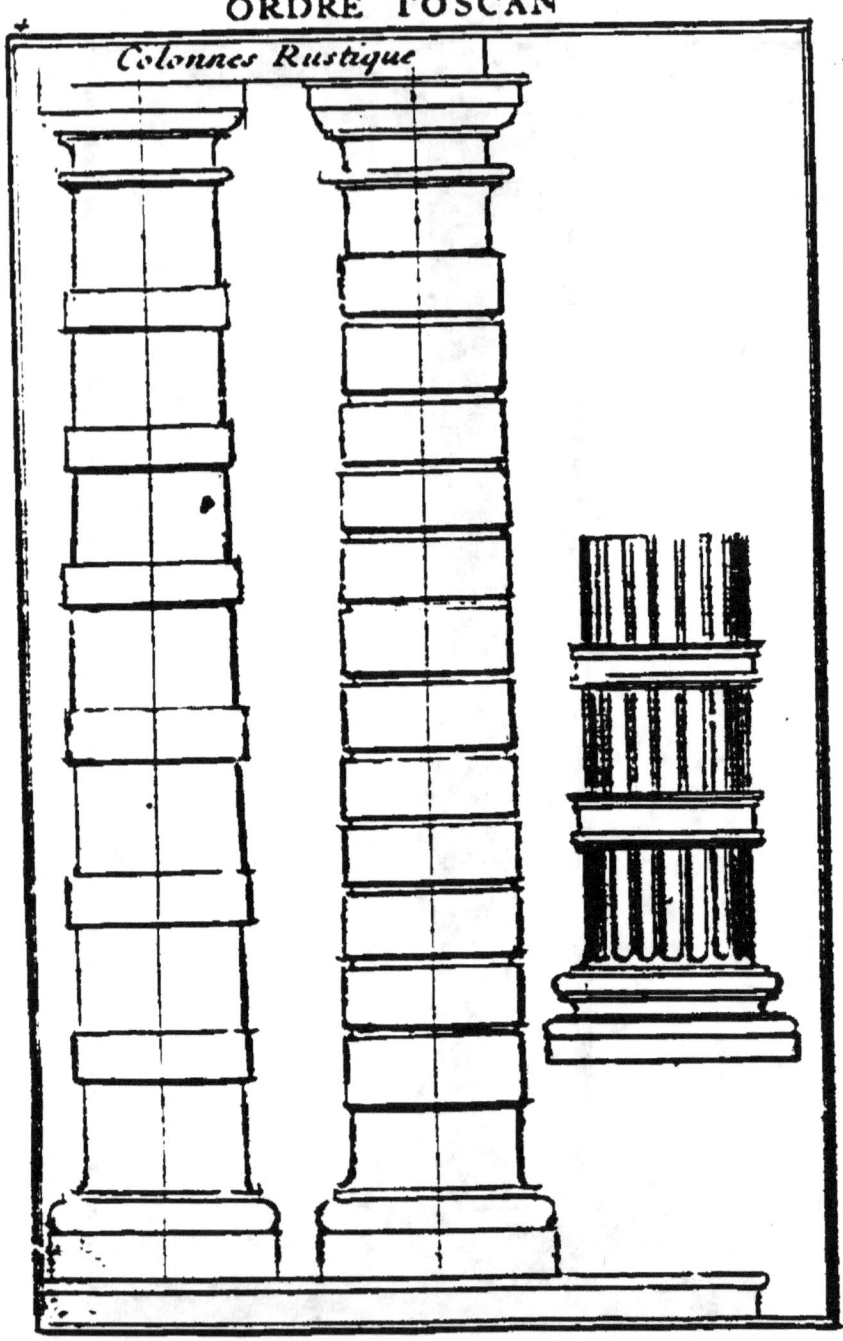

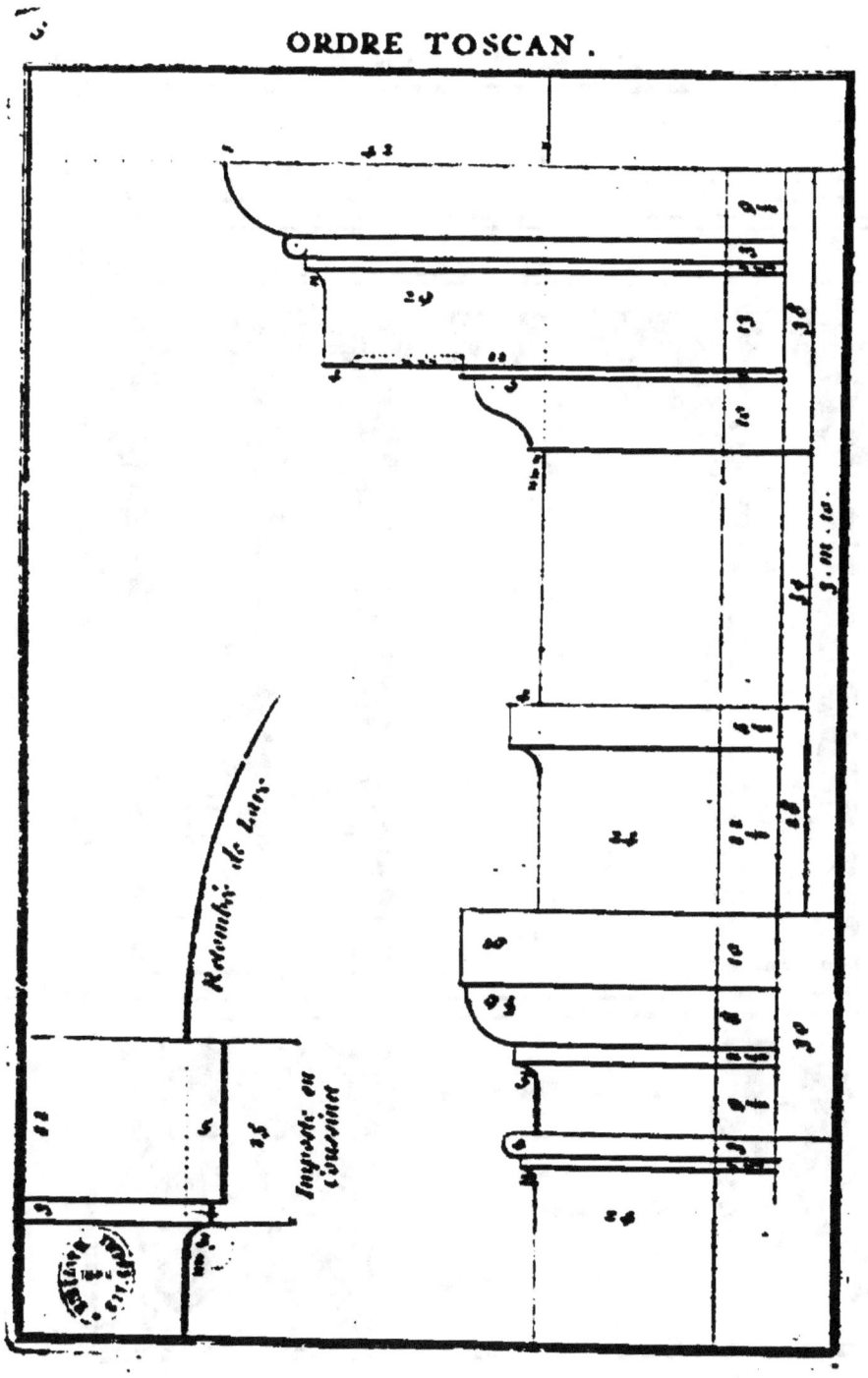

Retombés de l'axe

Imposte ou coussinet

ORDRE TOSCAN.

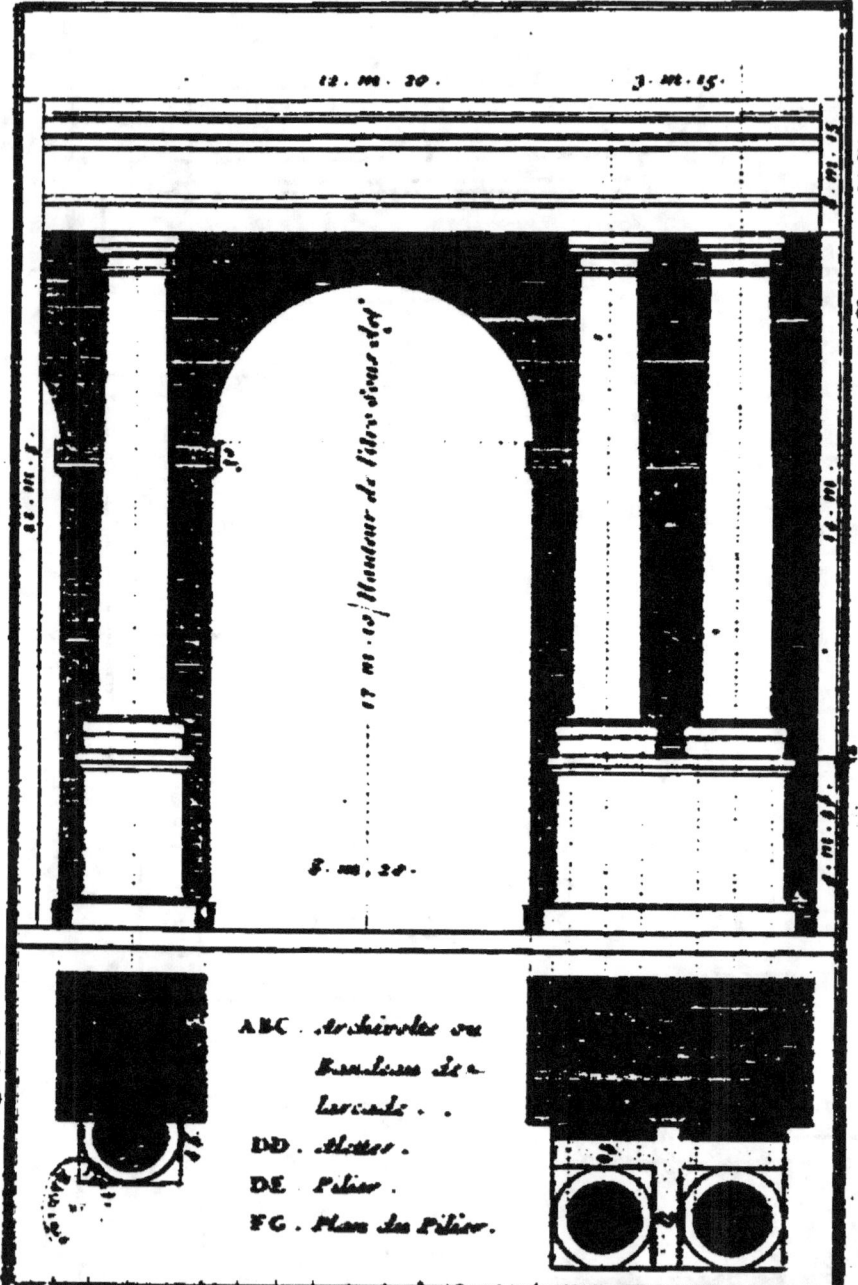

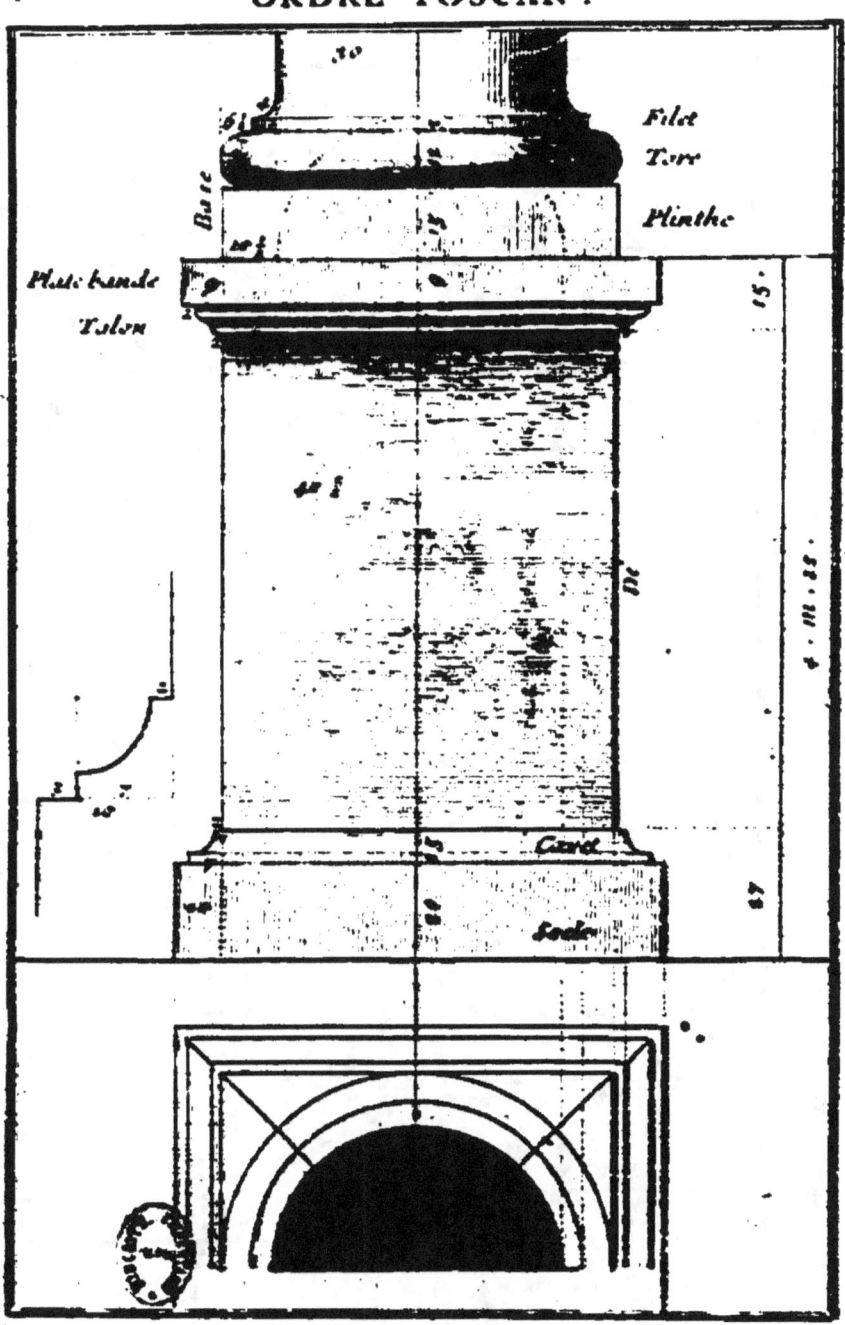

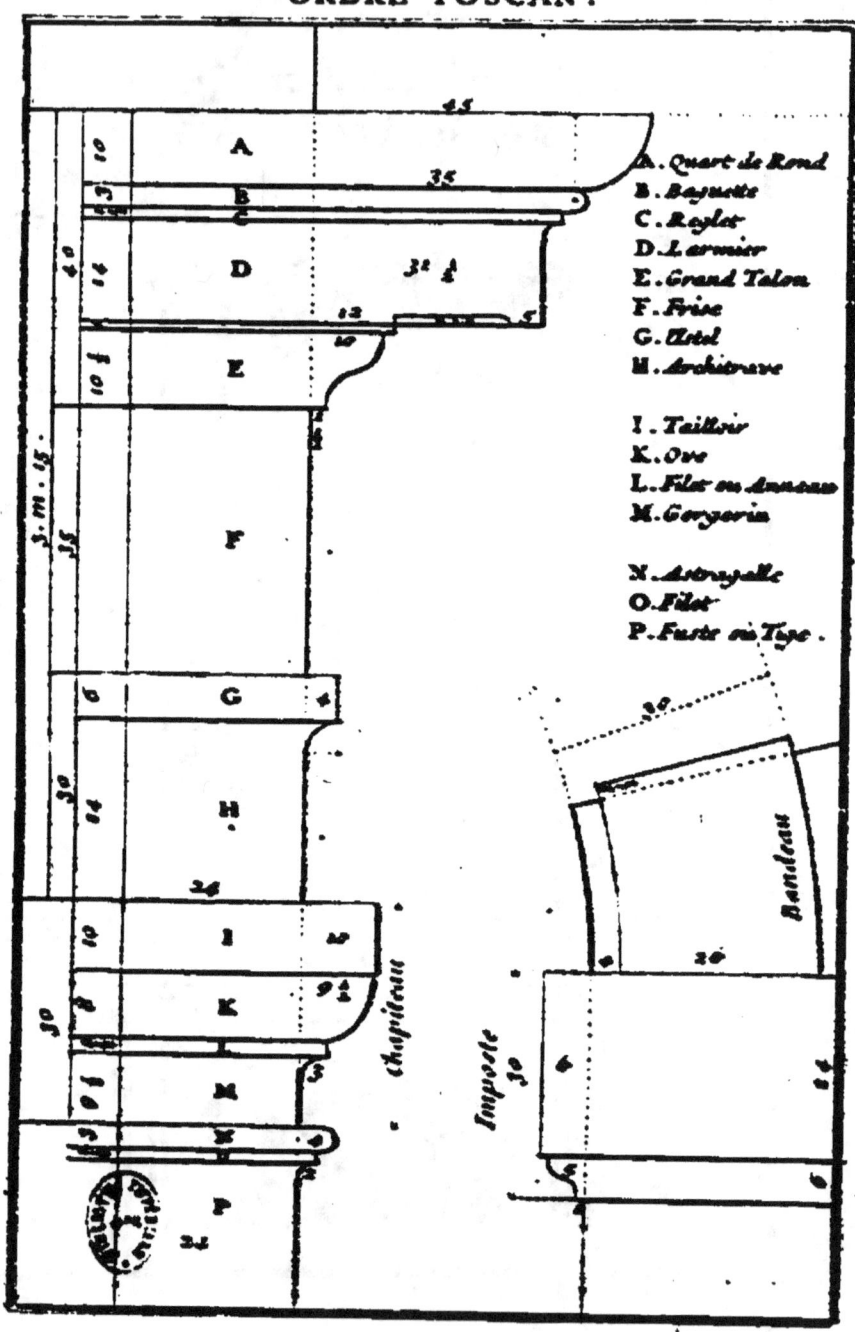

A. Quart de Rond
B. Bayuette
C. Reglet
D. Larmier
E. Grand Talon
F. Frise
G. Filet
H. Architrave

I. Tailloir
K. Ove
L. Filet ou Anneau
M. Gorgerin

N. Astragalle
O. Filet
P. Fuste ou Tige.

ORDRE TOSCAN.

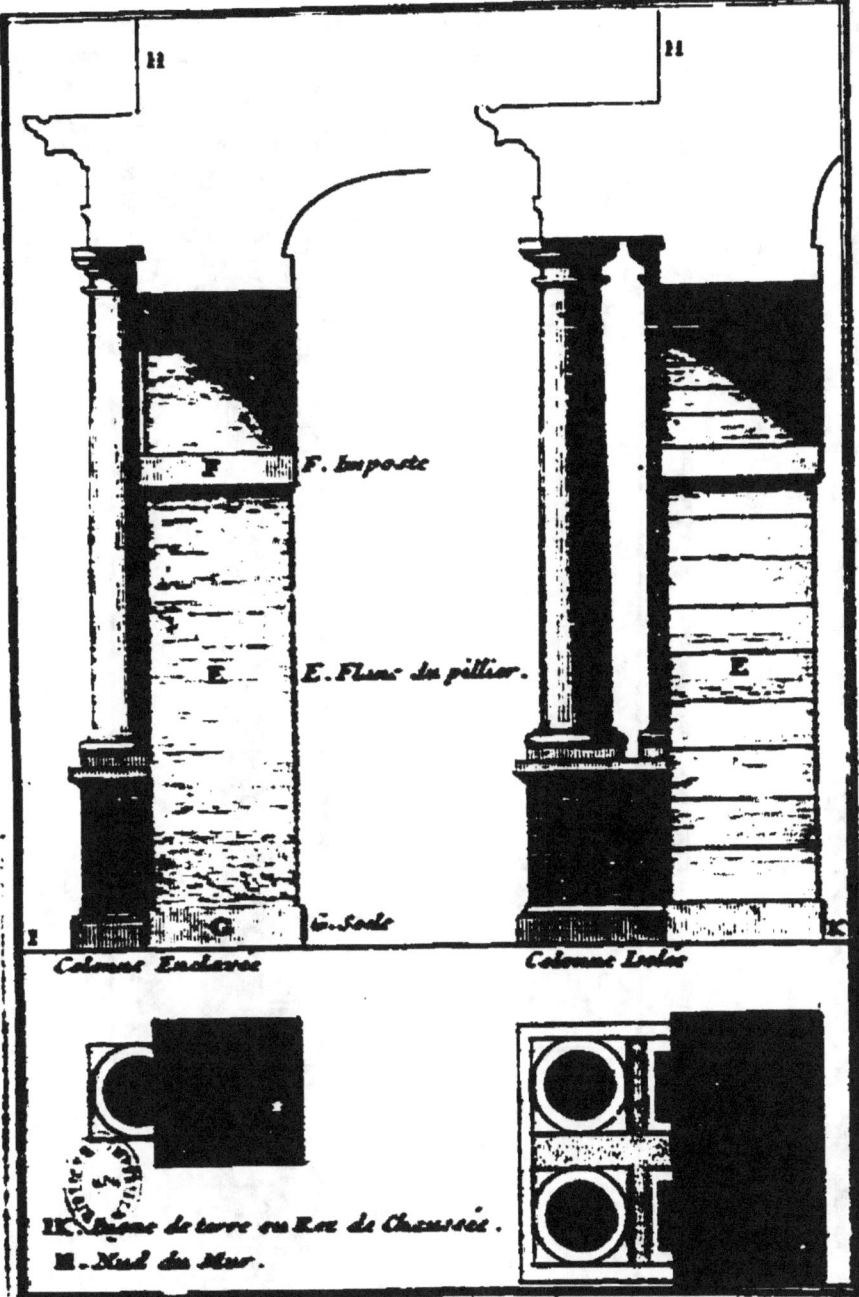

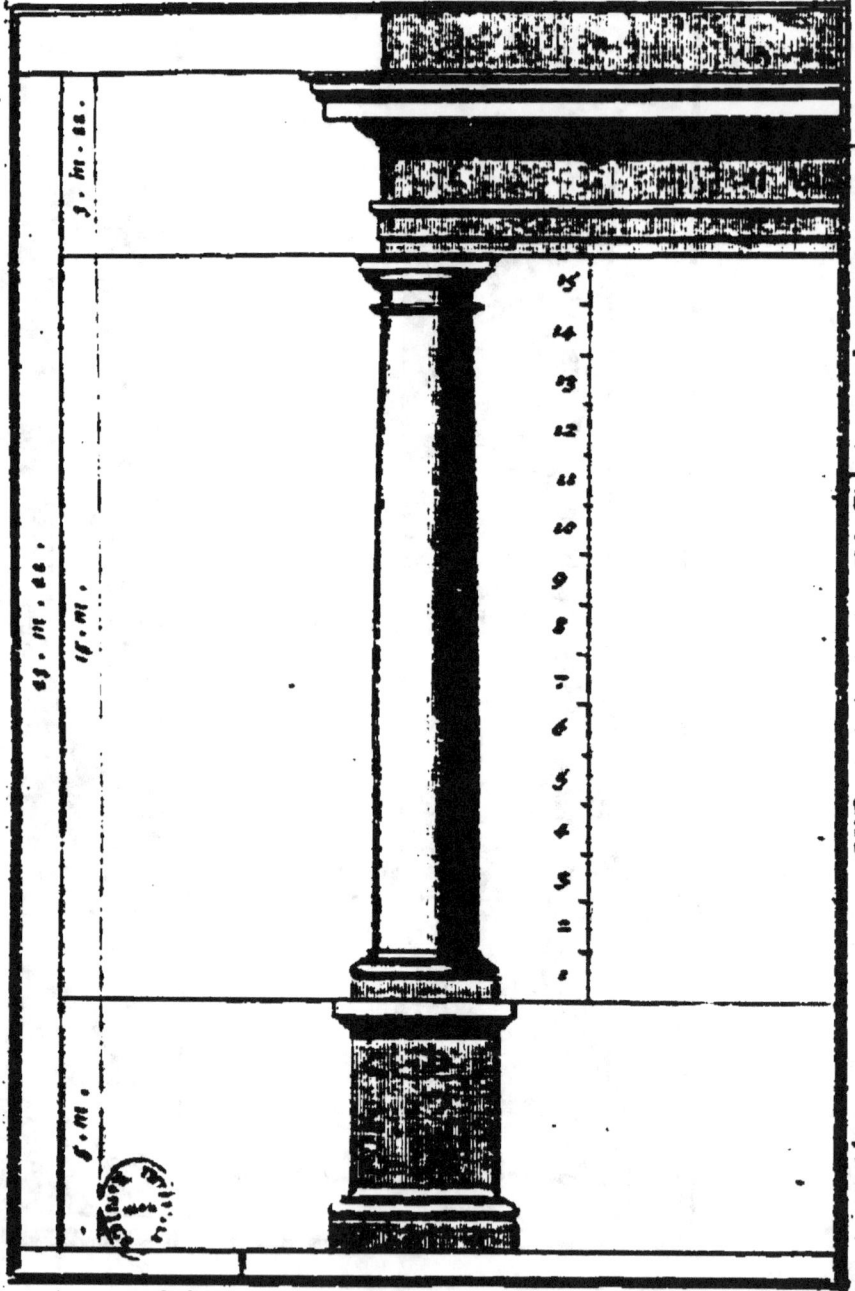

15. m.

7. m. 9. m. 15. 3. m. 15.

14. m.

7. m. 5.

15. m. 15. 3. m. 16.

IIe ORDRE TOSCAN.

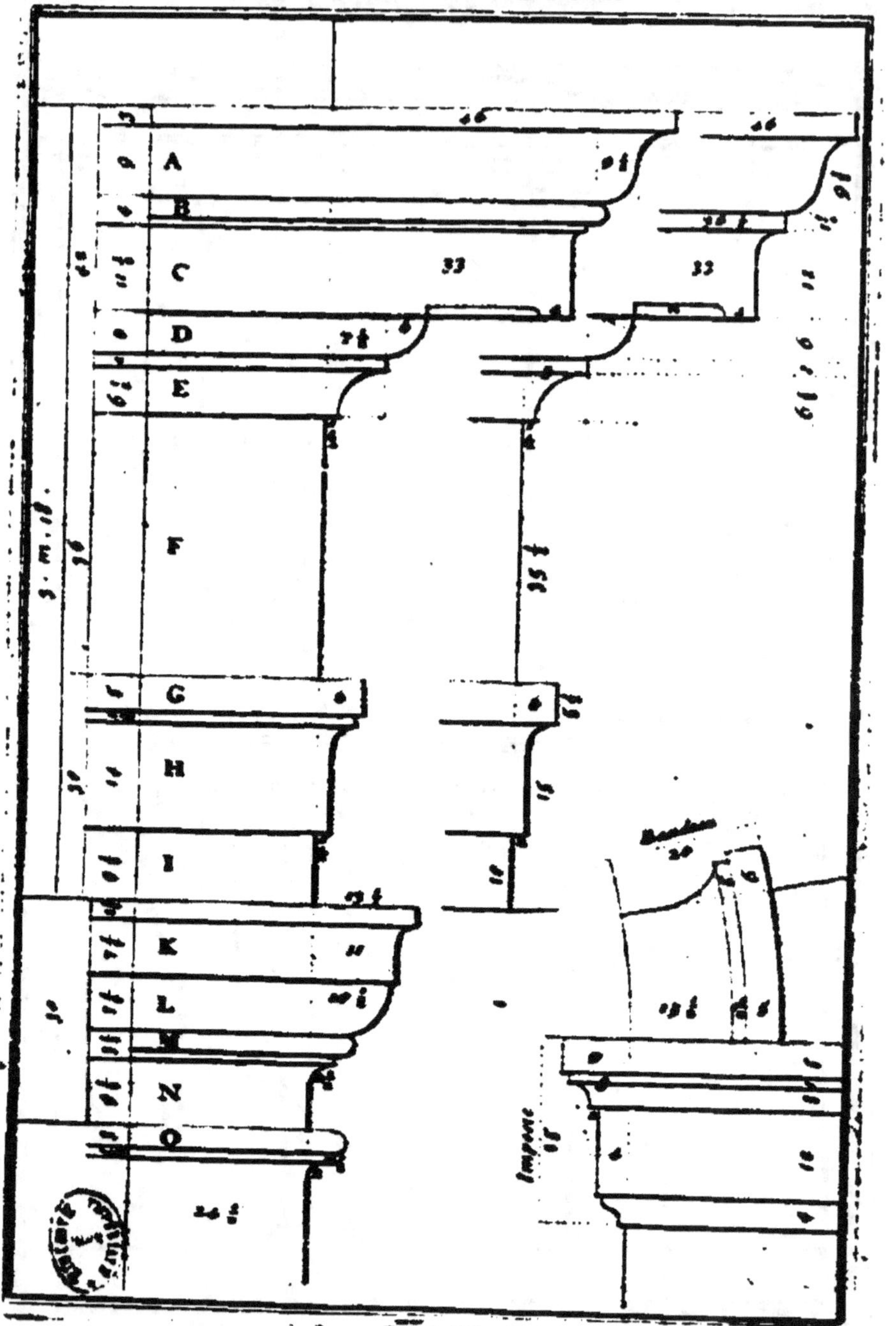

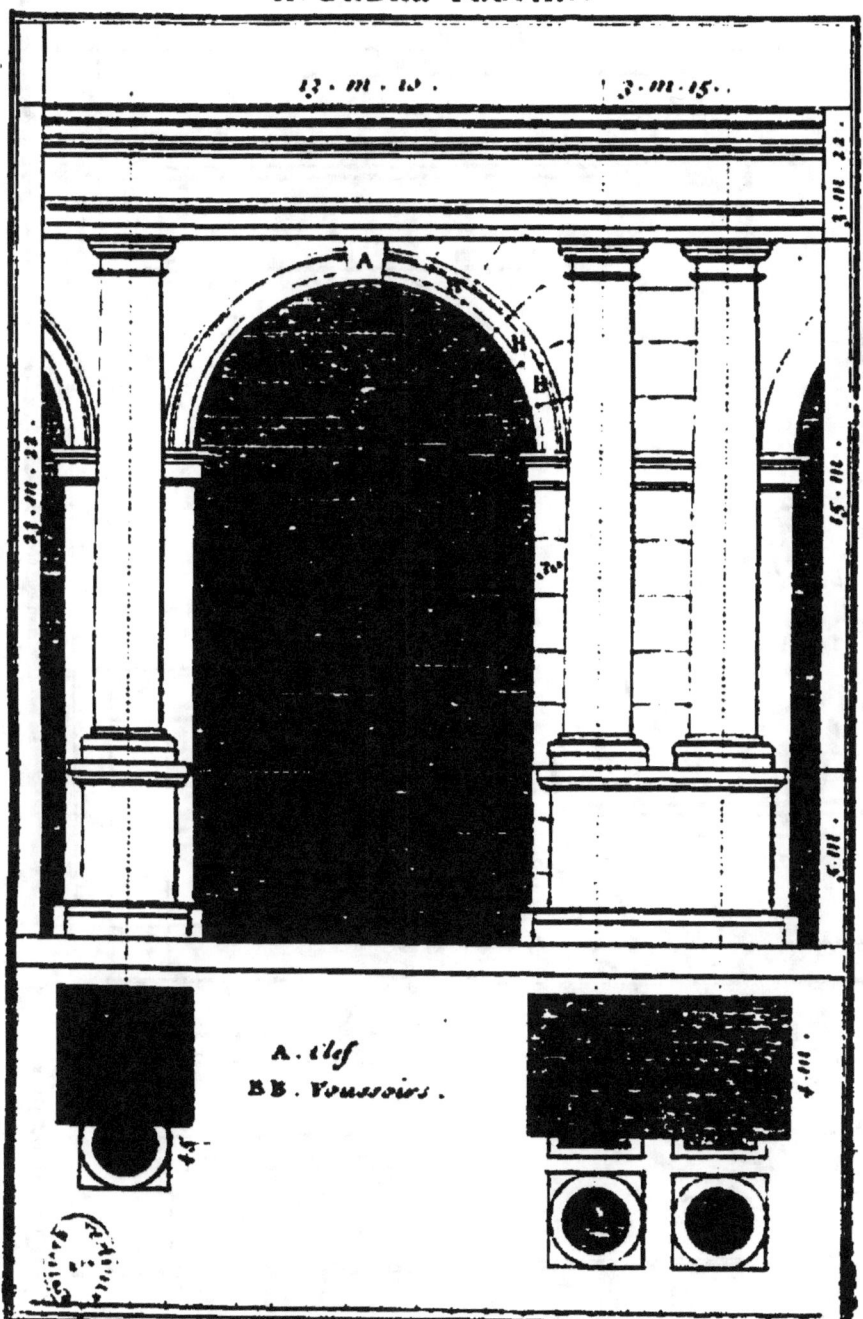

A. Clef
BB. Voussoirs.

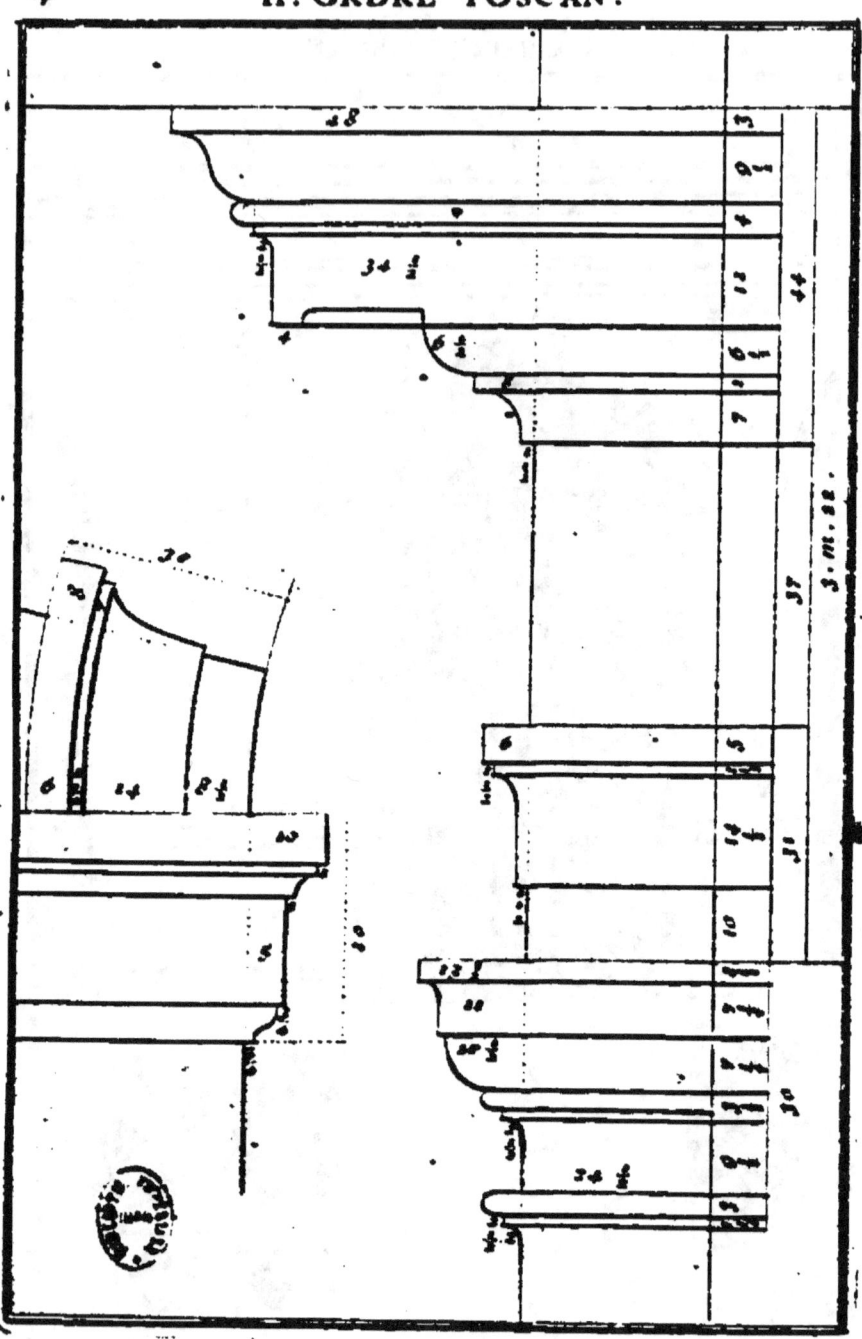

A

30

30

K

B

C
4

$10\frac{2}{3}$

D

E

15

F

G

f. m.

L

5

7

H

I

9

$5°$

ORDRE DORIQUE

16

3. m. 28.

35. m. 8.

16. m.

8. m. 10.

16

15

14

13

12

11

10

9

8

7

6

5

4

3

2

1

ORDRE DORIQUE.

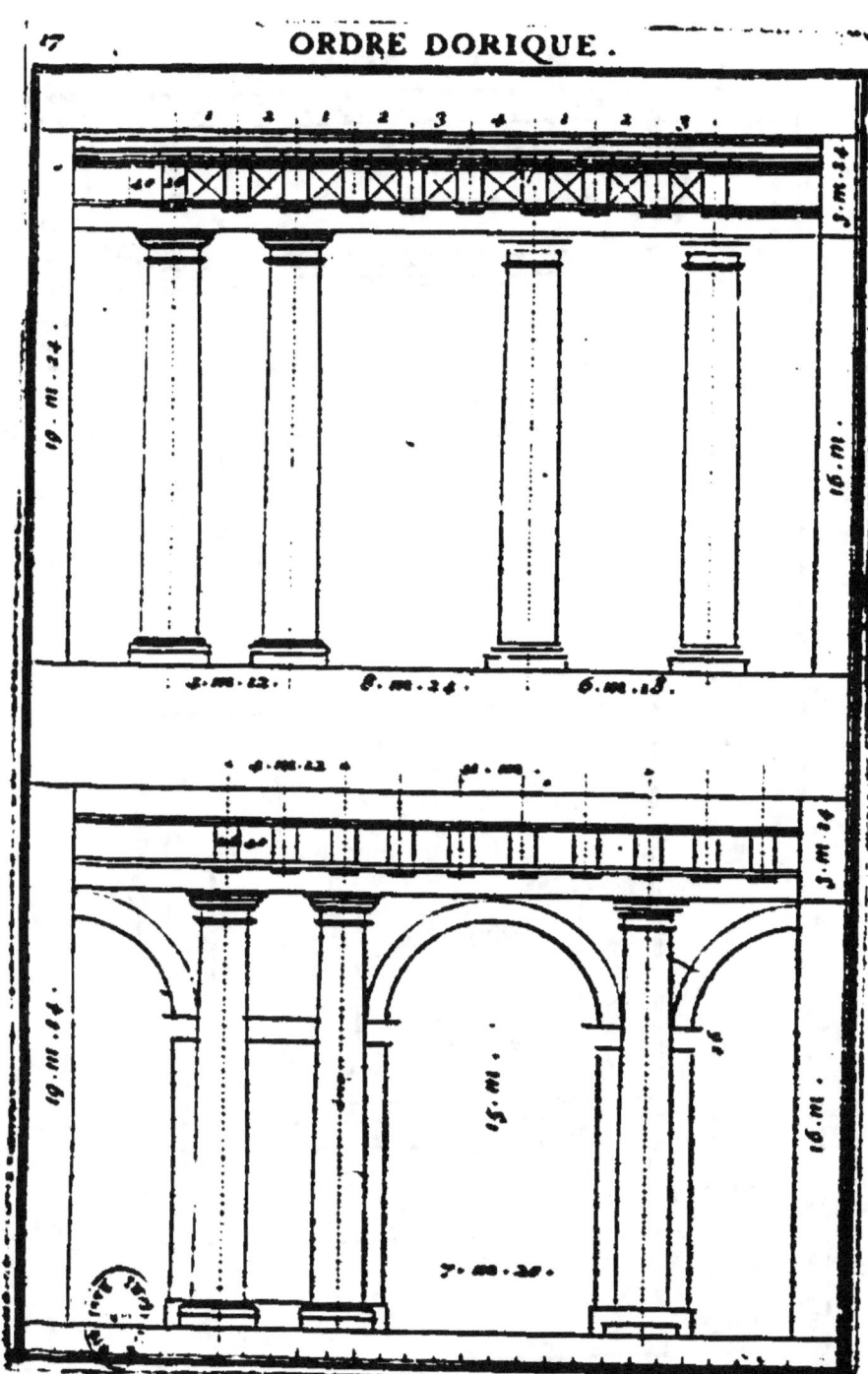

ORDRE DORIQUE.

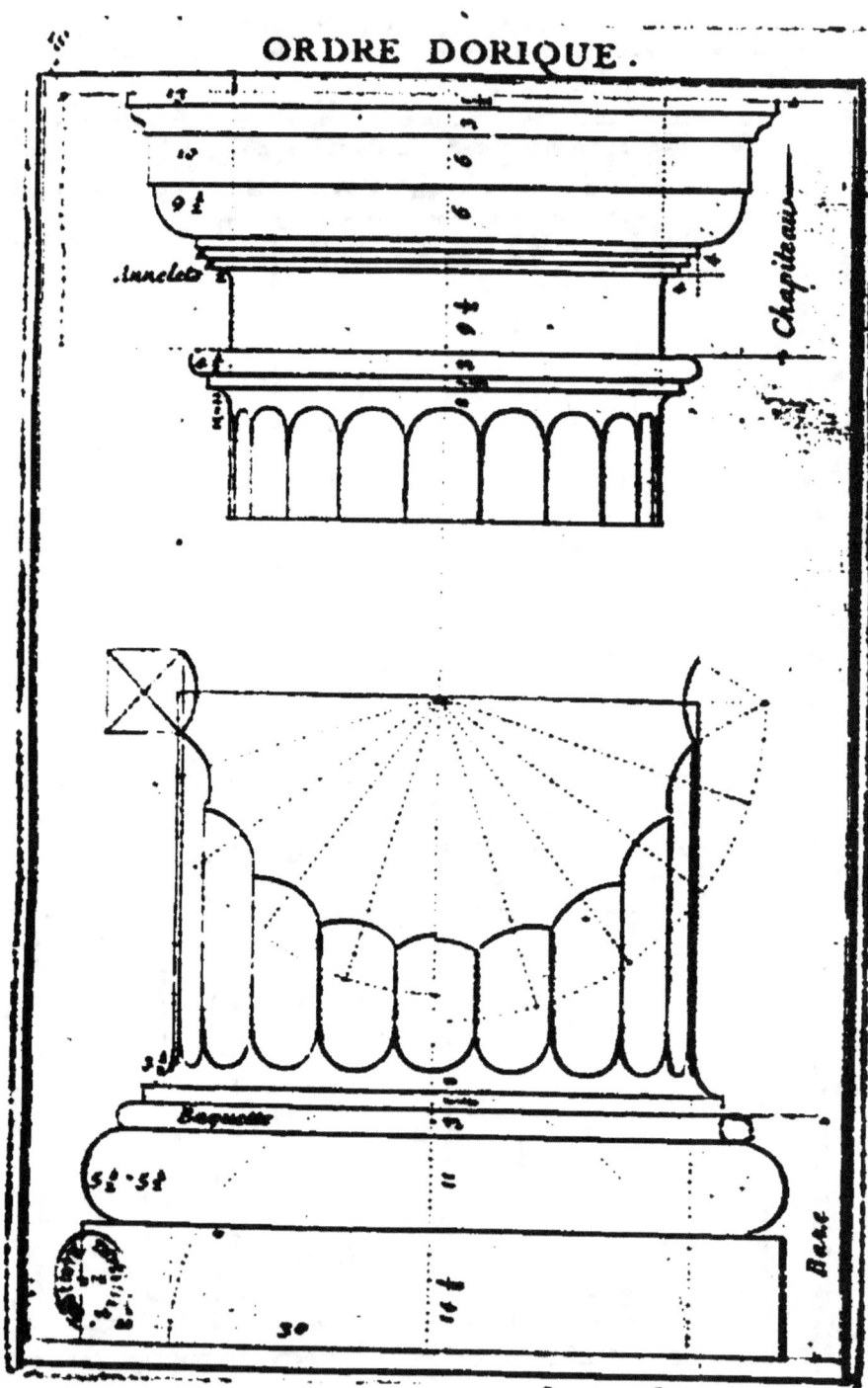

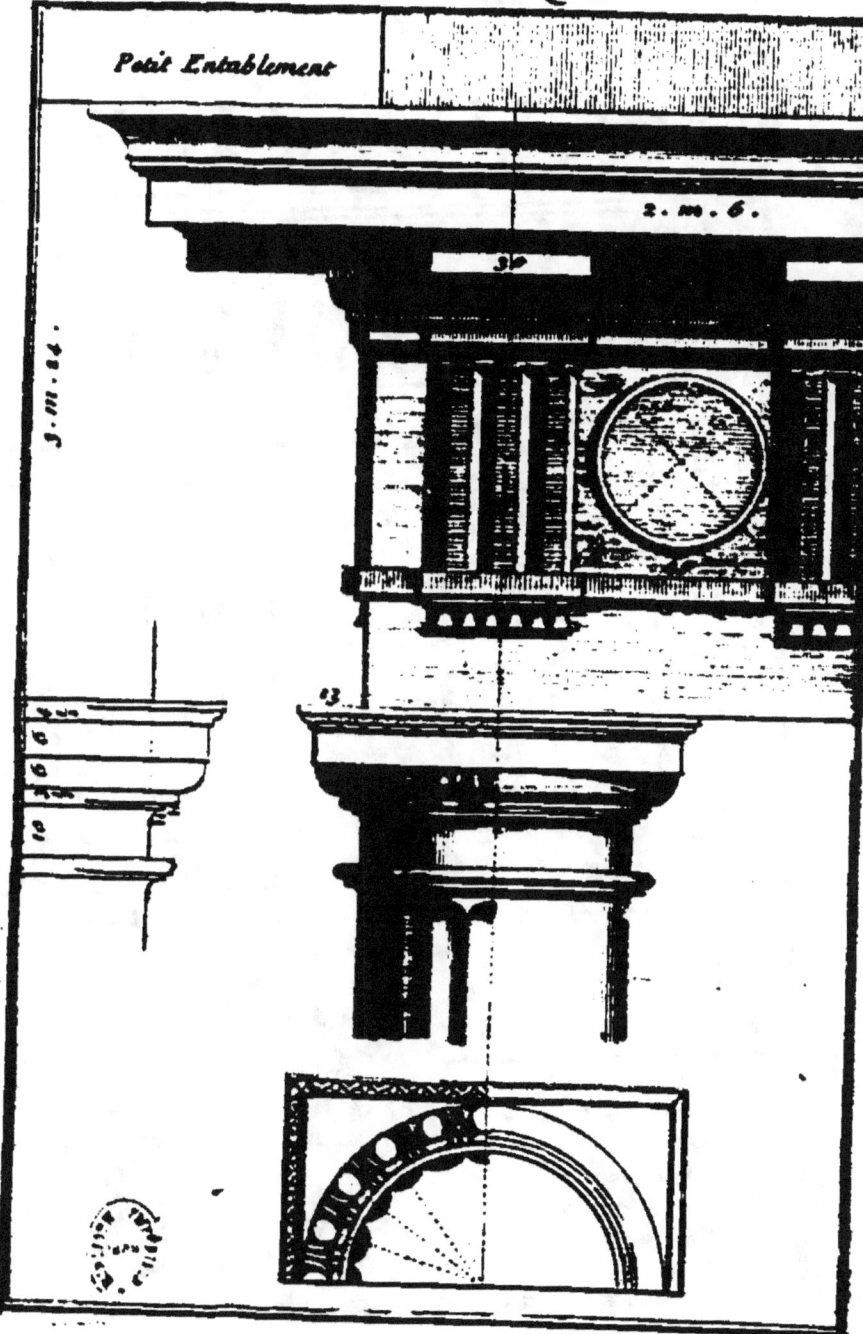

Petit Entablement

2. m. 6.

3. m. 84.

ORDRE DORIQUE.

AB . *Triglÿ*

  A . *Chapiteau du Triglÿ*

CC . *Gravures ou Cannaux*

  D . *Demi Gravure*

EE . *Langes ou Costes*

  F . *Platebande*

GG . *Gouttes ou Clochettes*

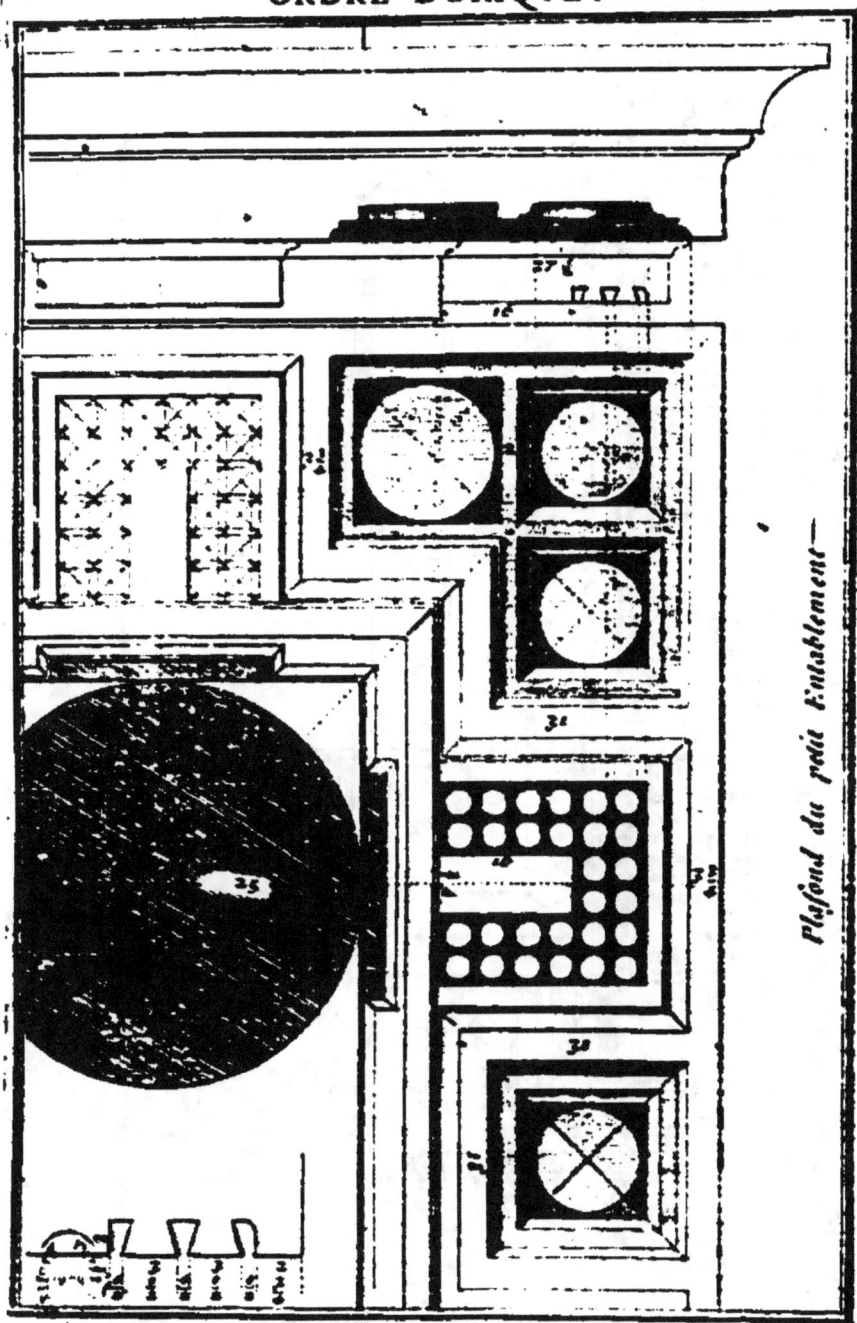

Plafond du petit Entablement

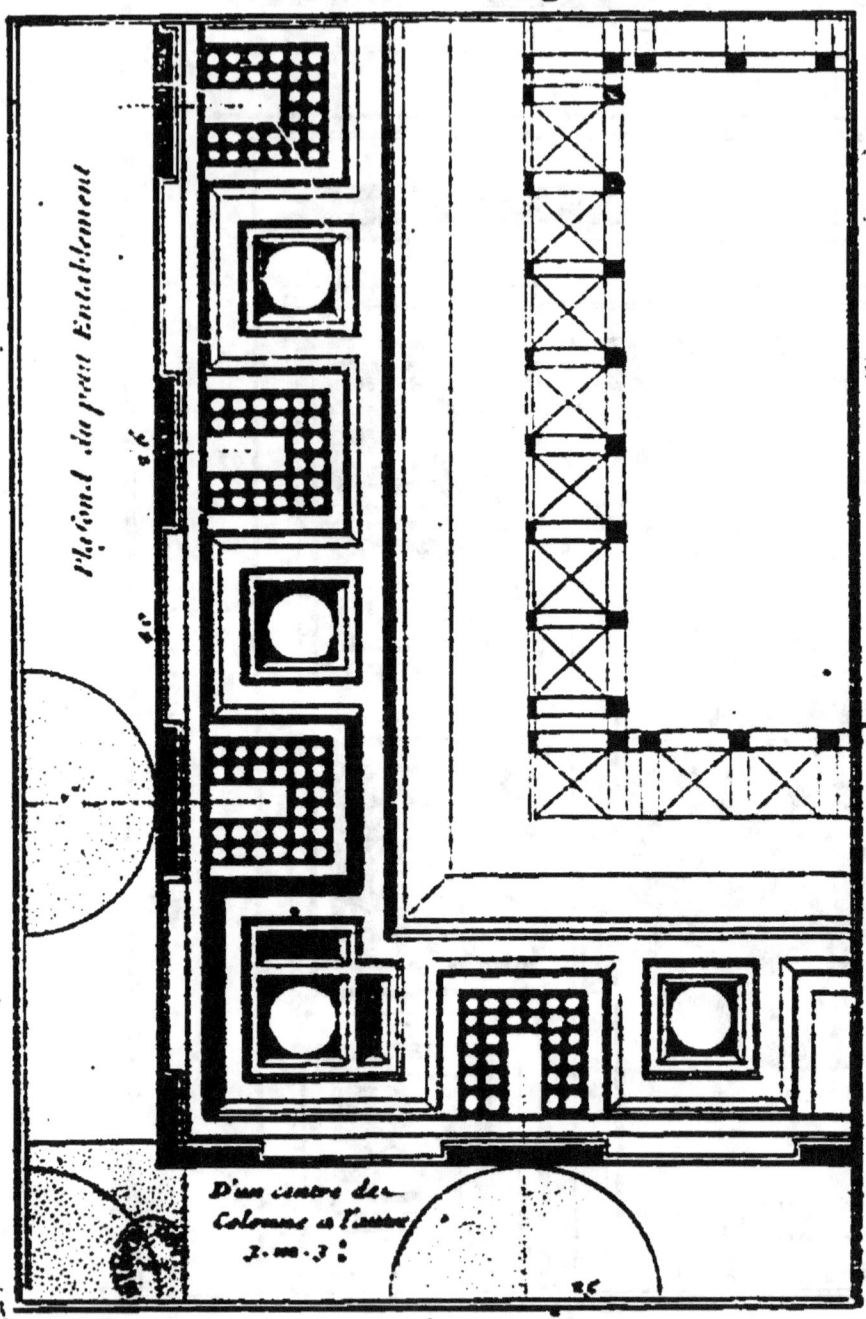

Plafond du petit Entablement

D'un centre des
Colonne a l'autre
3. m .3 :

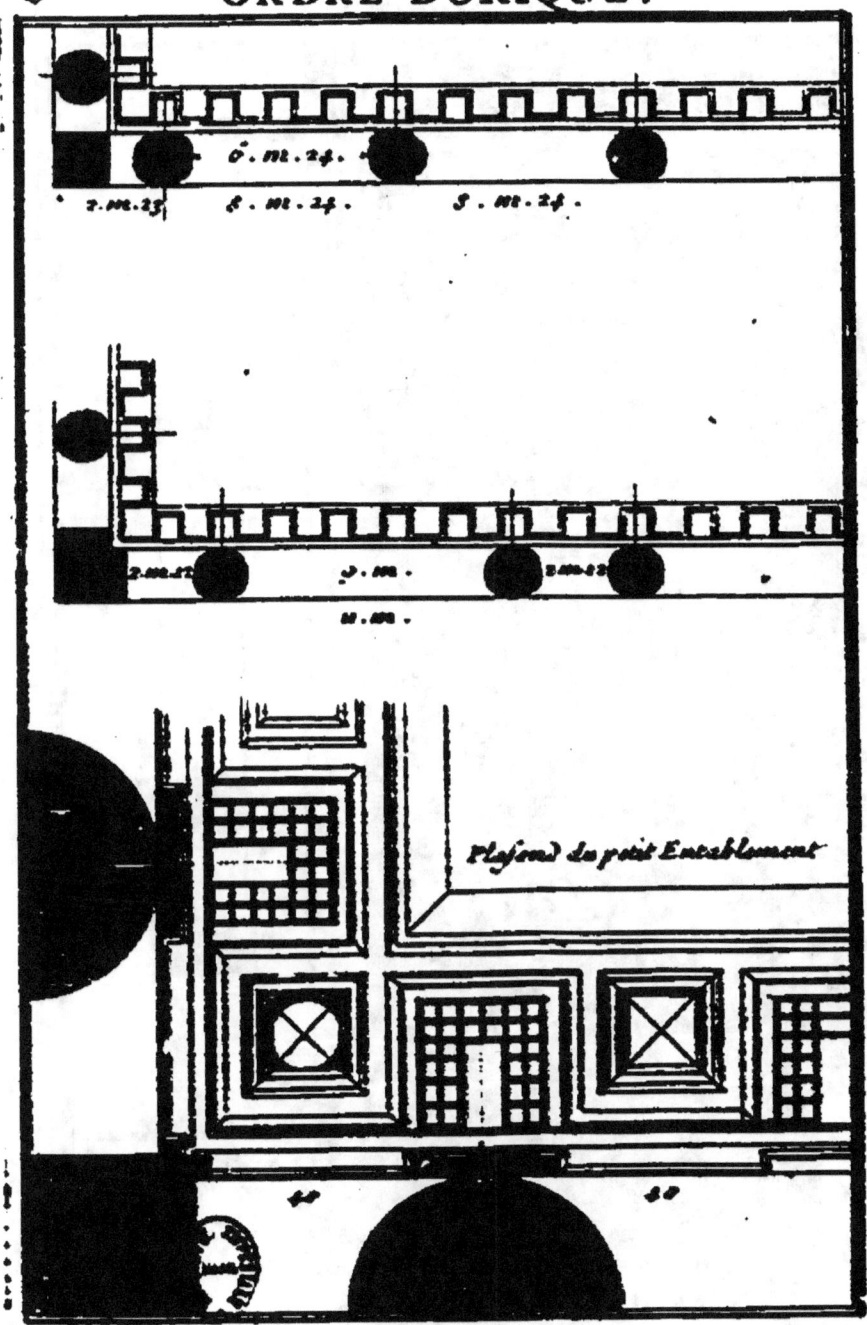

6 . m . 24 .

7. m. 25 .   8 . m . 24 .   3 . m . 24 .

7. m. 25   3. m .   7.m.25

11. m.

Plafond du petit Entablement

ORDRE DORIQUE.

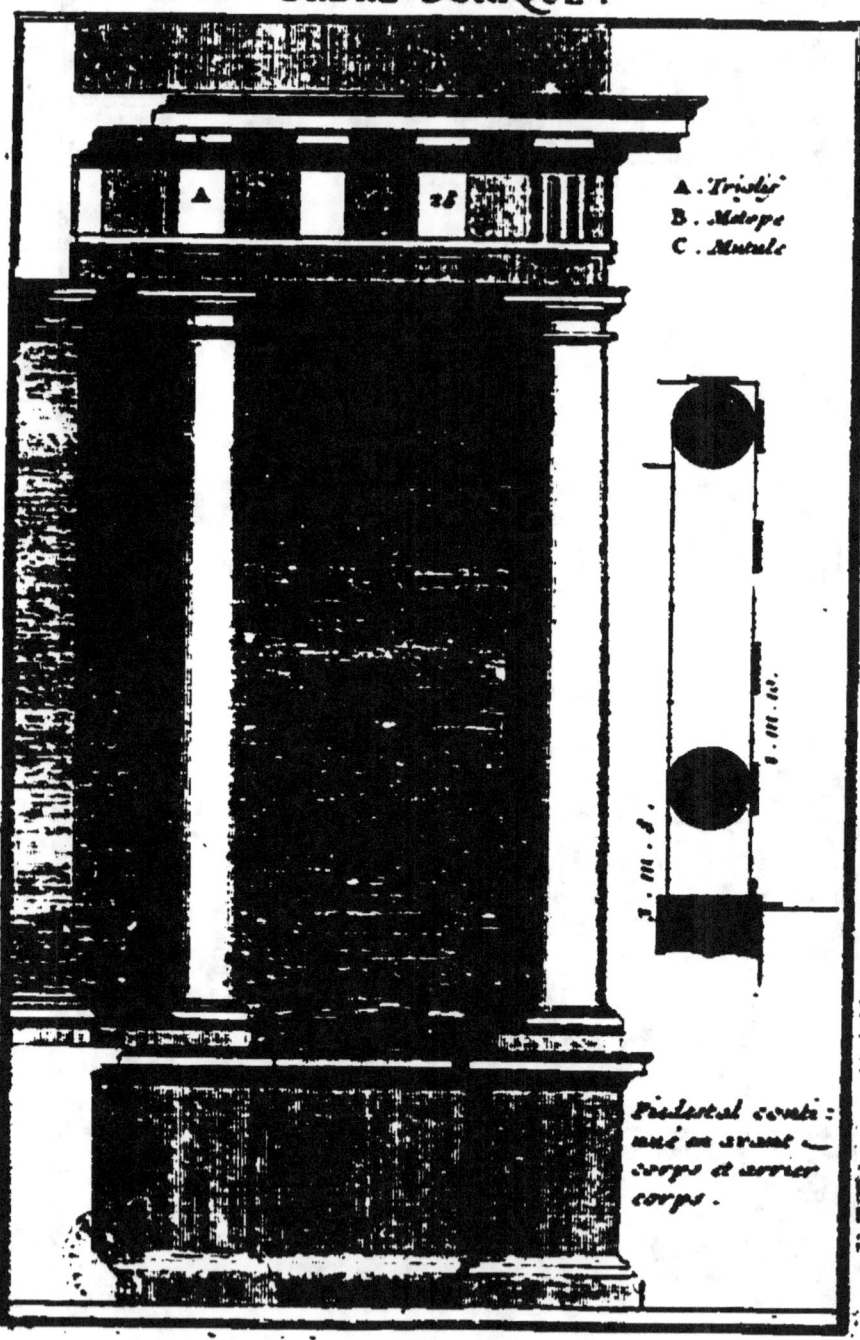

A . *Trigliphe*
B . *Metope*
C . *Mutule*

Piedestal conti-
nué en avant -
corps et arrier
corps .

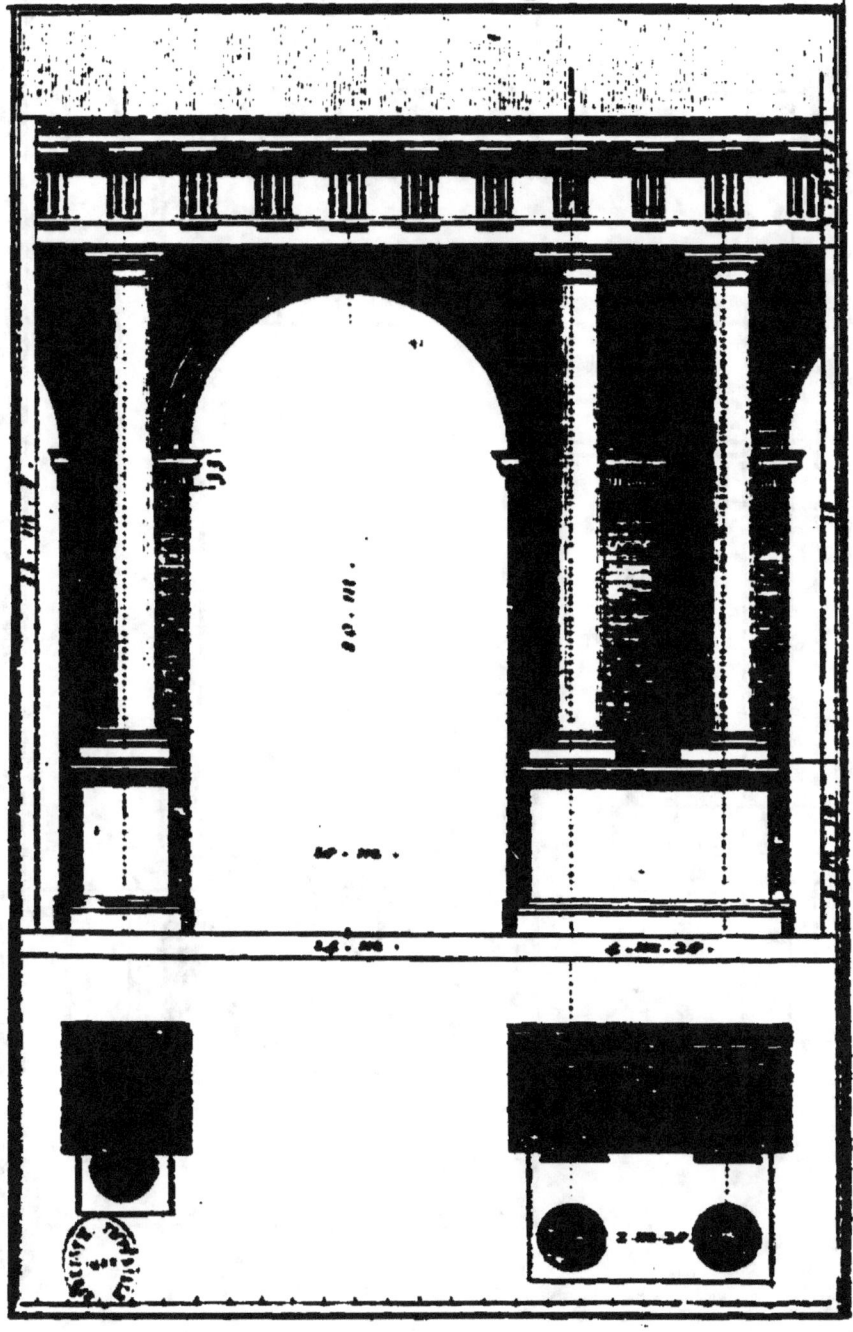

Plafond de l'angle rentrant du grand entablement.

ORDRE DORIQUE.

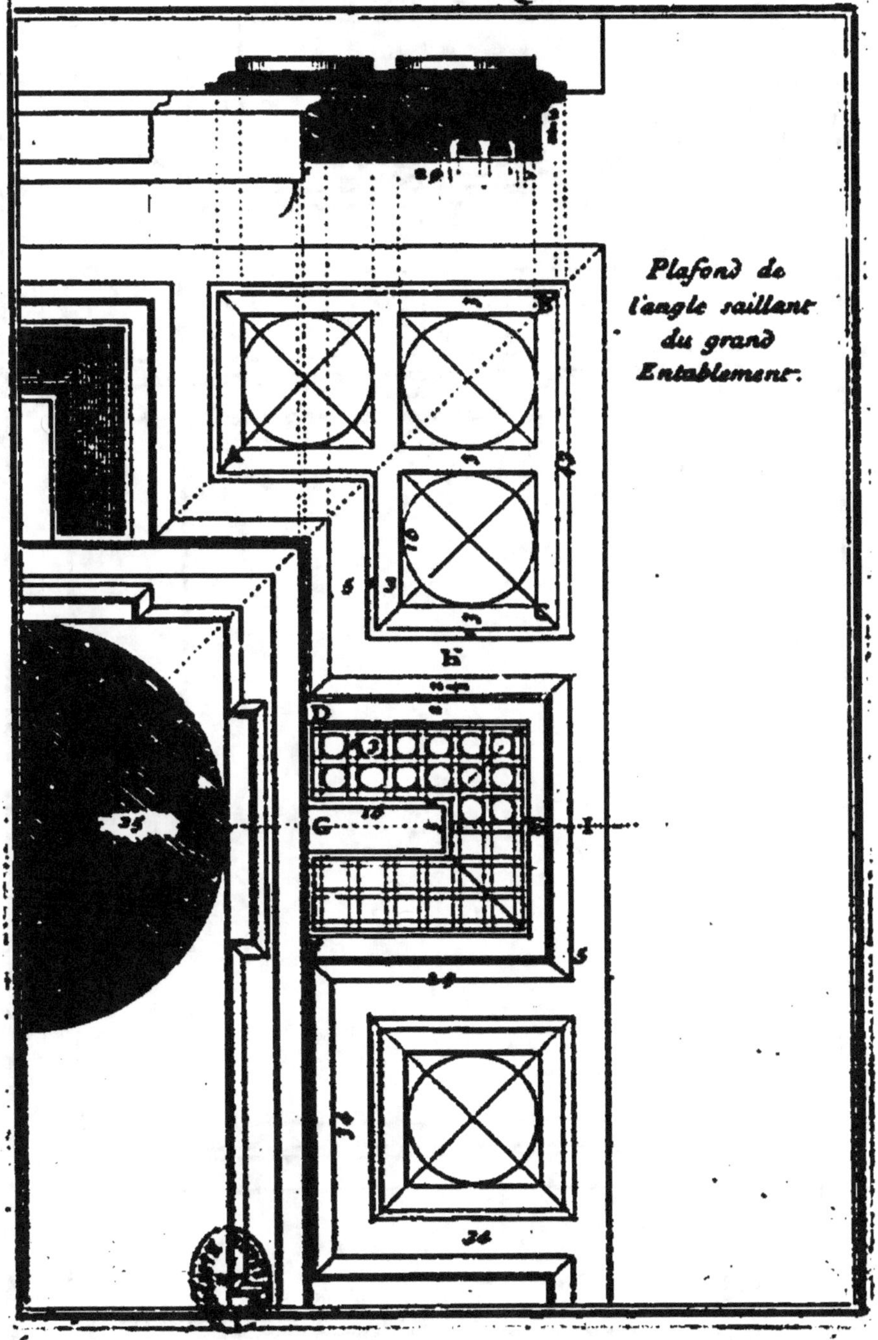

Plafond de
l'angle saillant
du grand
Entablement.

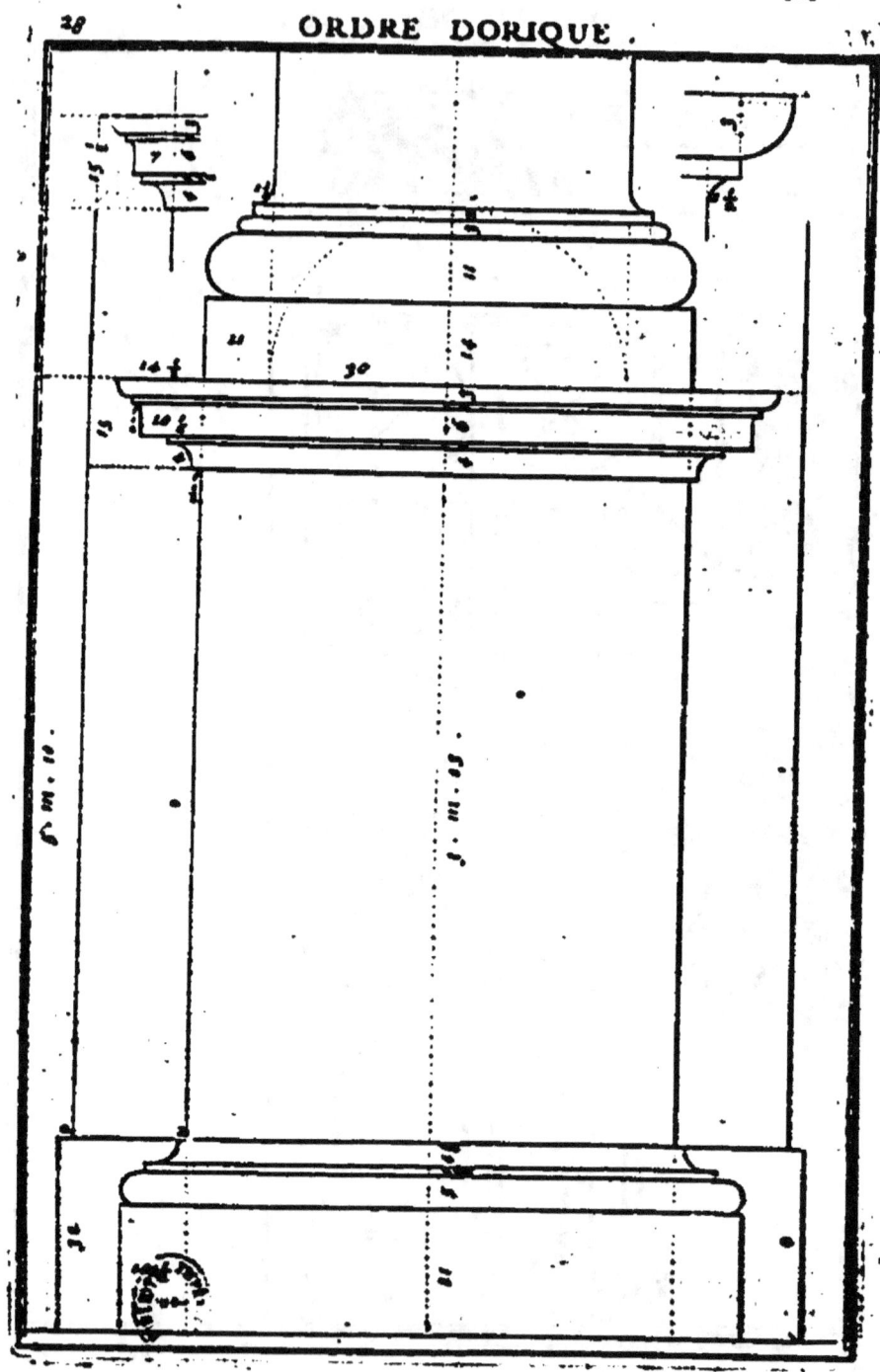

ORDRE DORIQUE.

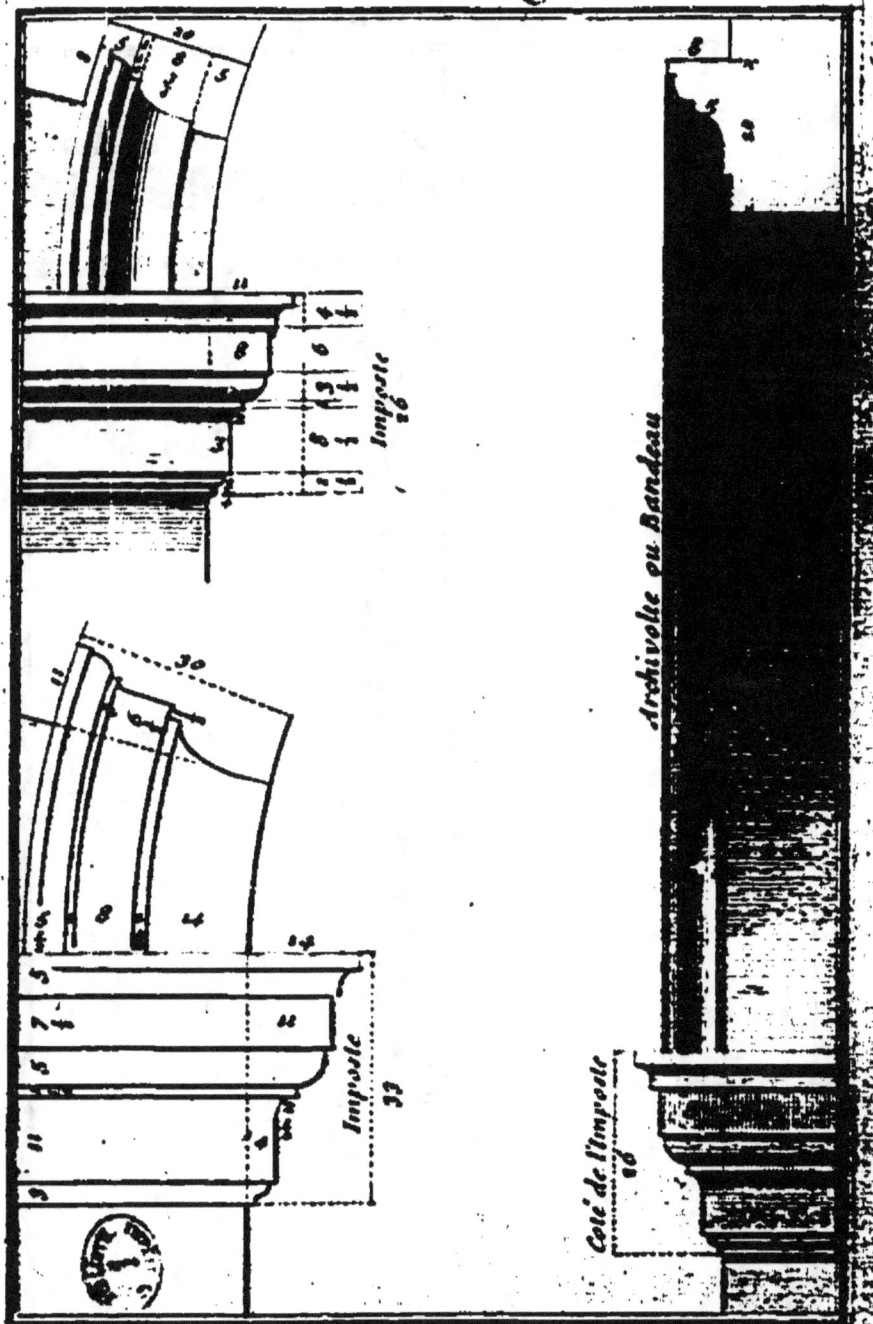

Imposte 26

Archivolte ou Bandeau

Imposte 33

Coté de l'Imposte

ORDRE IONIQUE.

ORDRE IONIQUE.

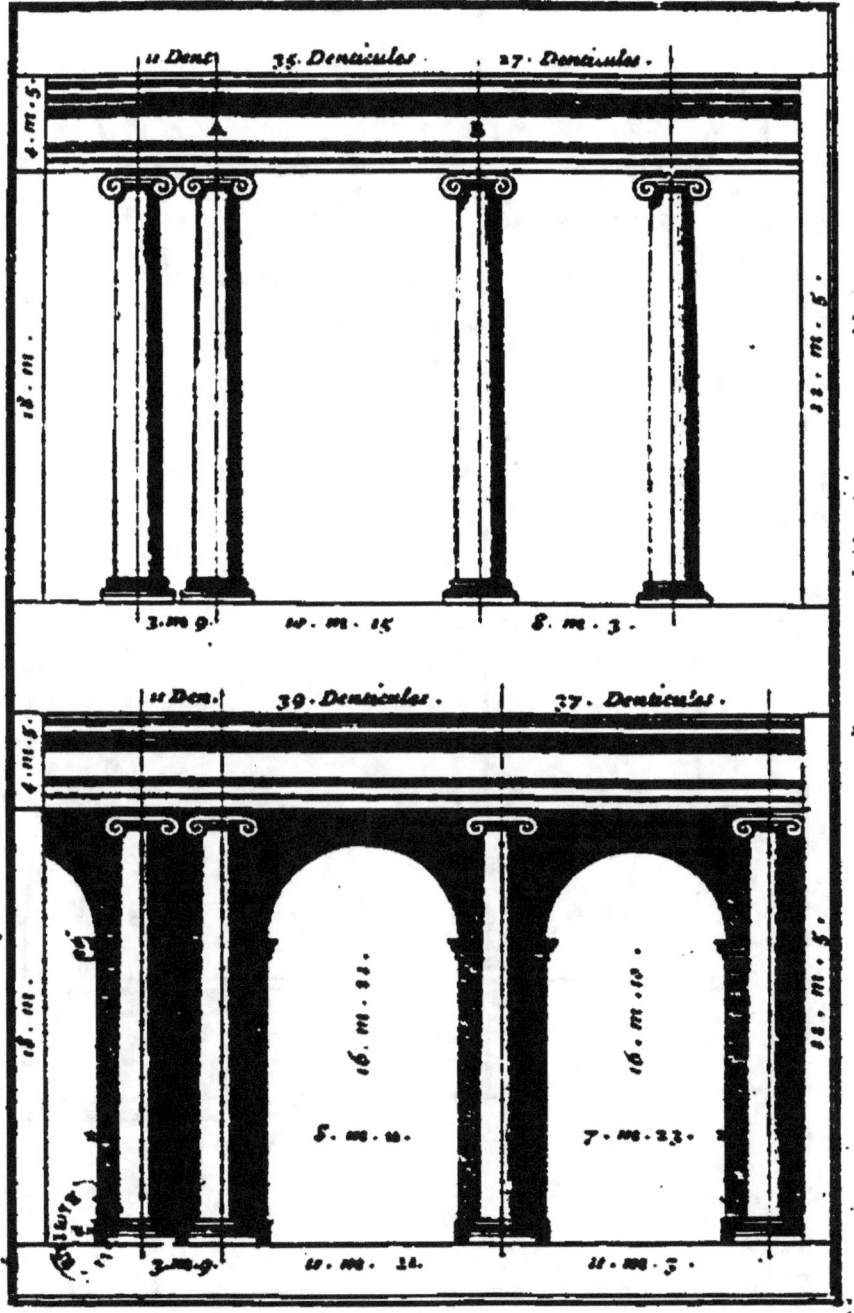

ORDRE IONIQUE

50

Cimaise

42

Petit Talon

Couronne ou   39
Larmier

Ove   45 ¾   6

Baguette

Denticules

Grand Talon   3¼ 5¼

Cavet   8

Deuxième Face   4½

Première Face   3

25 ½

8 ½   6   3

8

ORDRE IONIQUE.

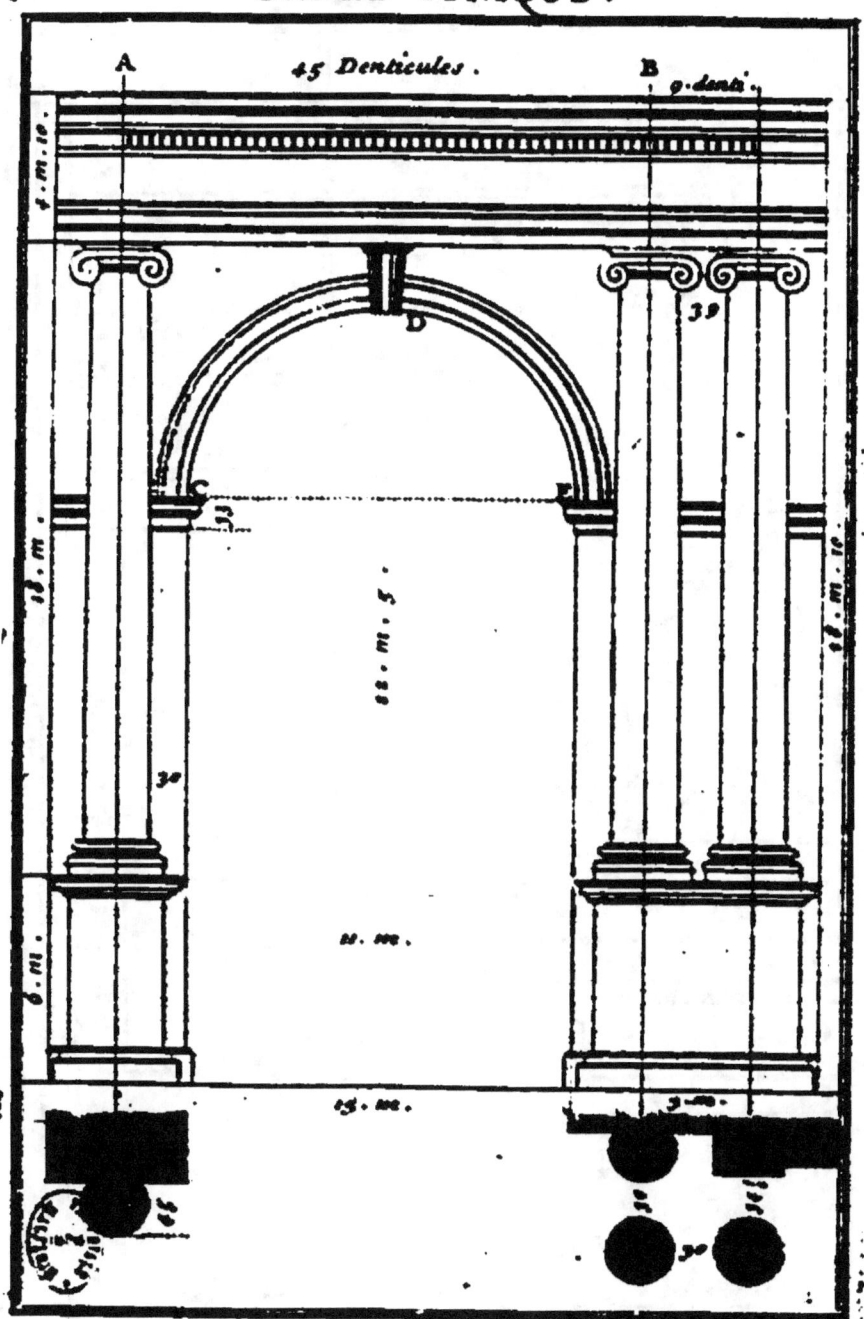

A   *45 Denticules.*   **B** *9. denti.*

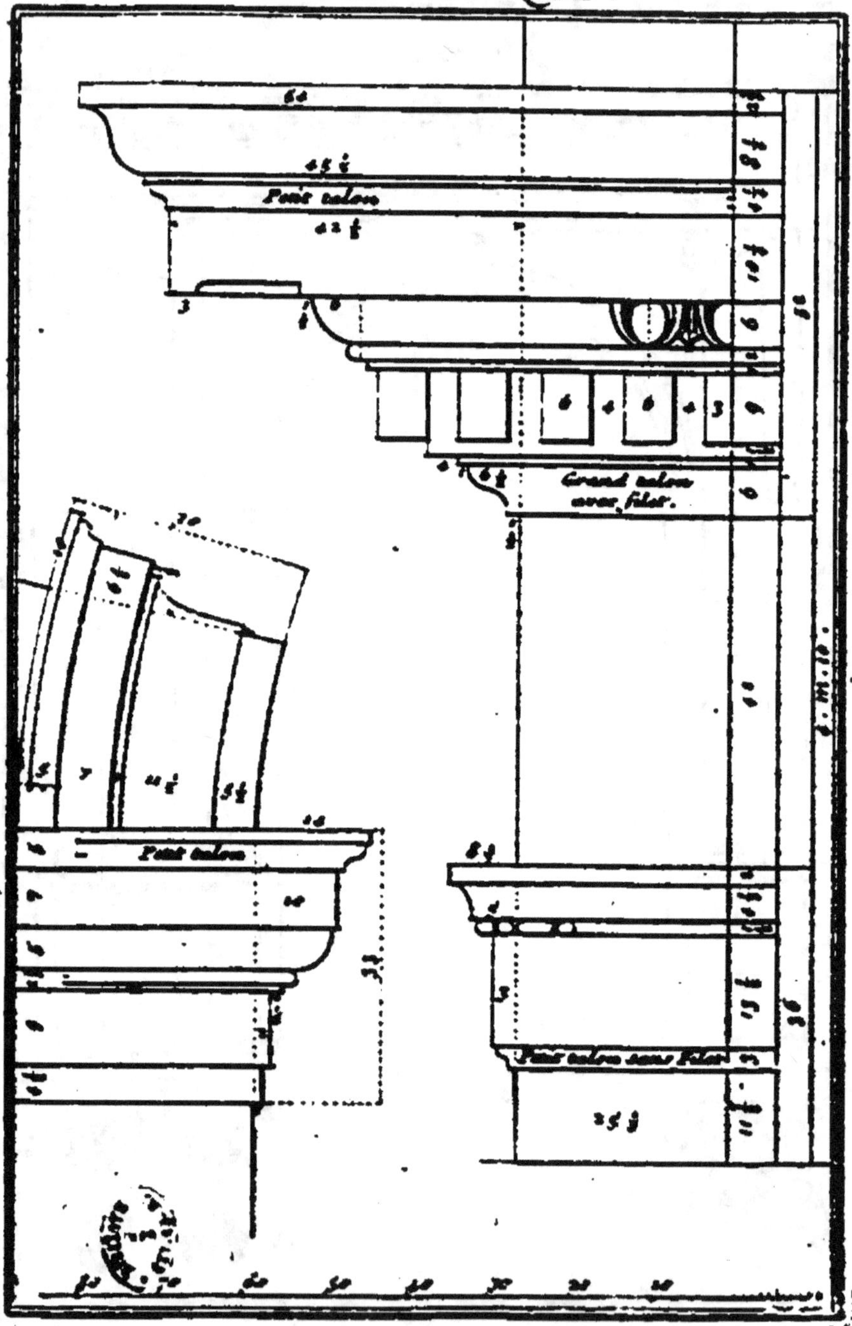

ORDRE IONIQUE.

Petit talon

Grand talon avec filet.

Petit talon

Petit talon sans filet.

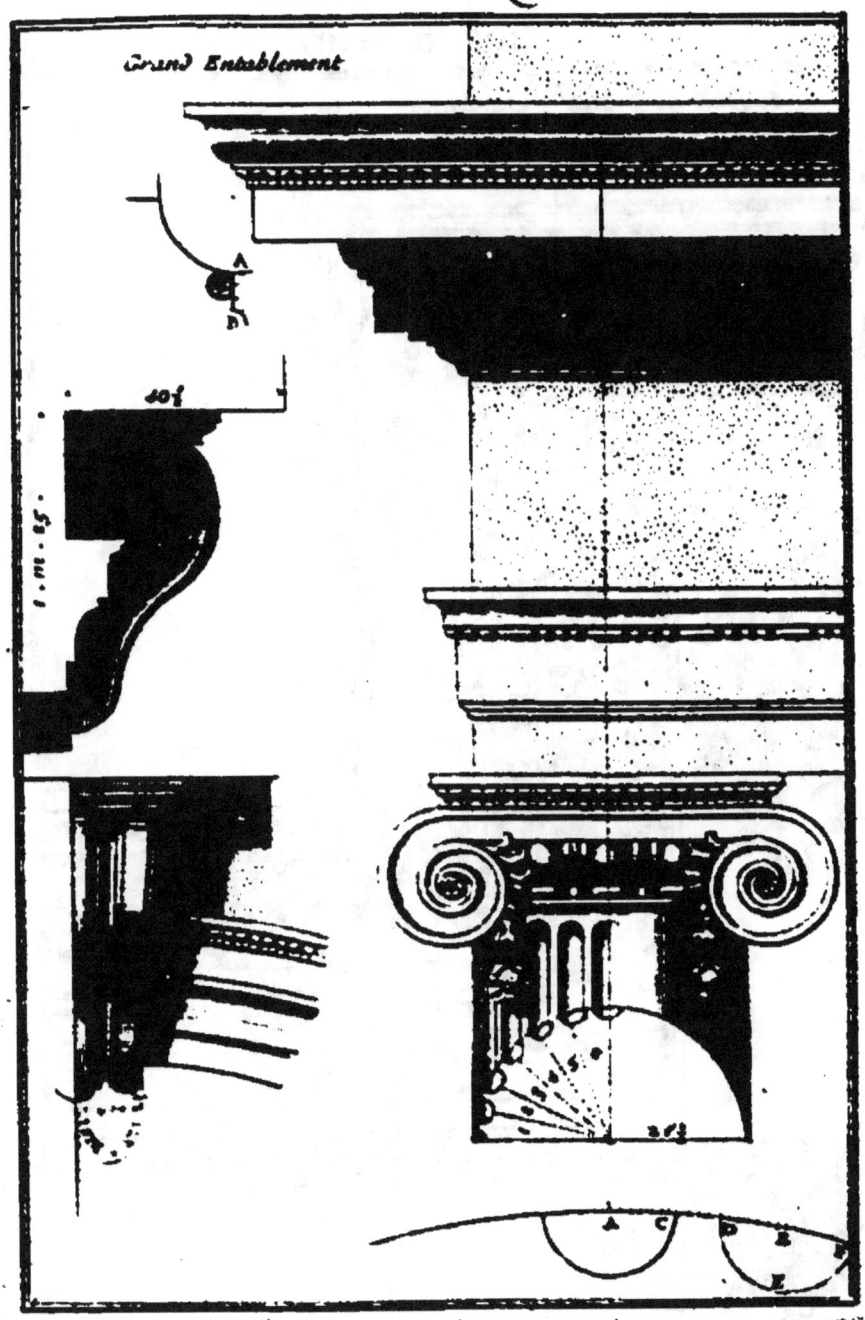

Grand Entablement

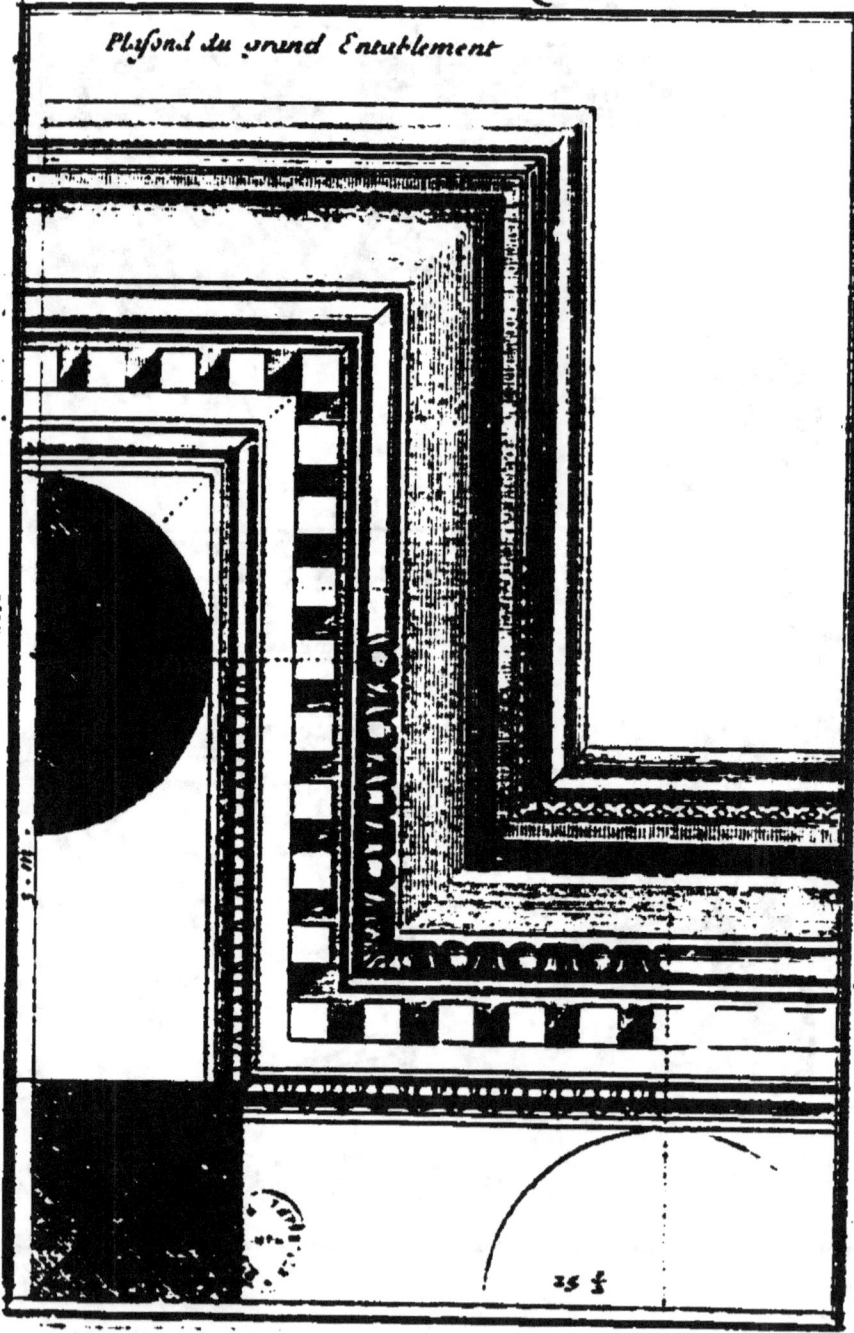

Plafond du grand Entablement

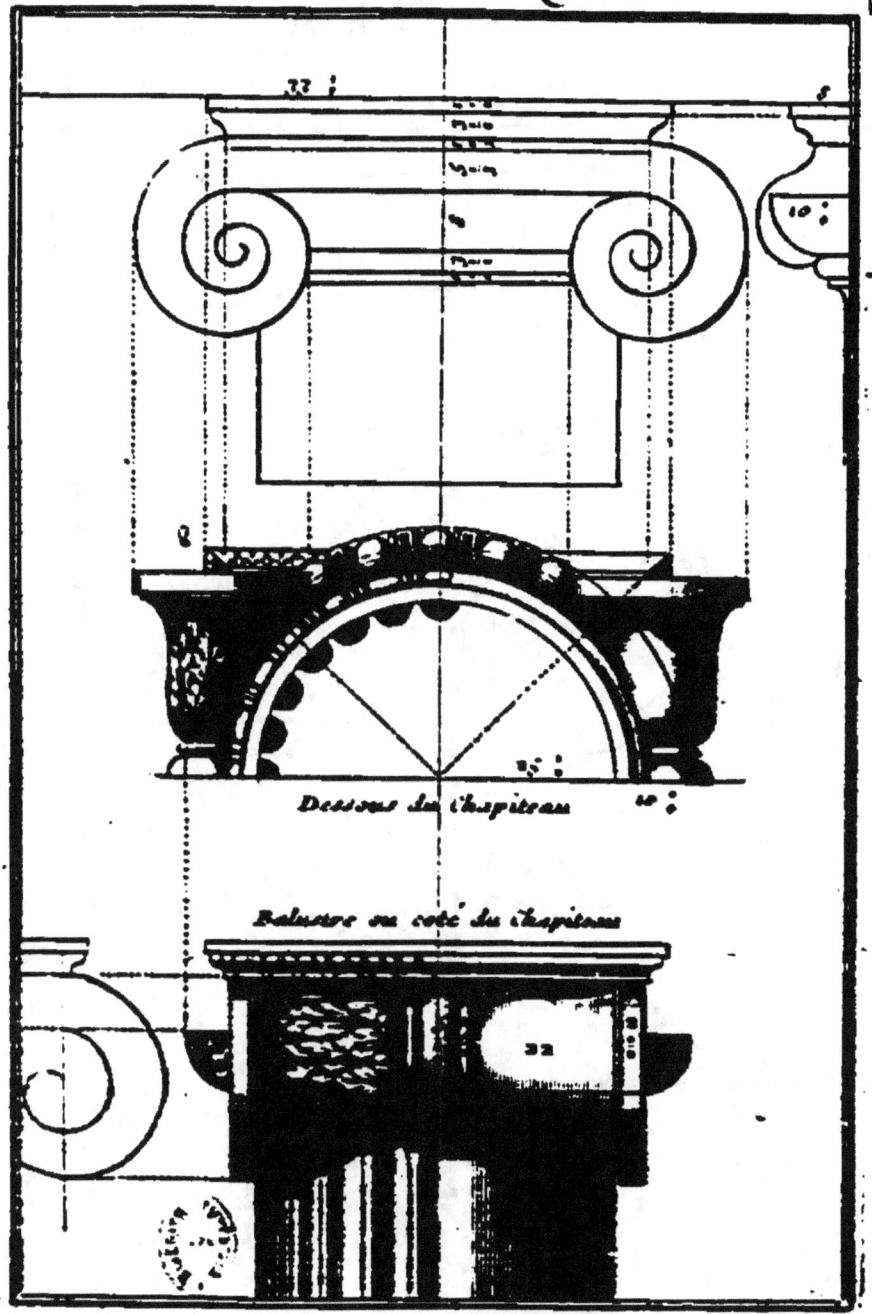

Dessous du Chapiteau

Balustre ou coté du Chapiteau

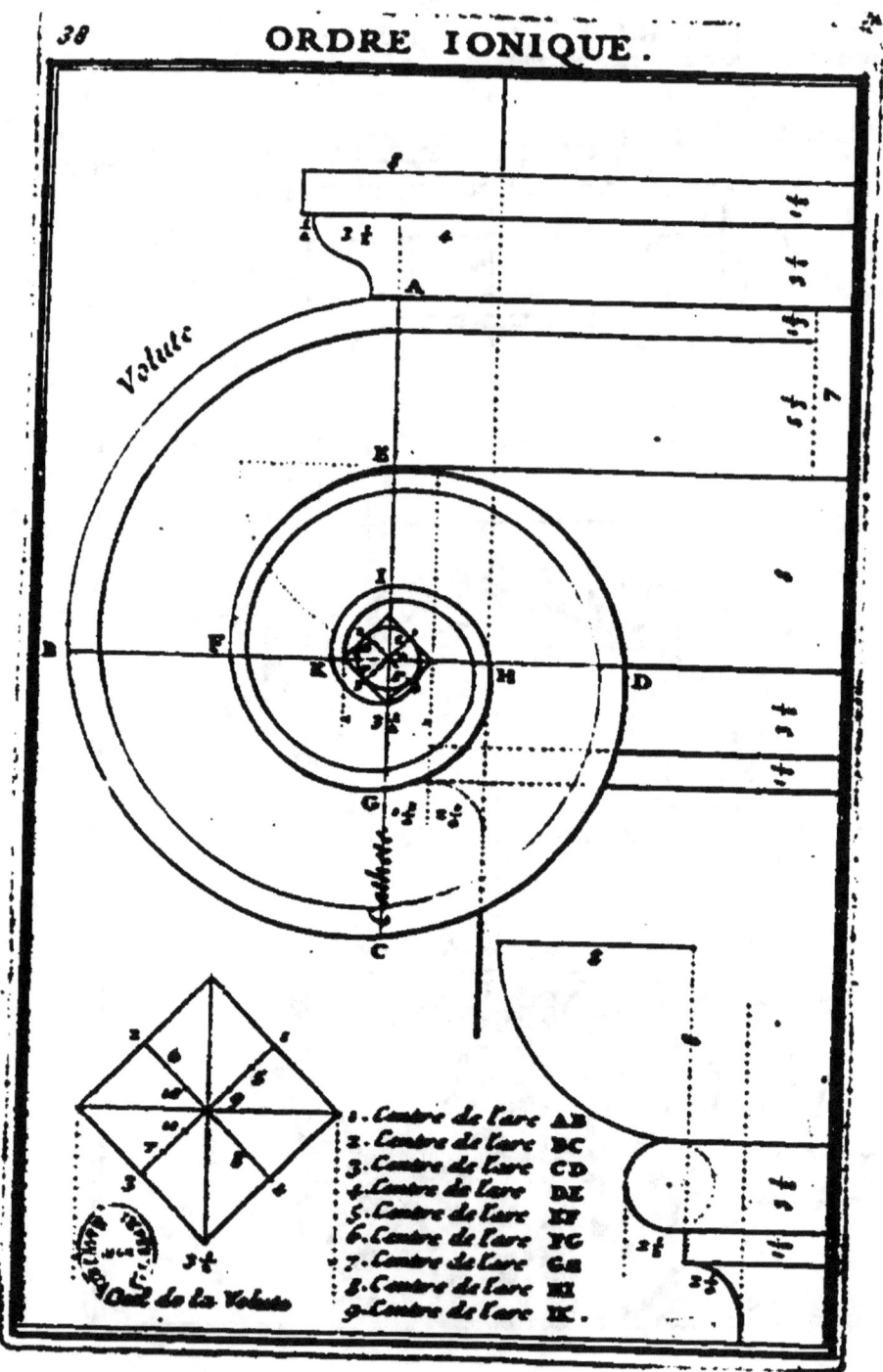

Volute

1. Centre de l'arc AB
2. Centre de l'arc BC
3. Centre de l'arc CD
4. Centre de l'arc DE
5. Centre de l'arc EF
6. Centre de l'arc FG
7. Centre de l'arc GH
8. Centre de l'arc HI
9. Centre de l'arc IK.

Œil de la Volute

Chapiteau Moderne

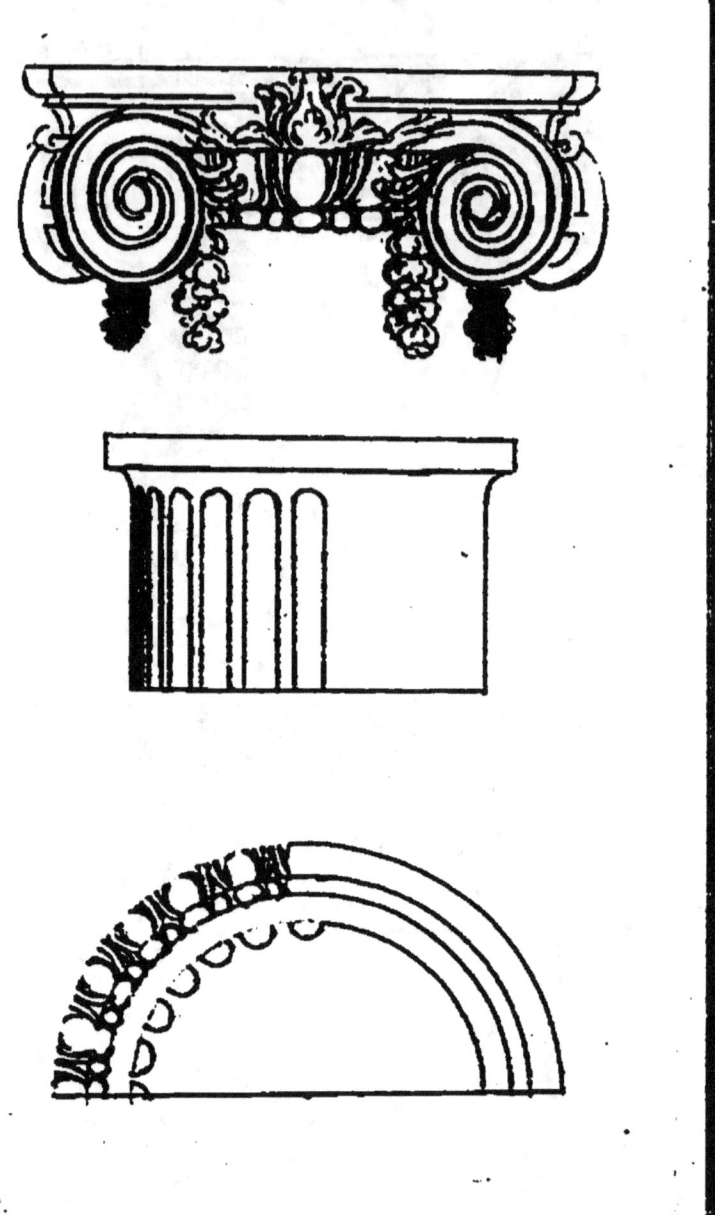

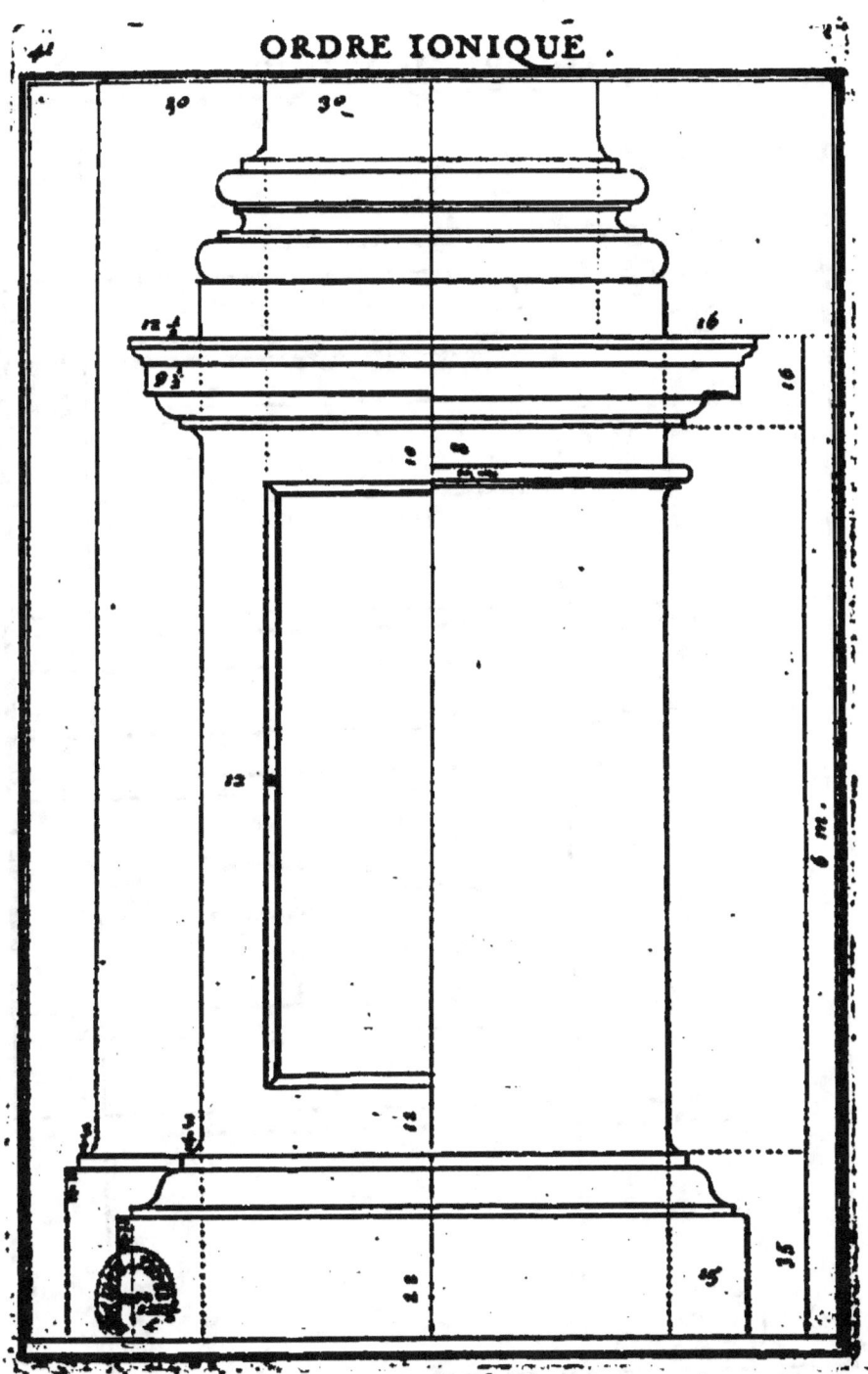

ORDRE IONIQUE.

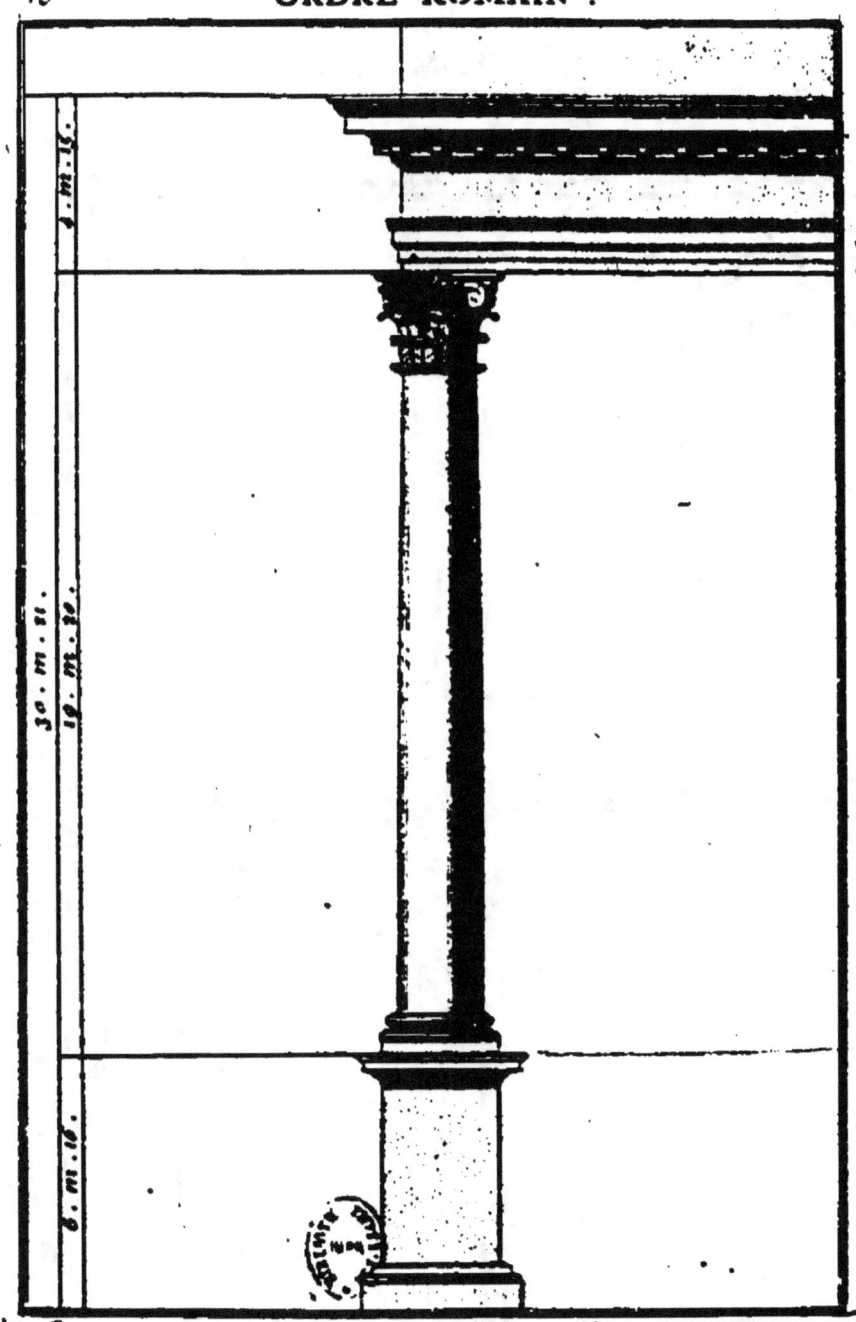

ORDRE ROMAIN.

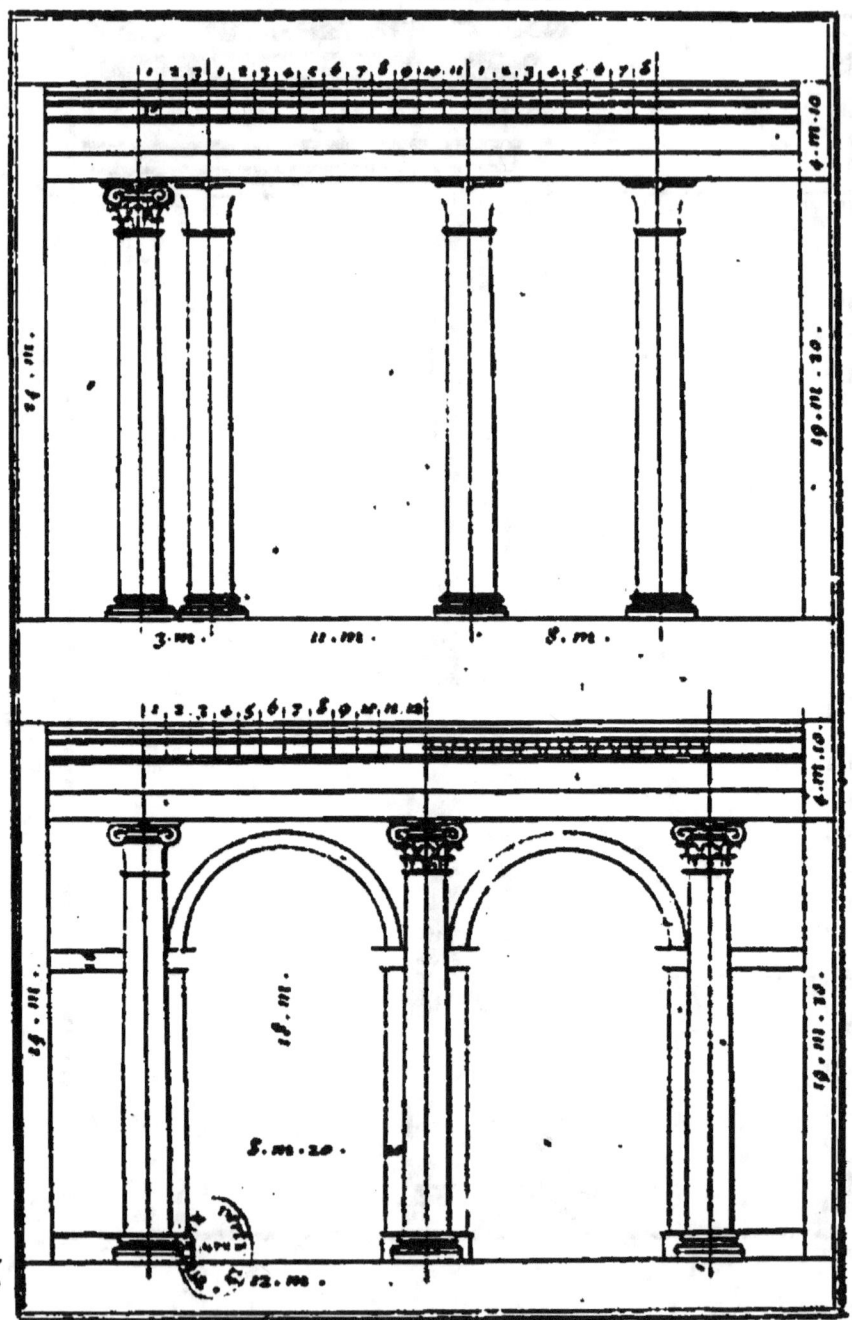

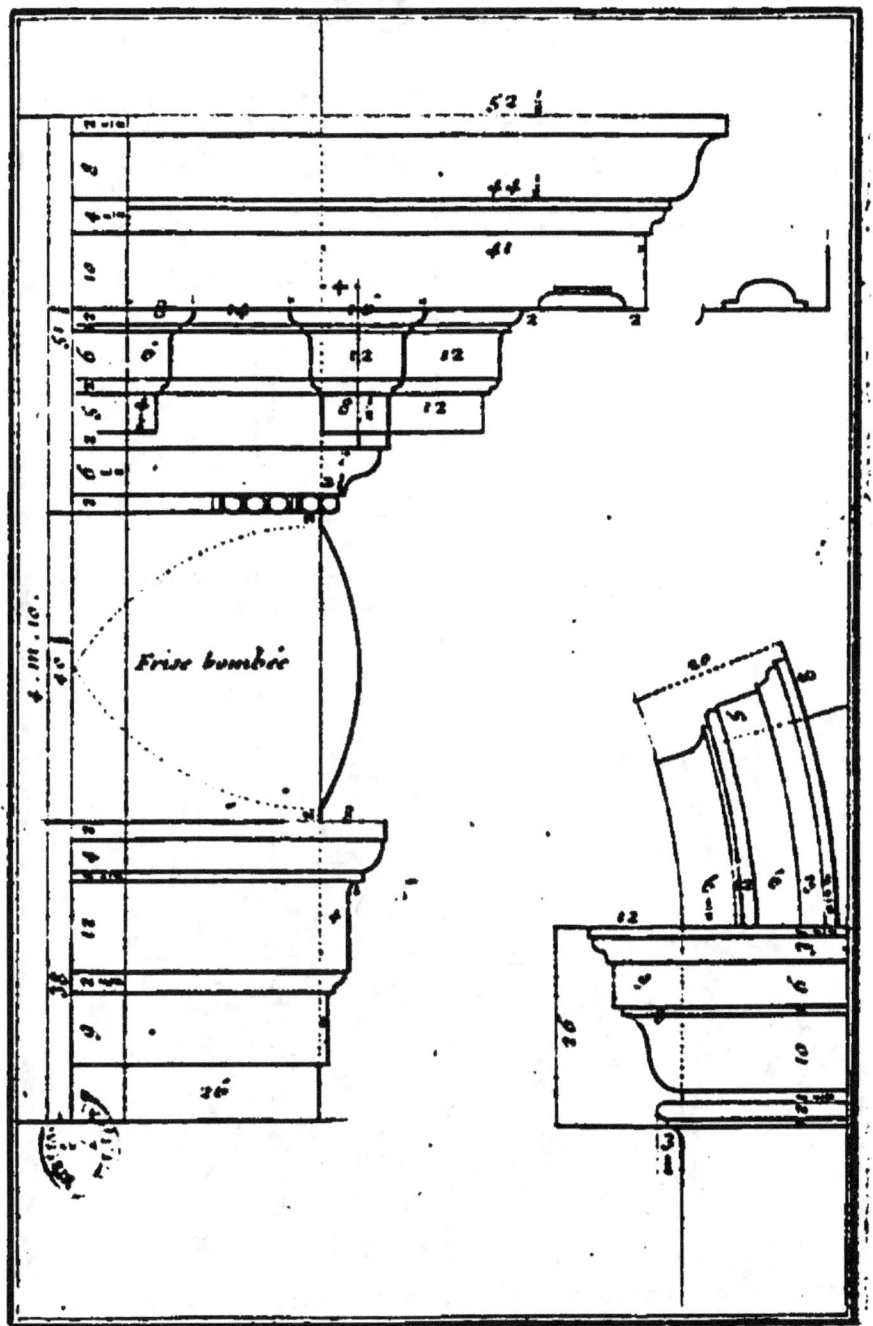

Frise bombée

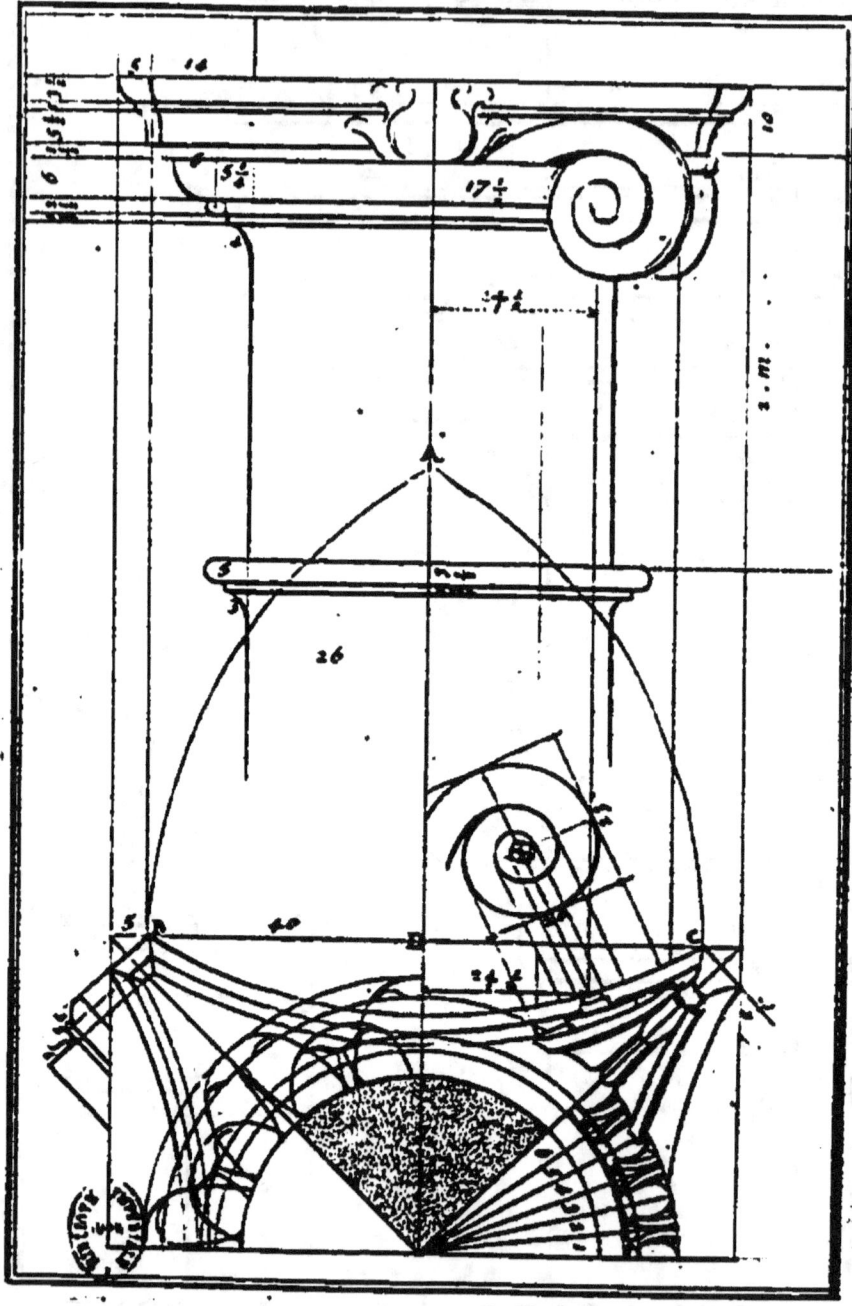

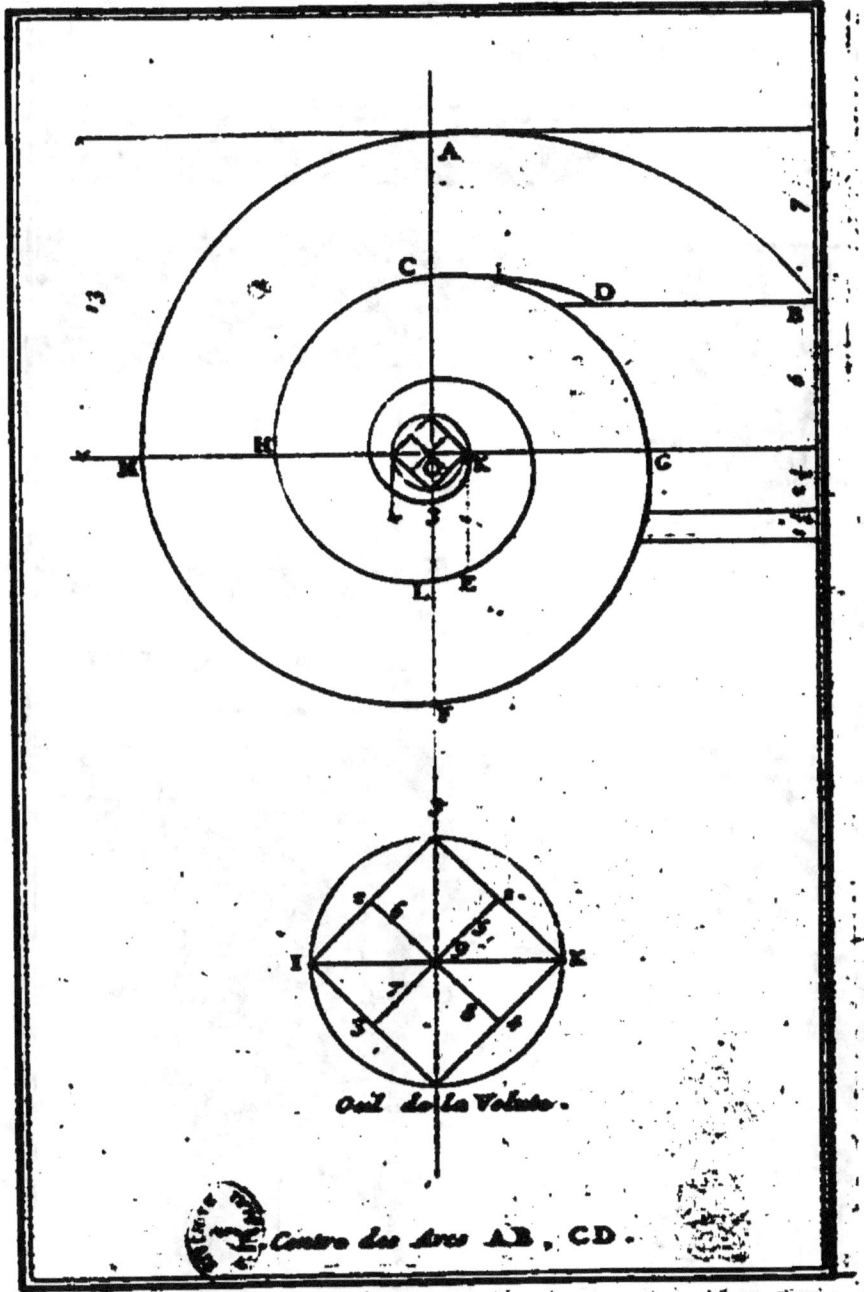

Oeil de la Volute.

Centre des Arcs AB, CD.

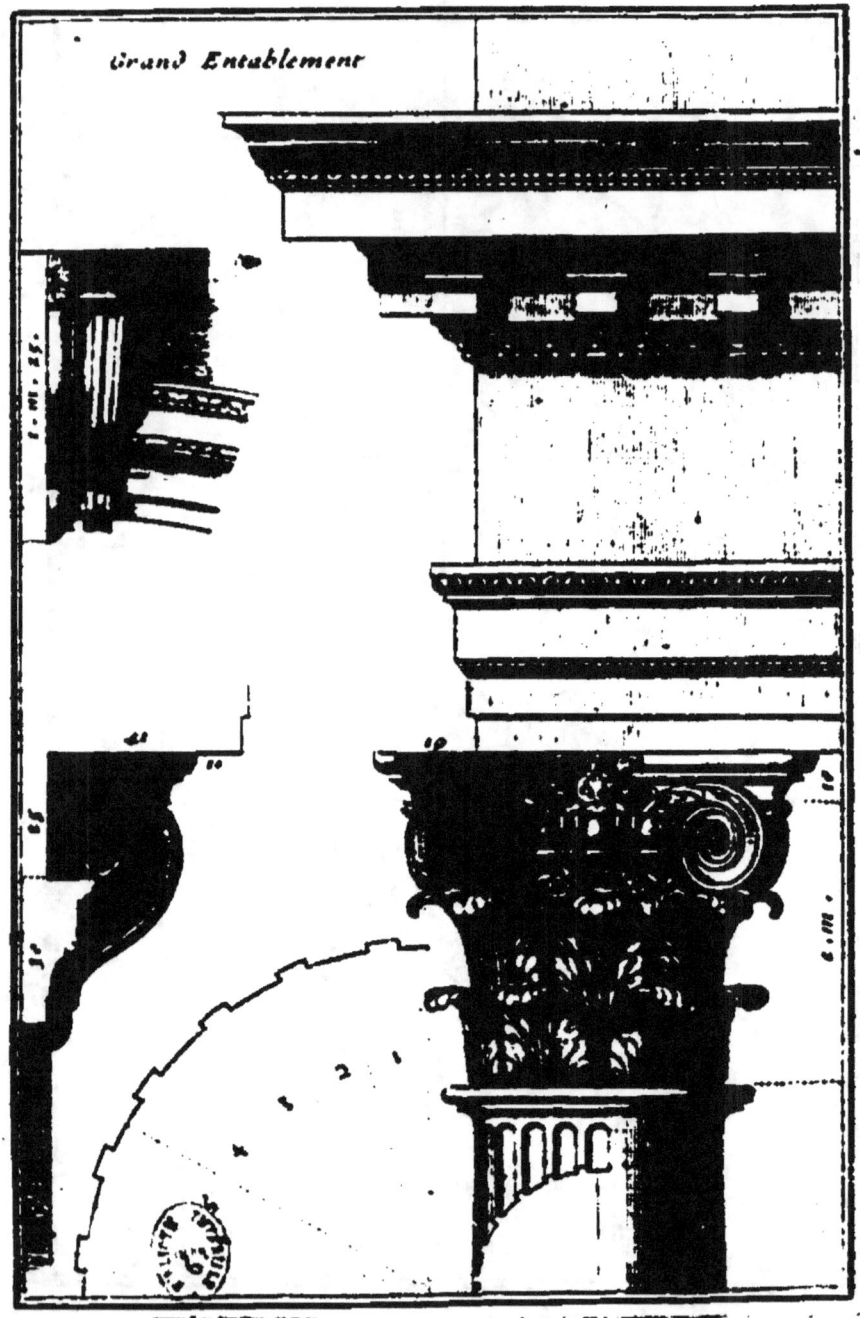

Grand Entablement

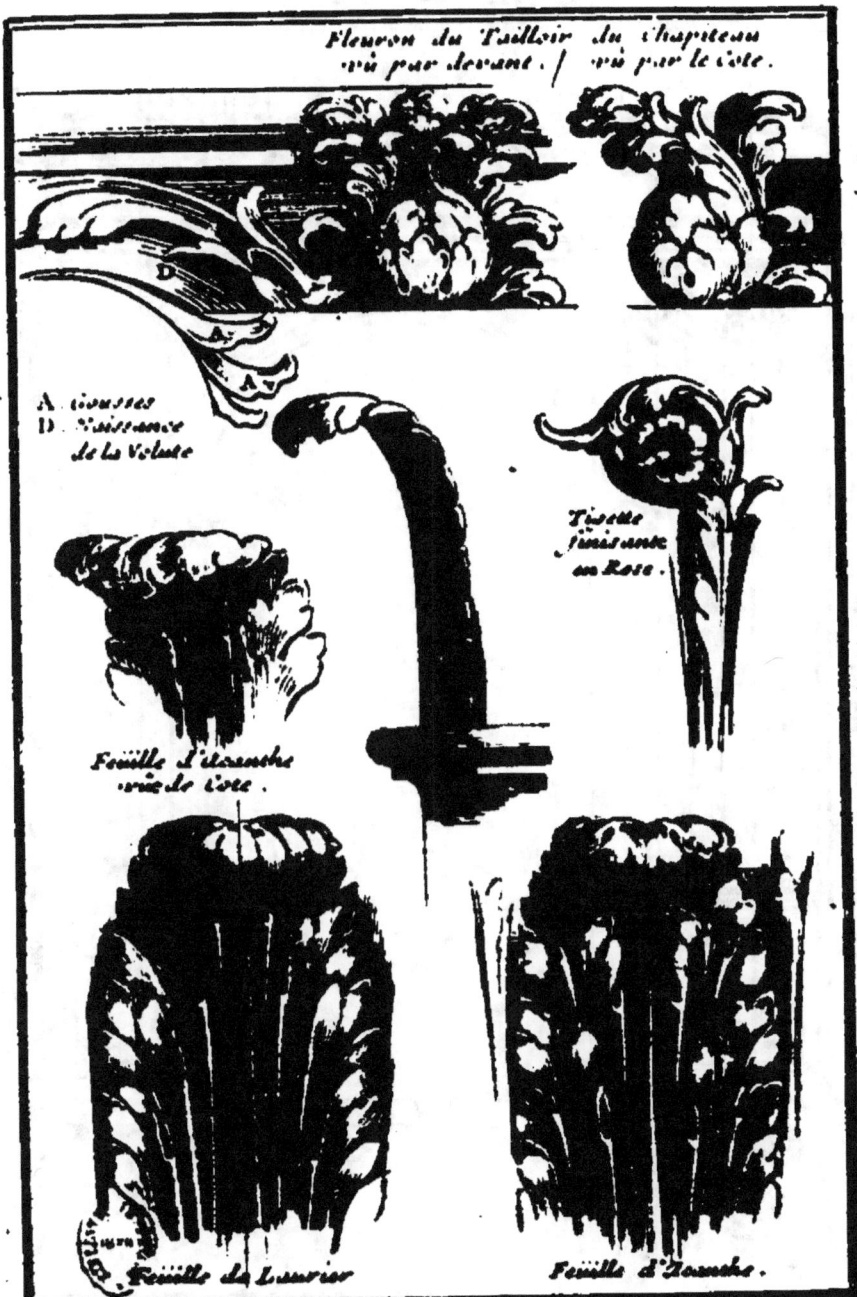

Fleuron du Tailloir du chapiteau
vû par devant. / vû par le côte.

A. Gousses
D. Naissance
de la Volute

A

Tigette
finissant
en Rose.

Feuille d'Acanthe
vû de Côte.

Feuille de Laurier

Feuille d'Acanthe.

ORDRE ROMAIN

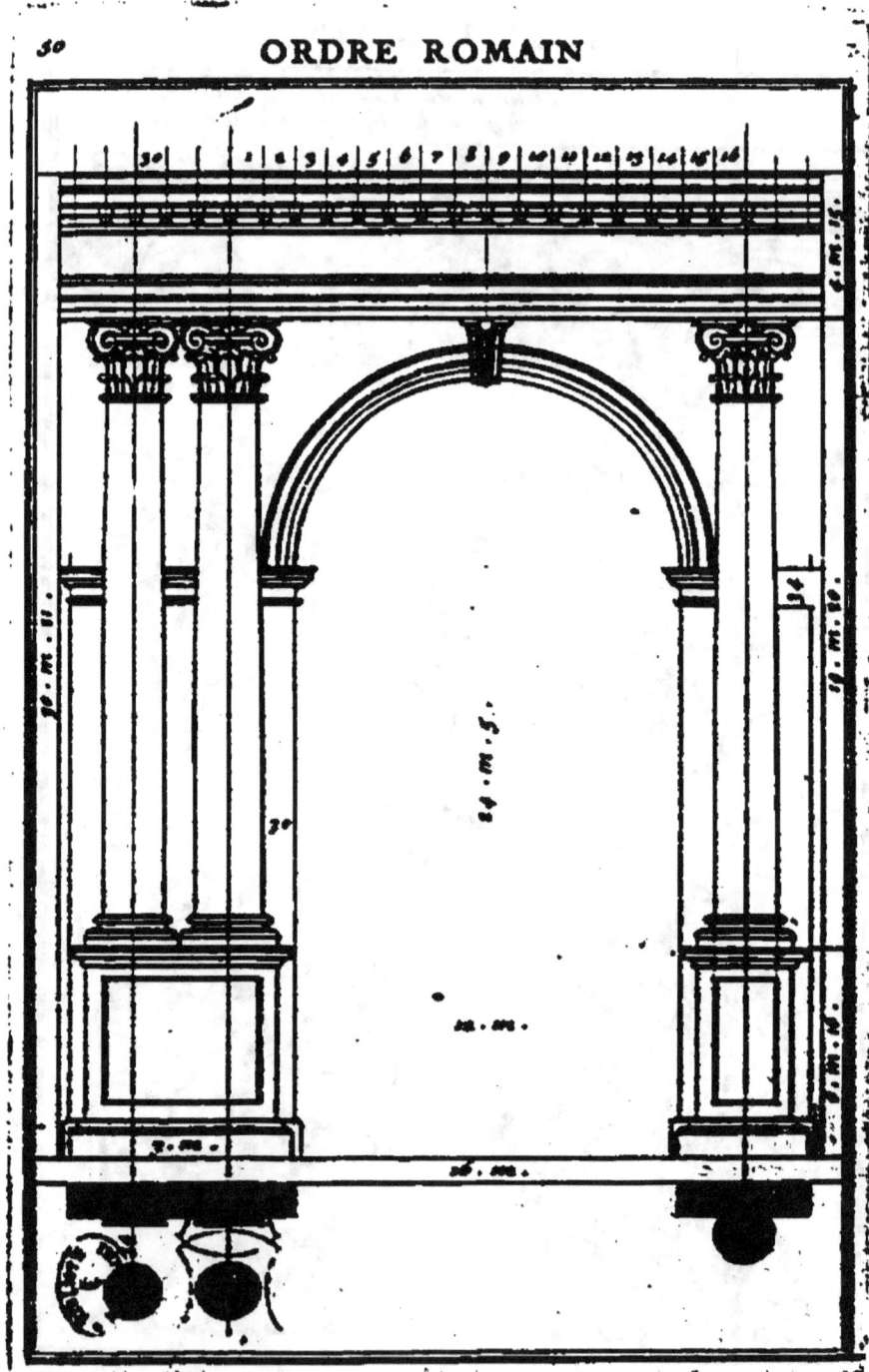

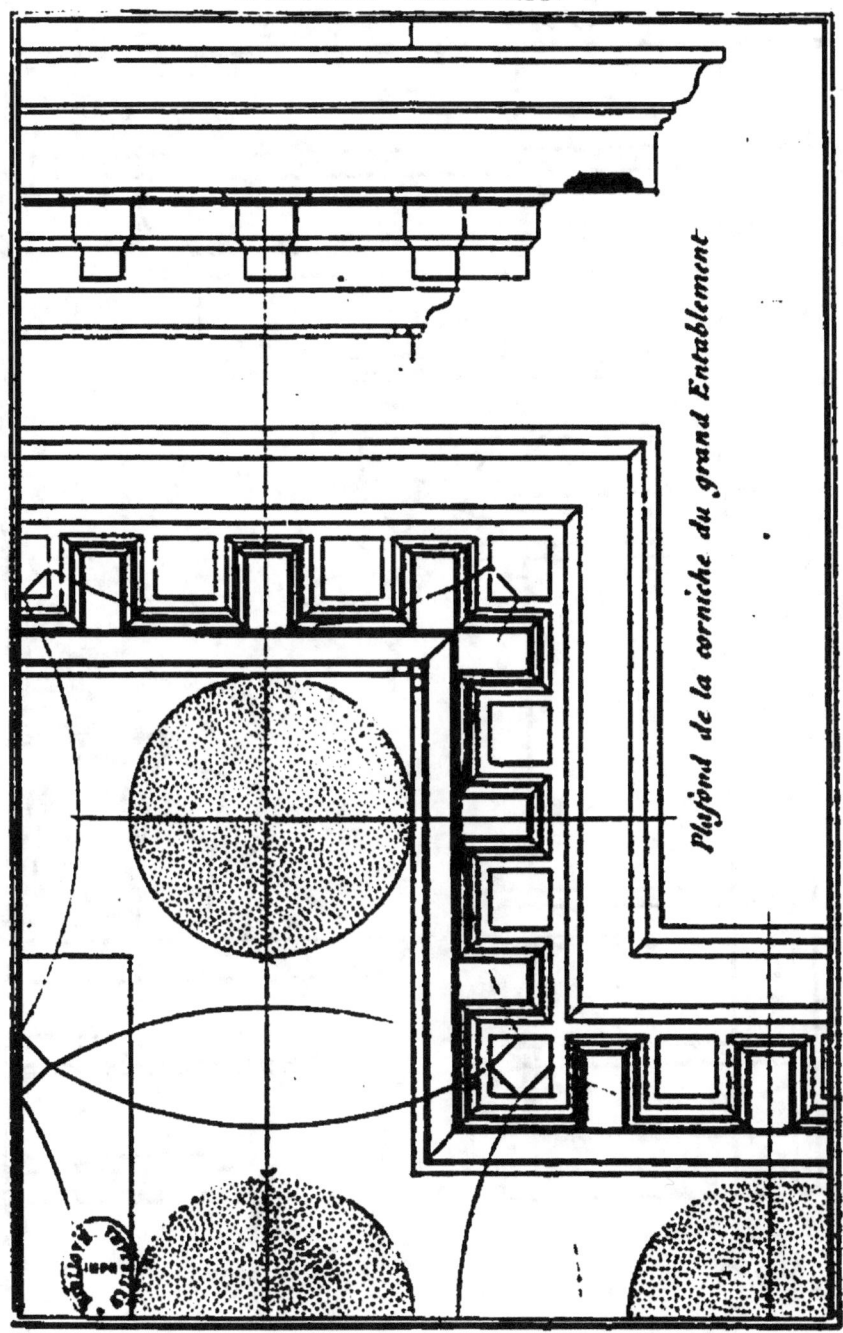

Plafond de la corniche du grand Entablement

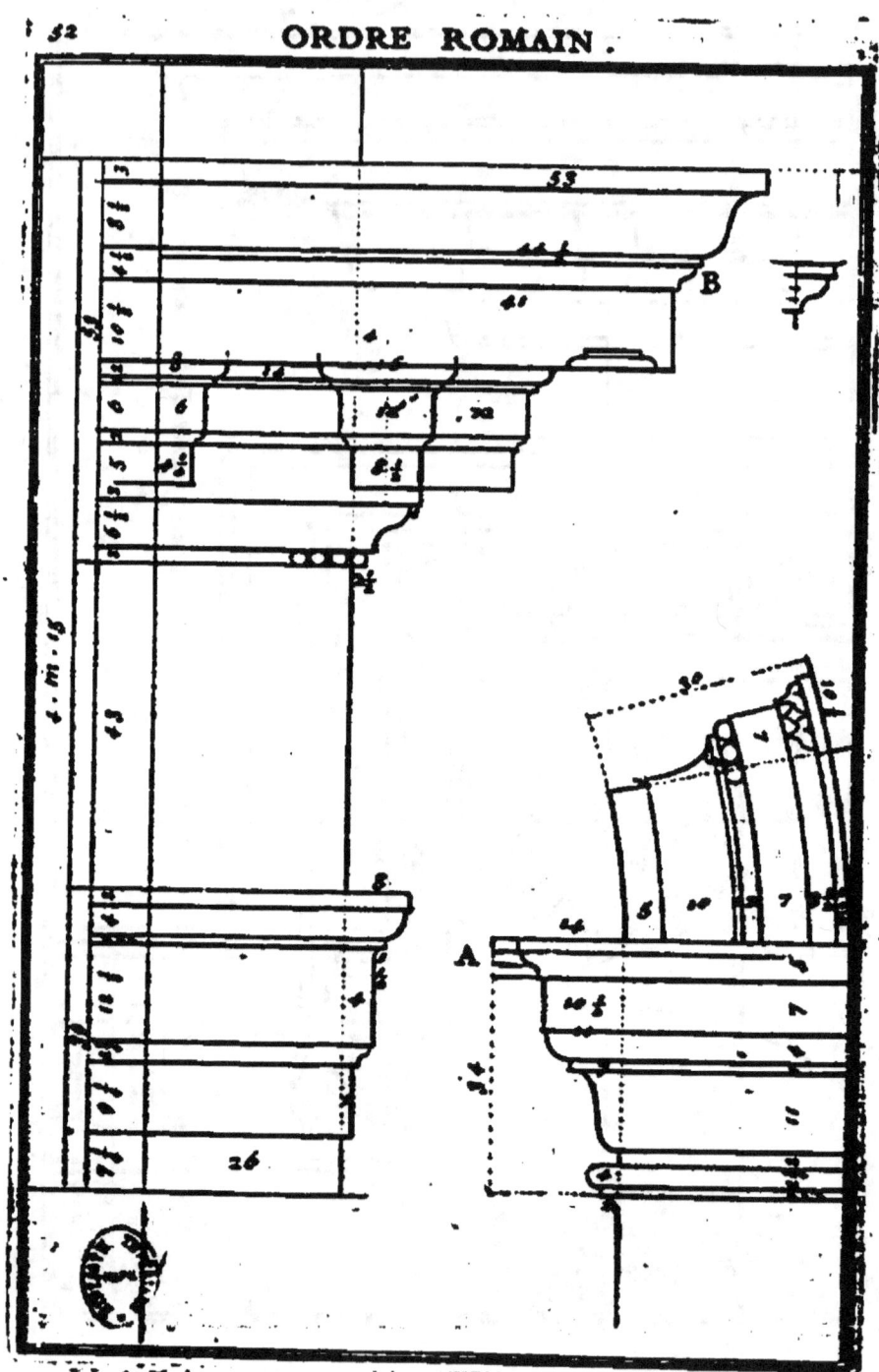

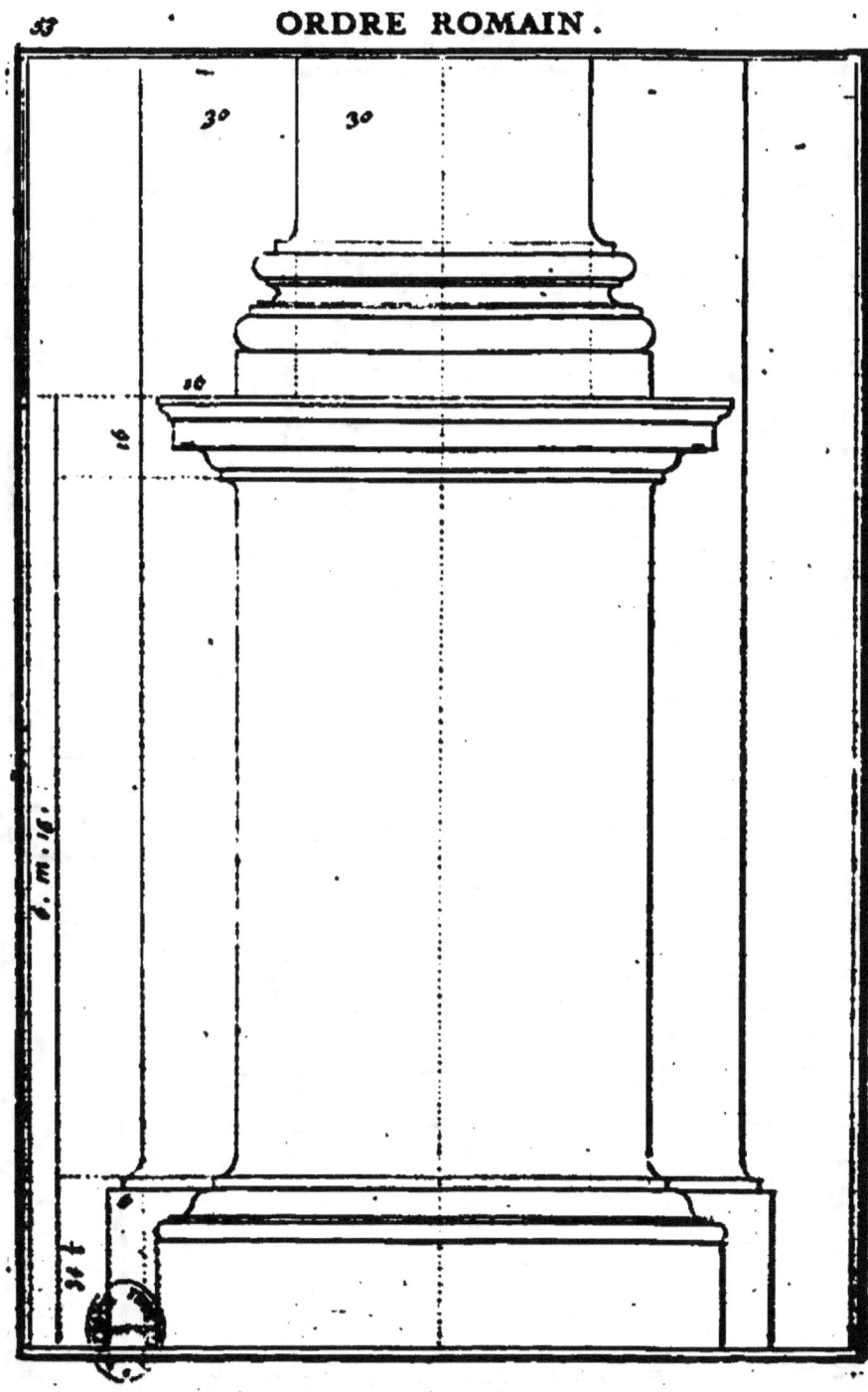

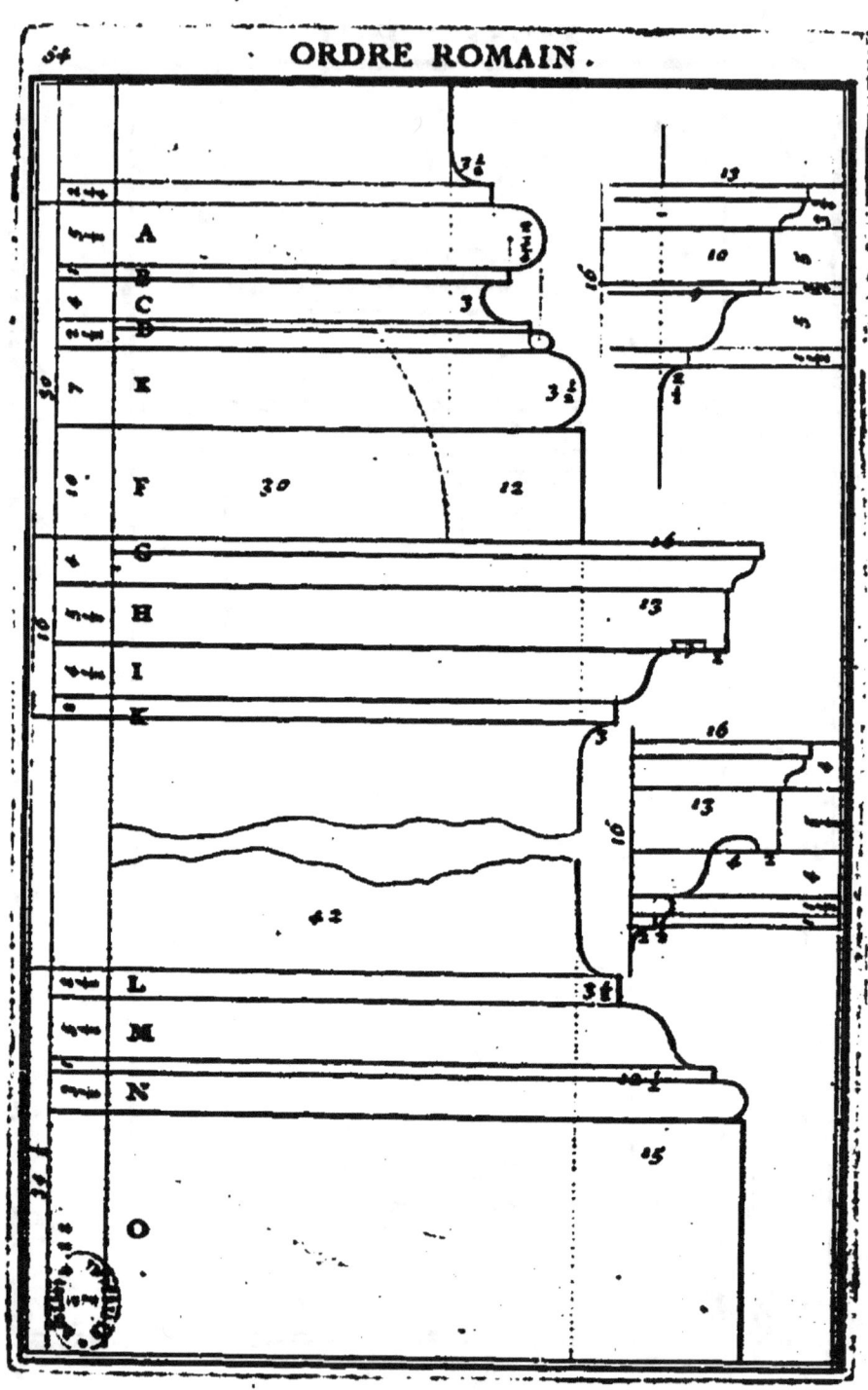

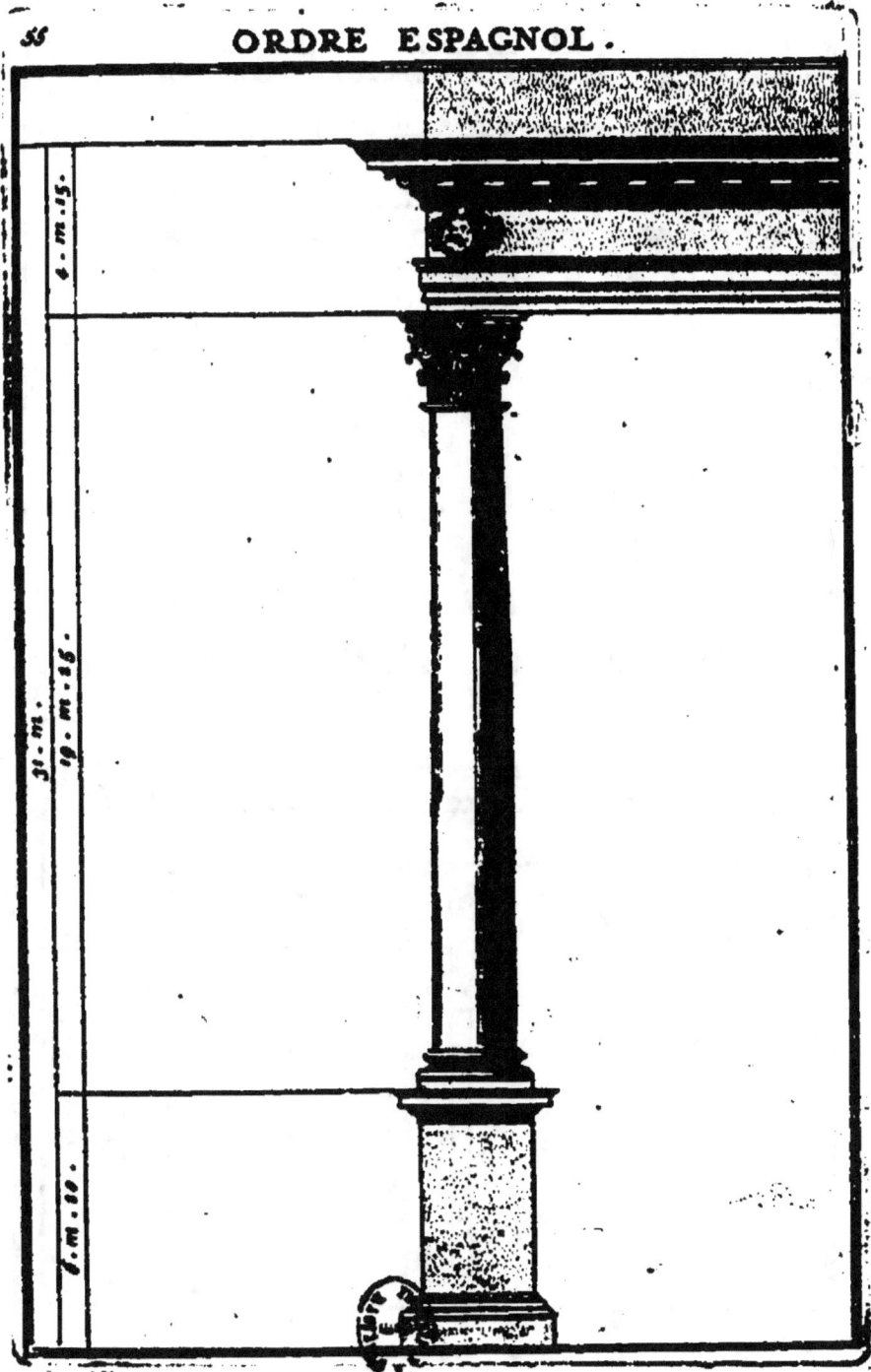

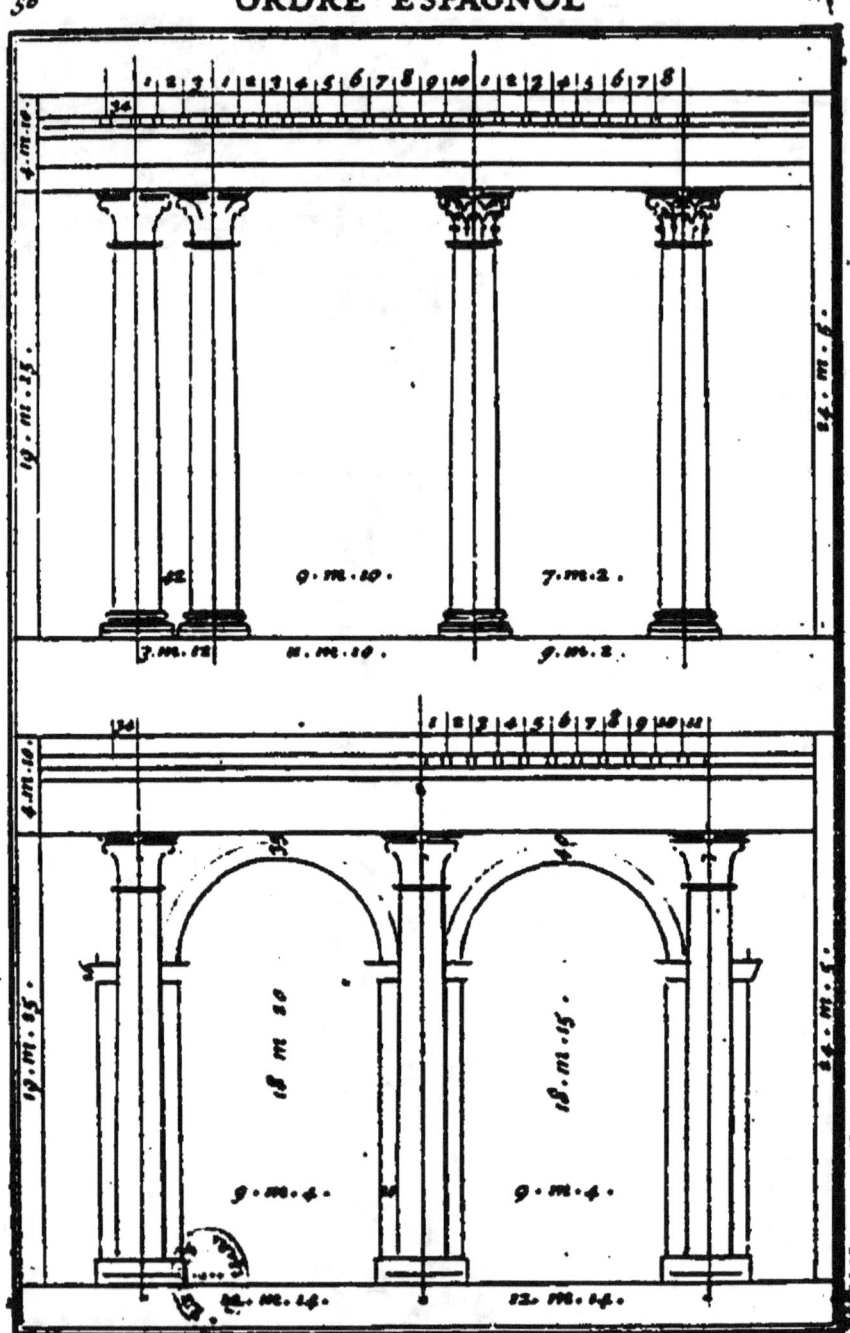

ORDRE ESPAGNOL.

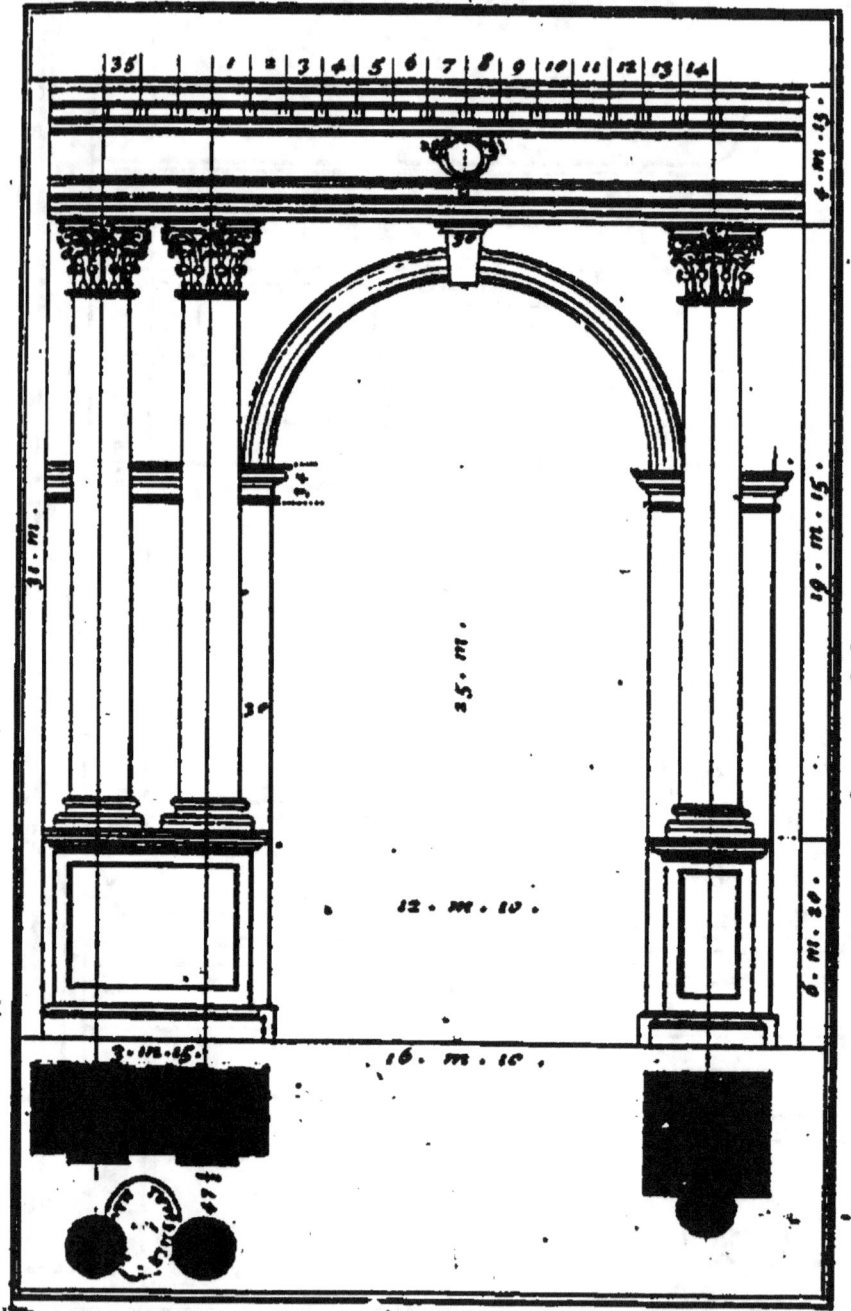

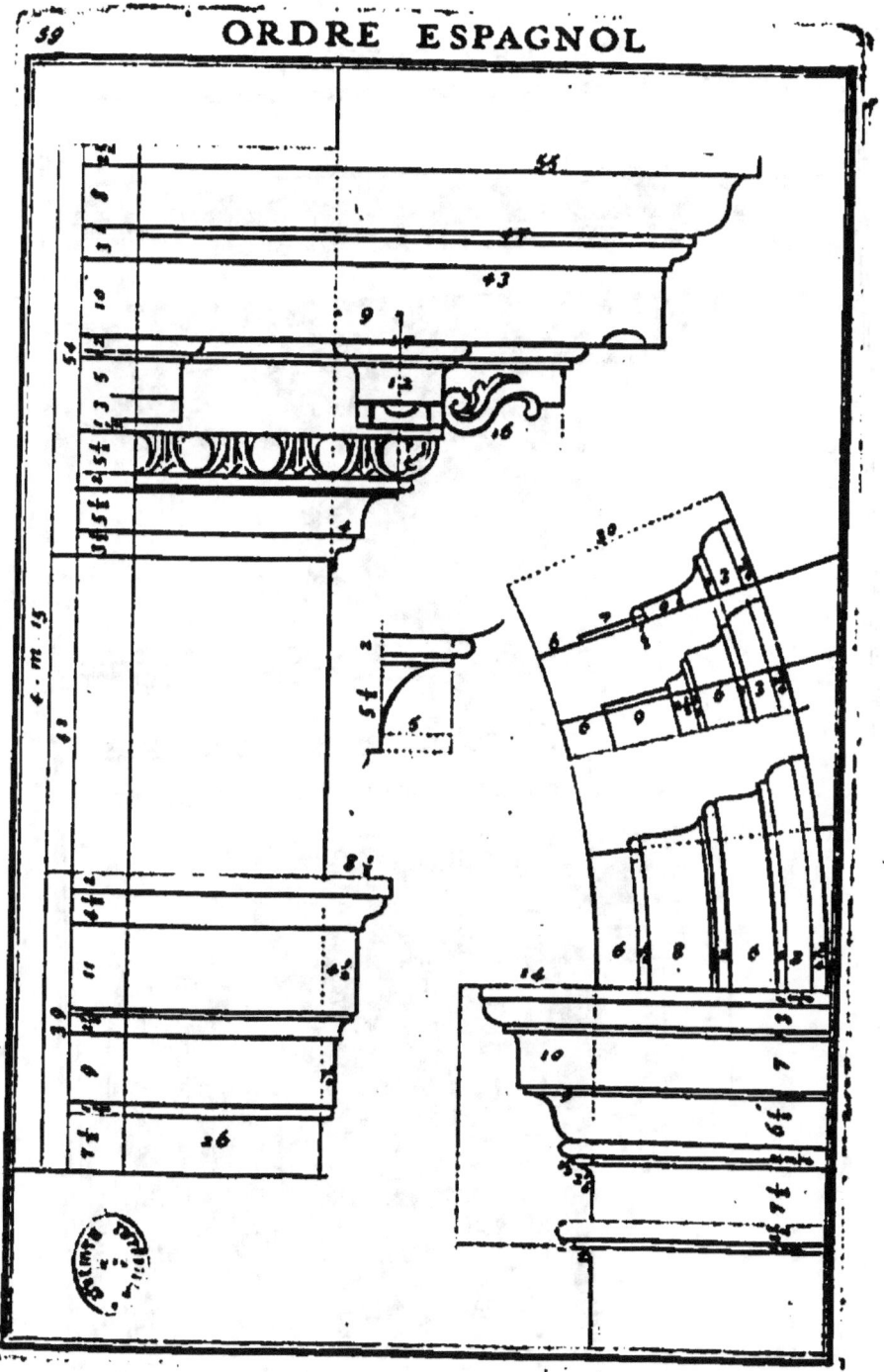

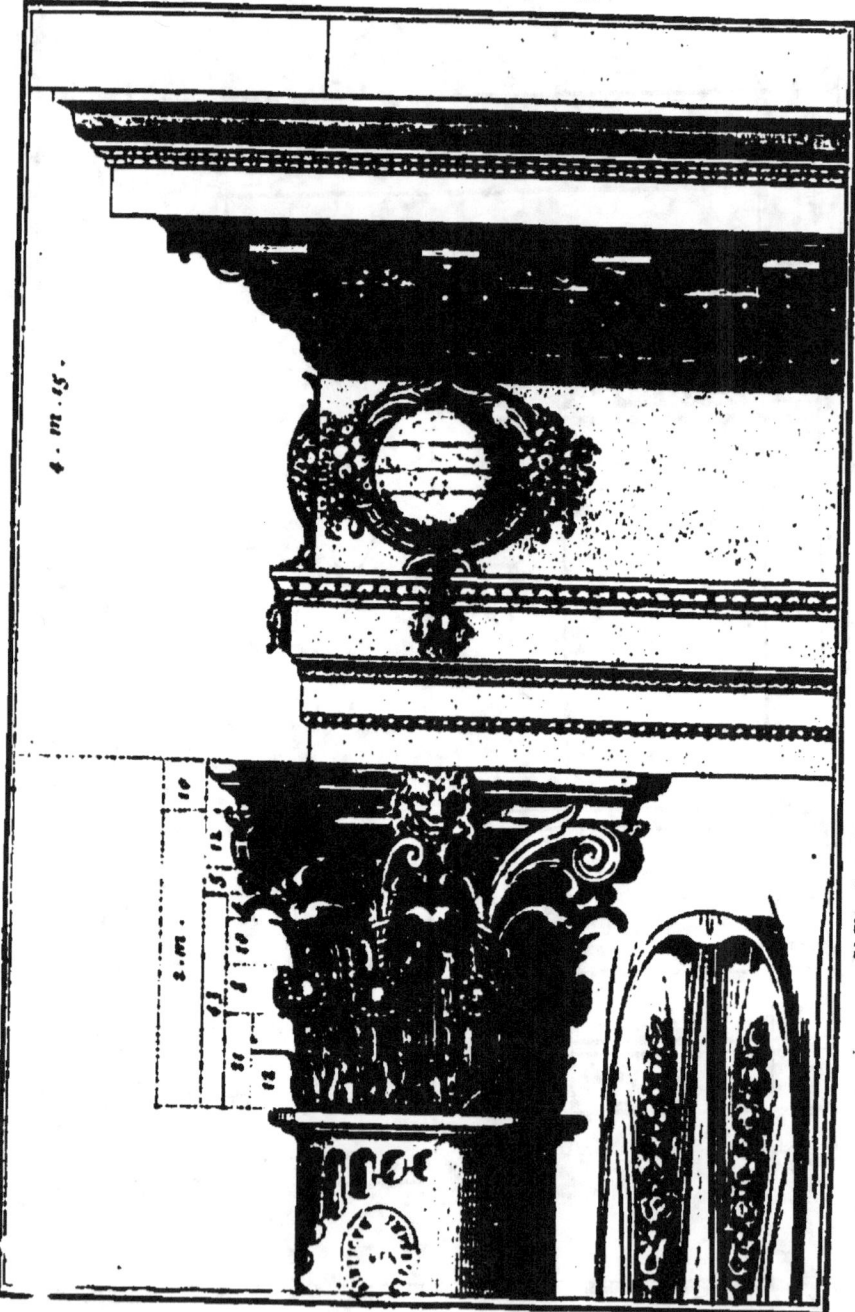

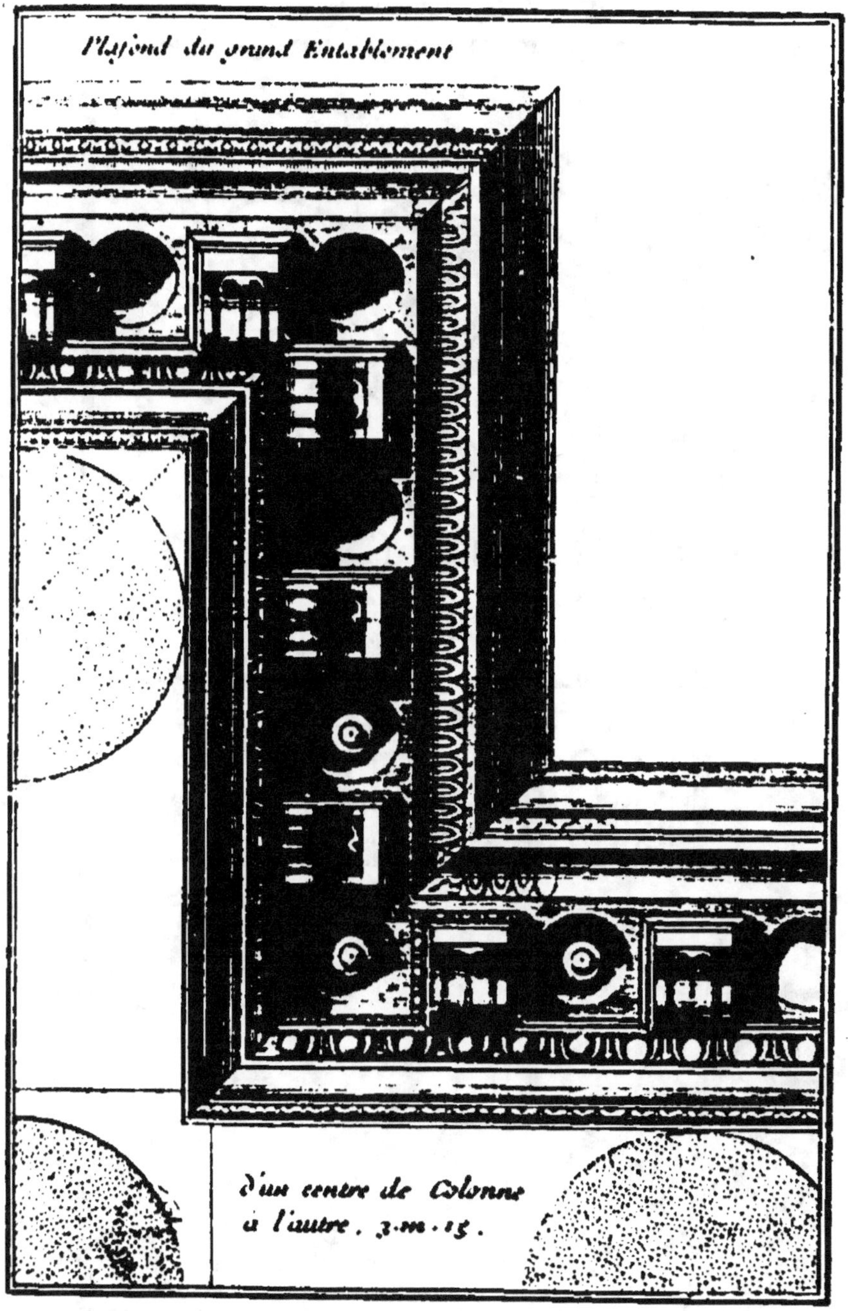

Plafond du grand Entablement

d'un centre de Colonne à l'autre. 3. m. 15.

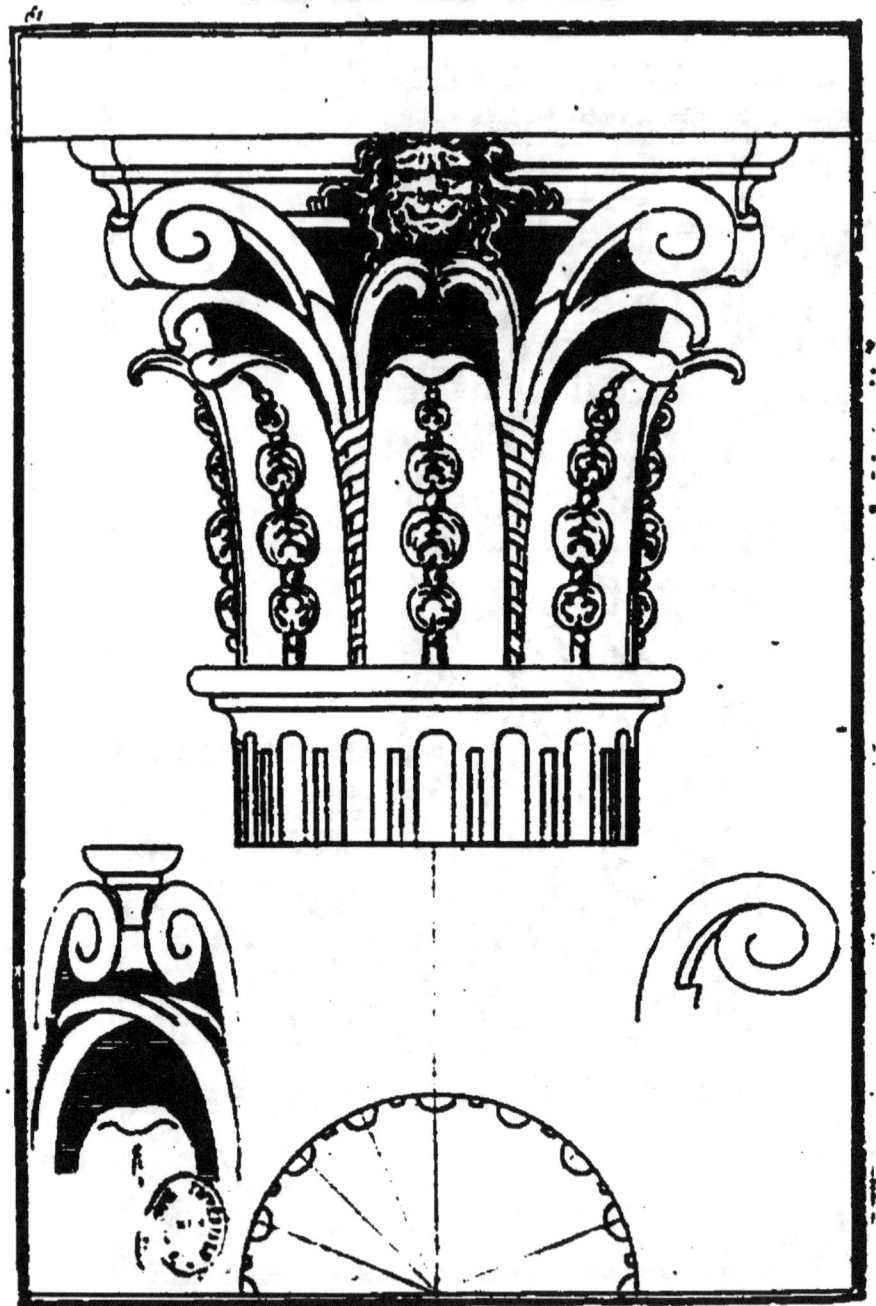

ORDRE ESPAGNOL.

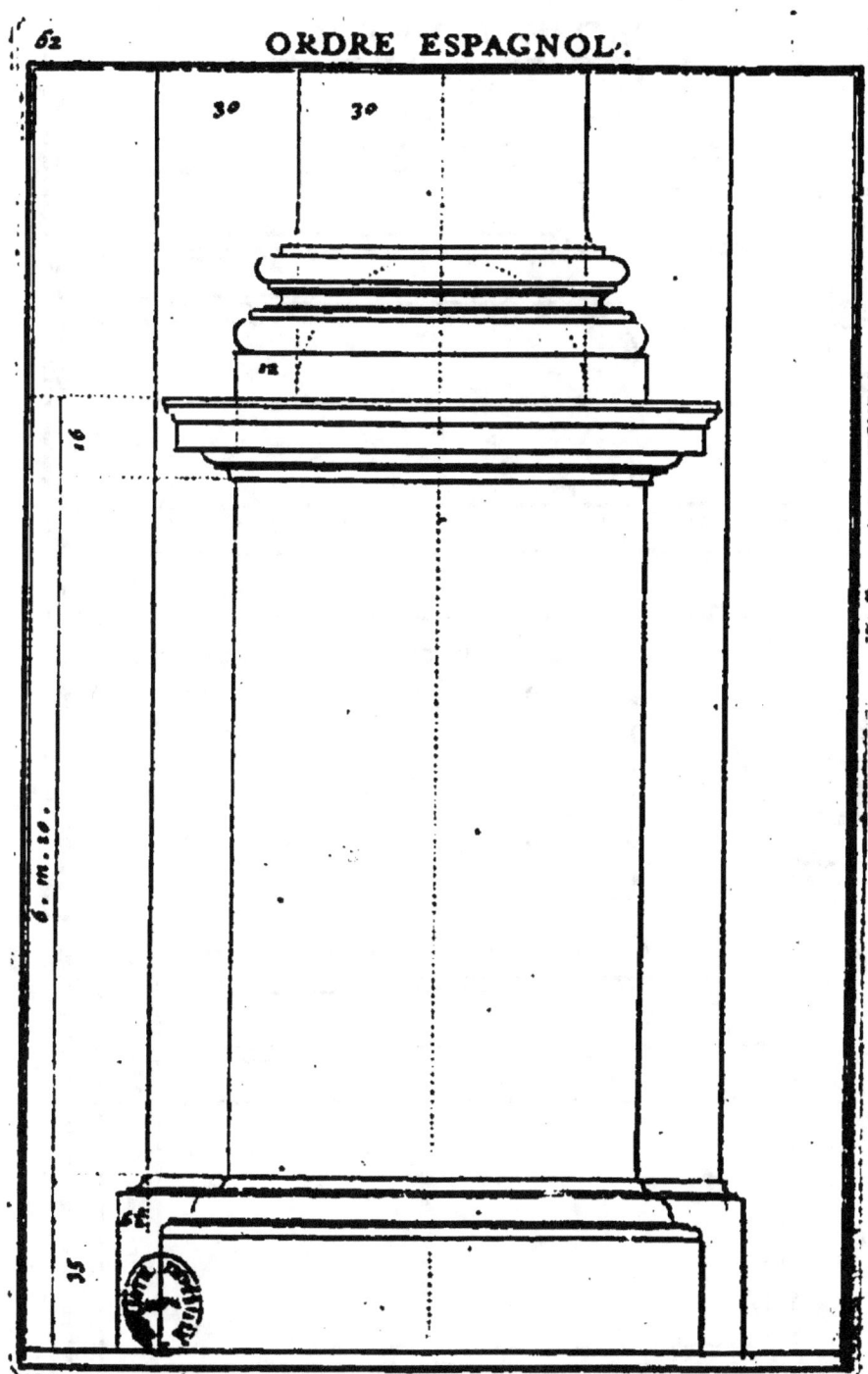

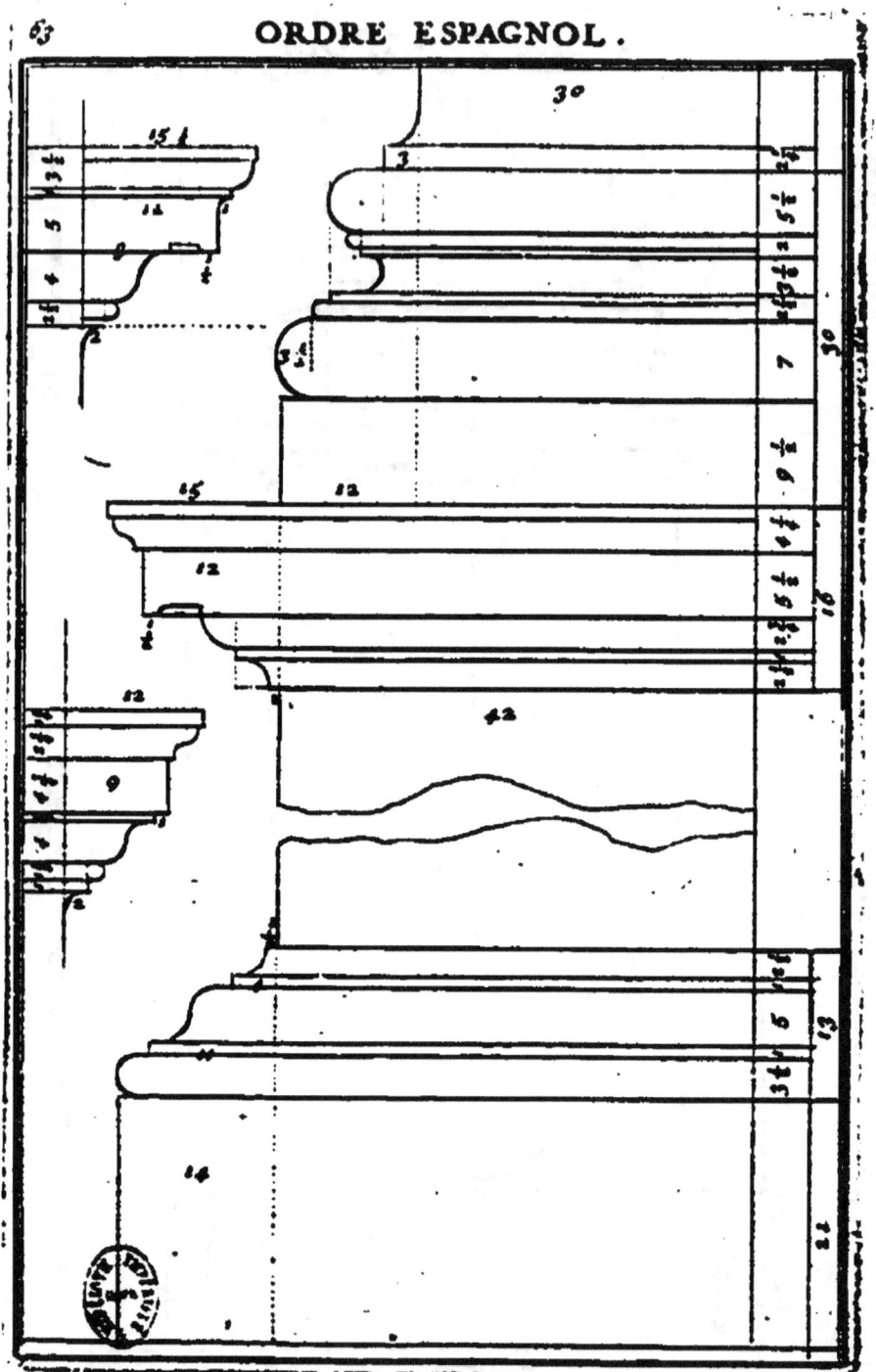

ORDRE CORINTHIEN.

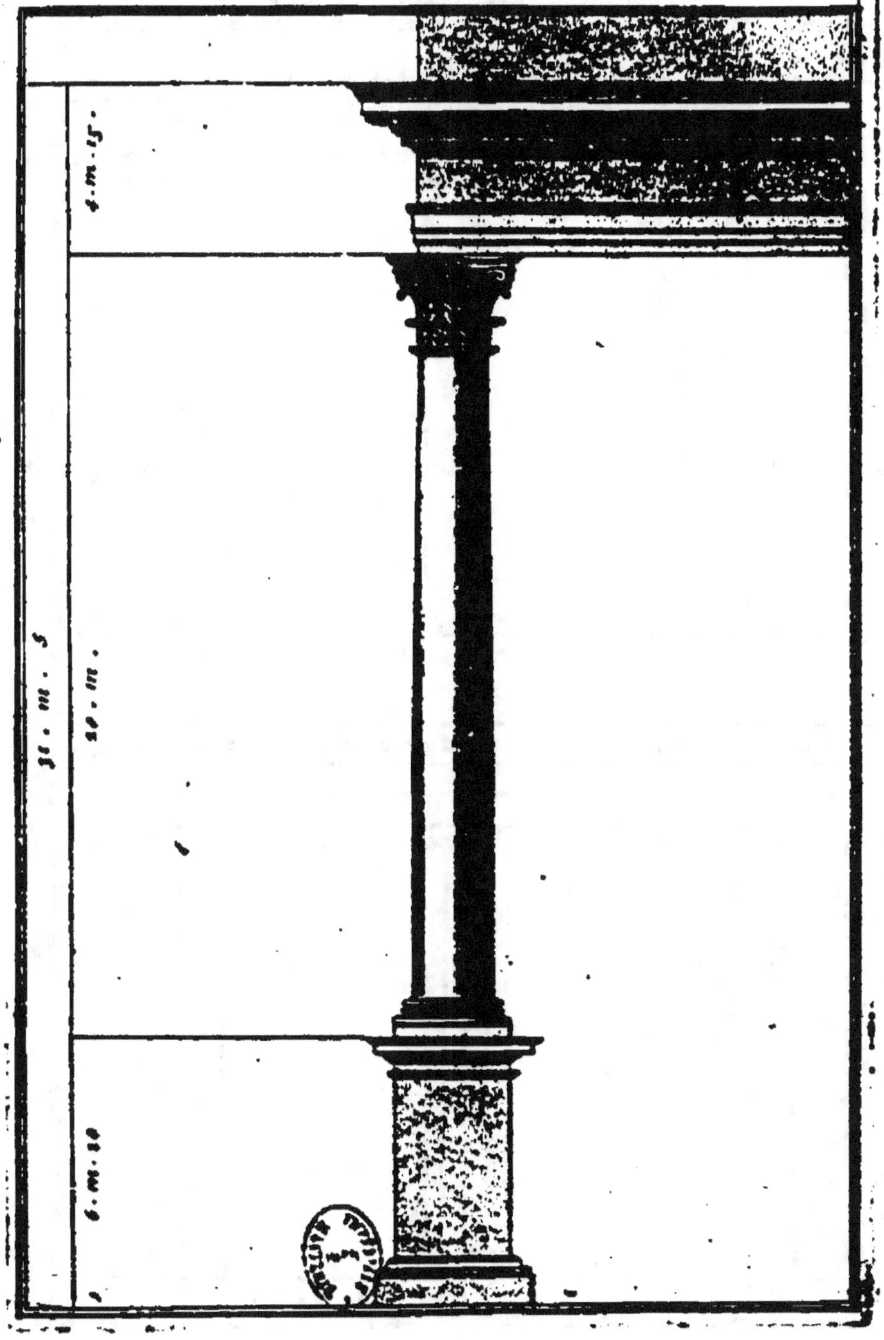

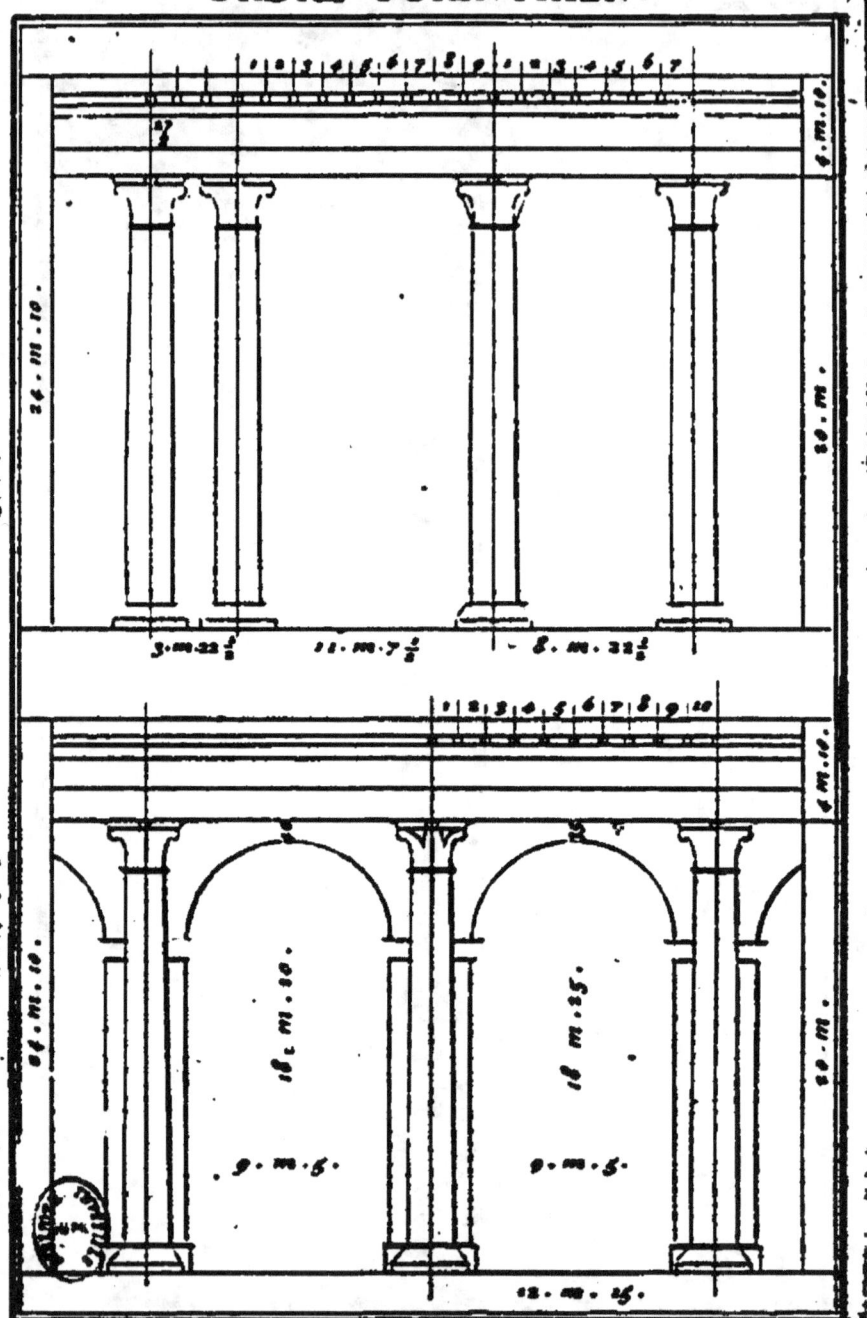

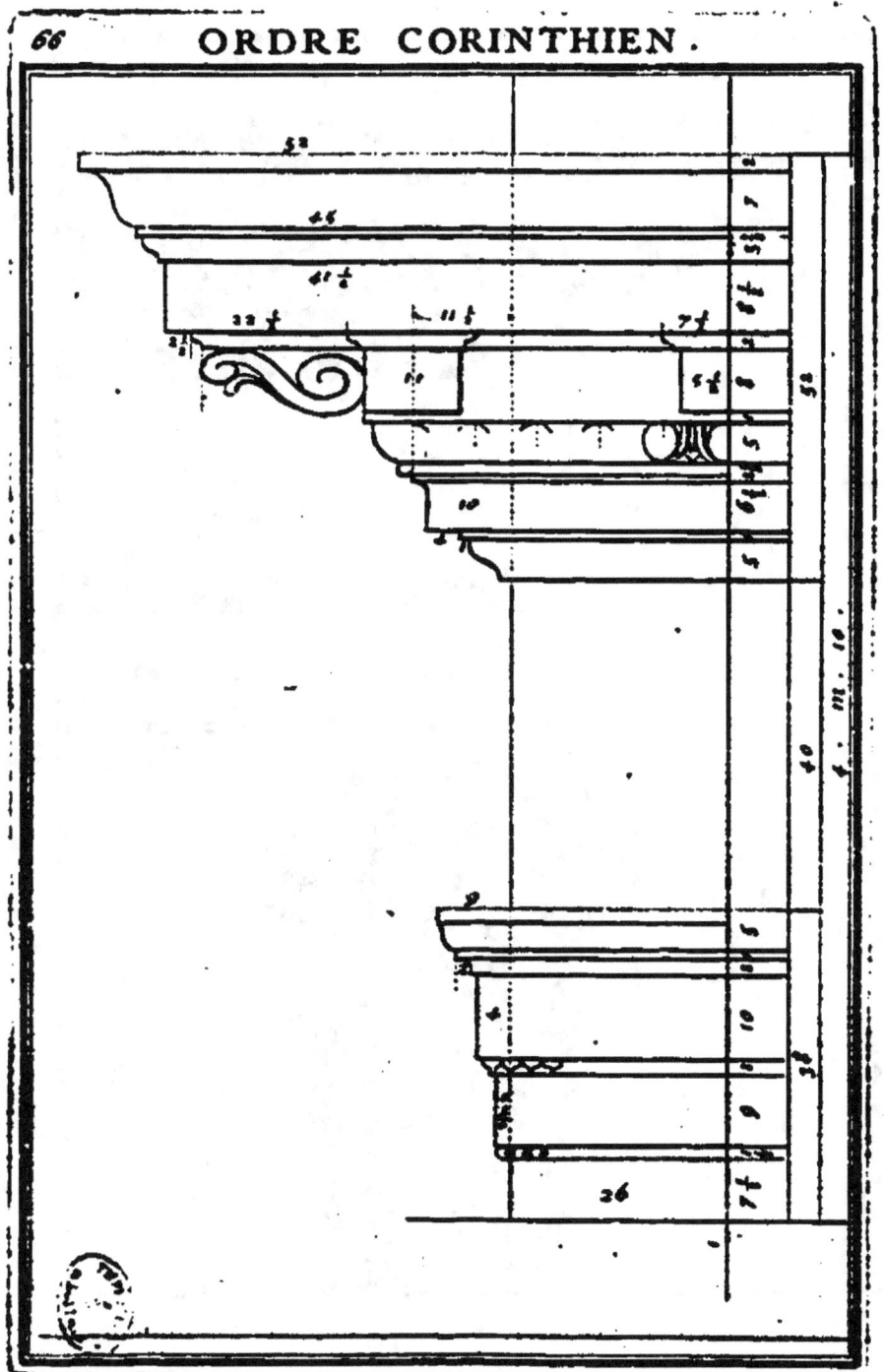

ORDRE CORINTHIEN.

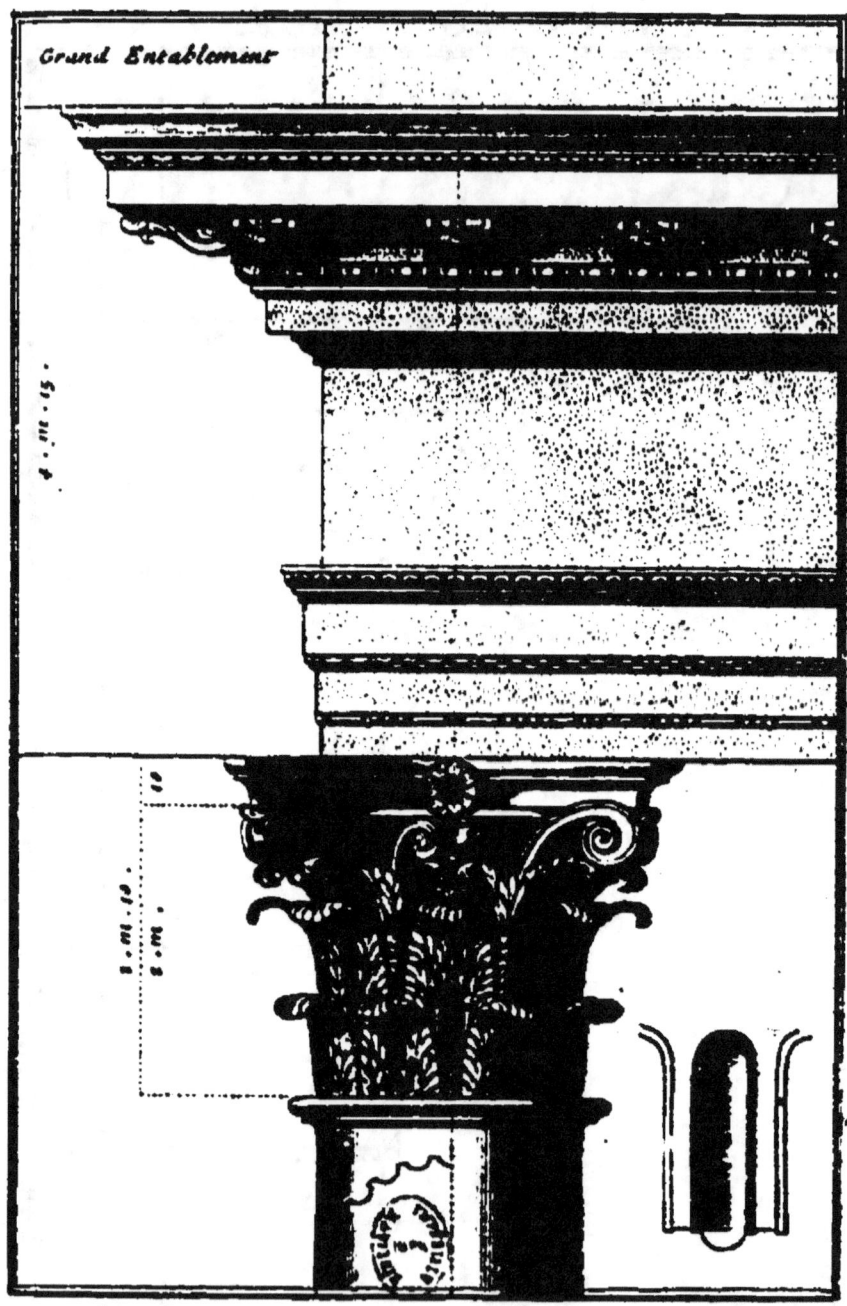

Grand Entablement

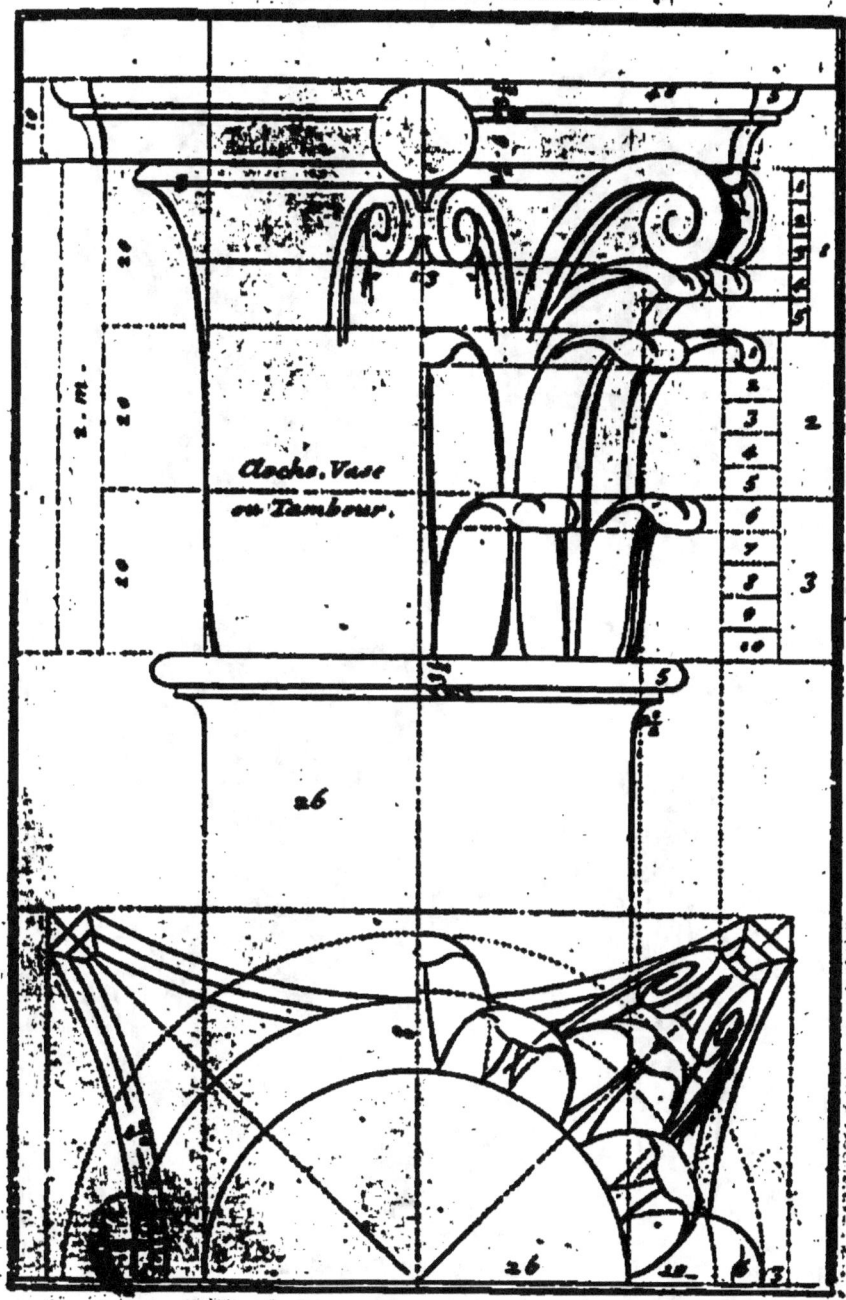

Cloche. Vase
ou Tambour.

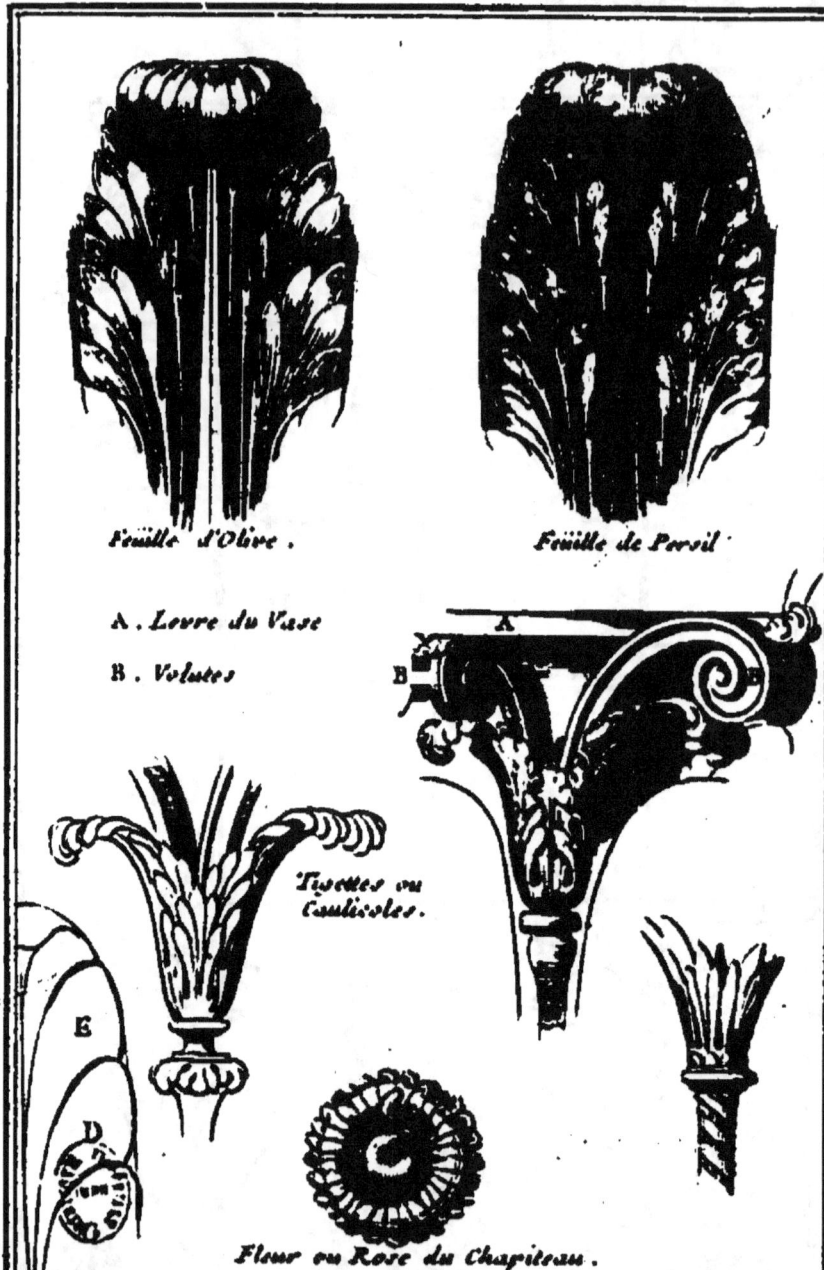

Feüille d'Olive.   Feüille de Persil.

A . Levre du Vase

B . Volutes

Tigettes ou
Caulicoles.

Fleur ou Rose du Chapiteau.

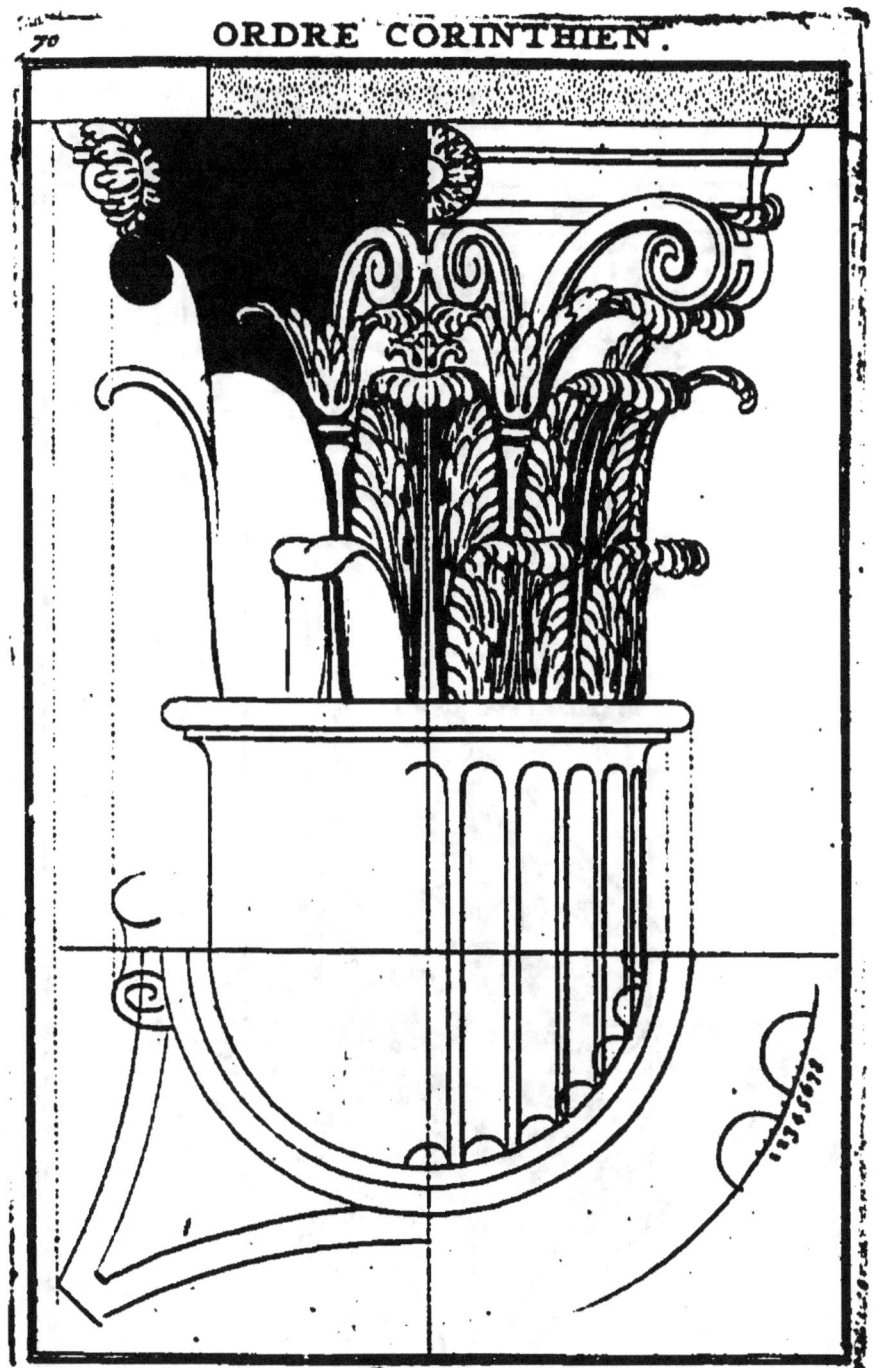

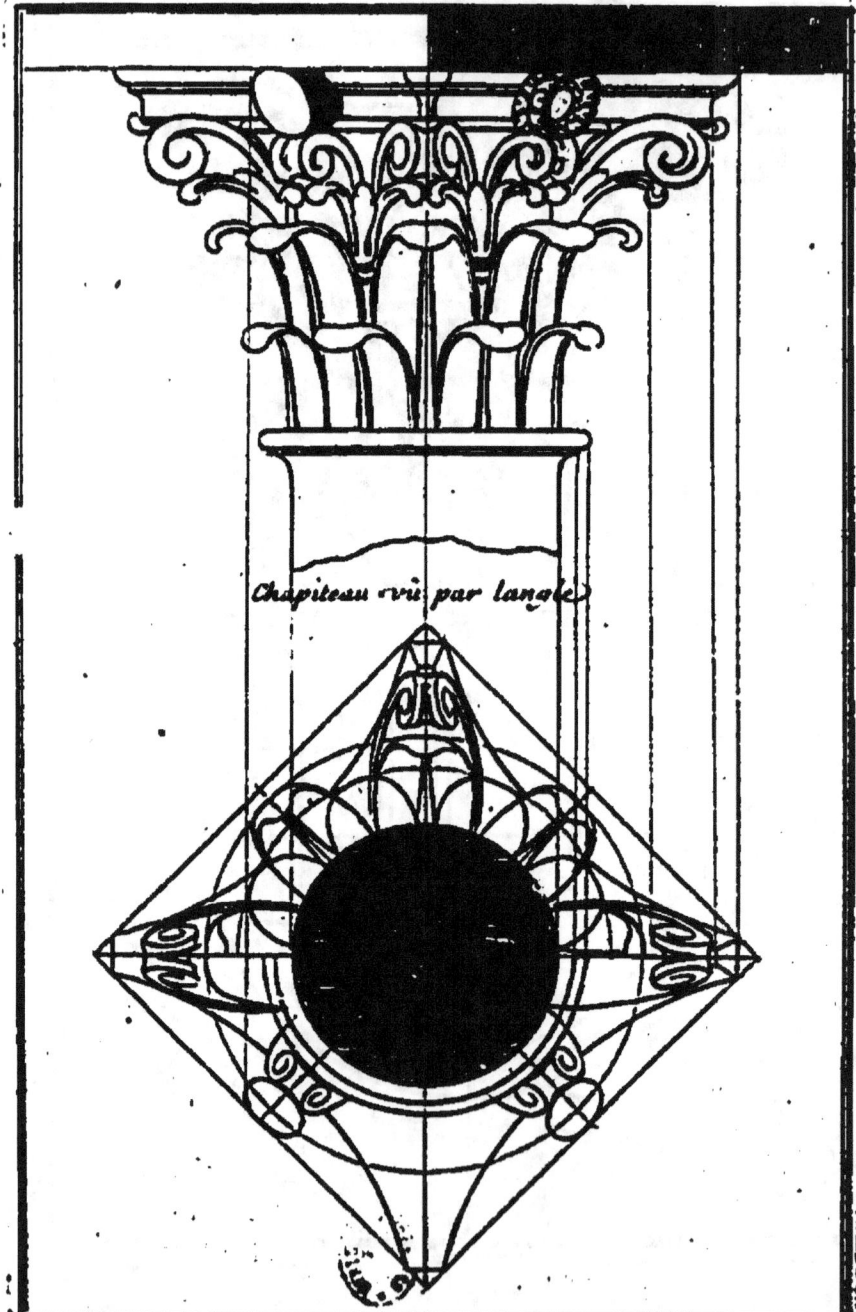

Chapiteau vû par l'angle.

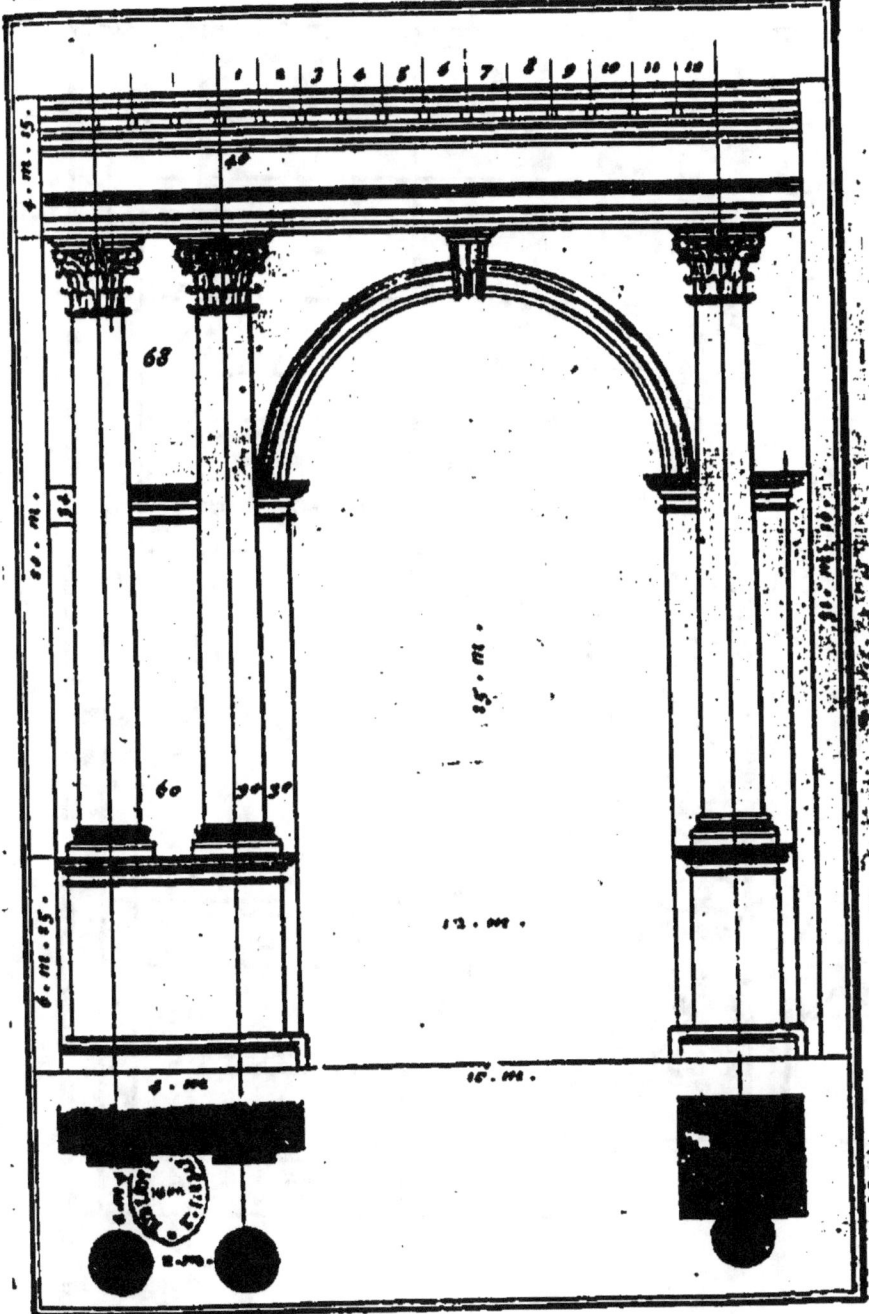

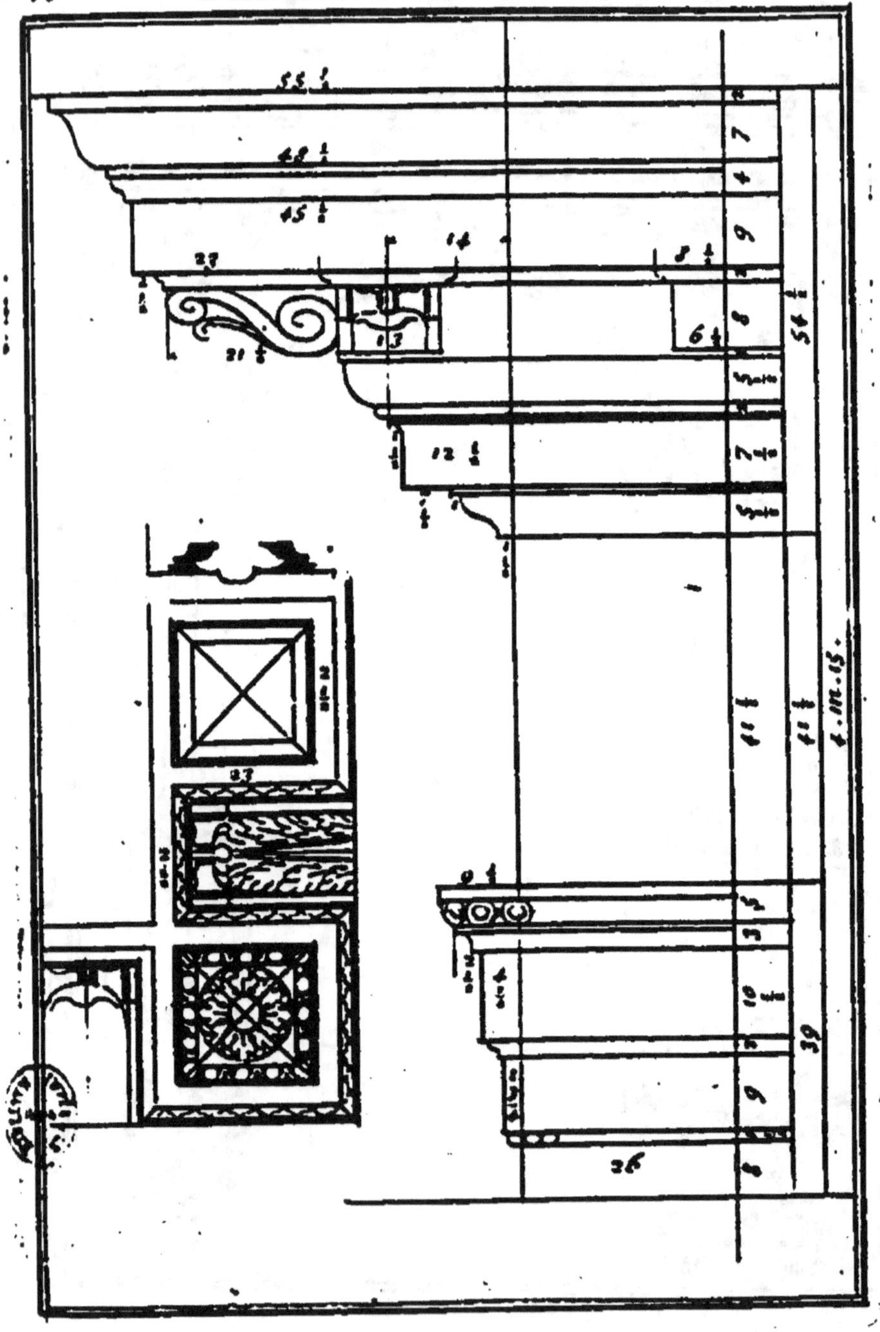

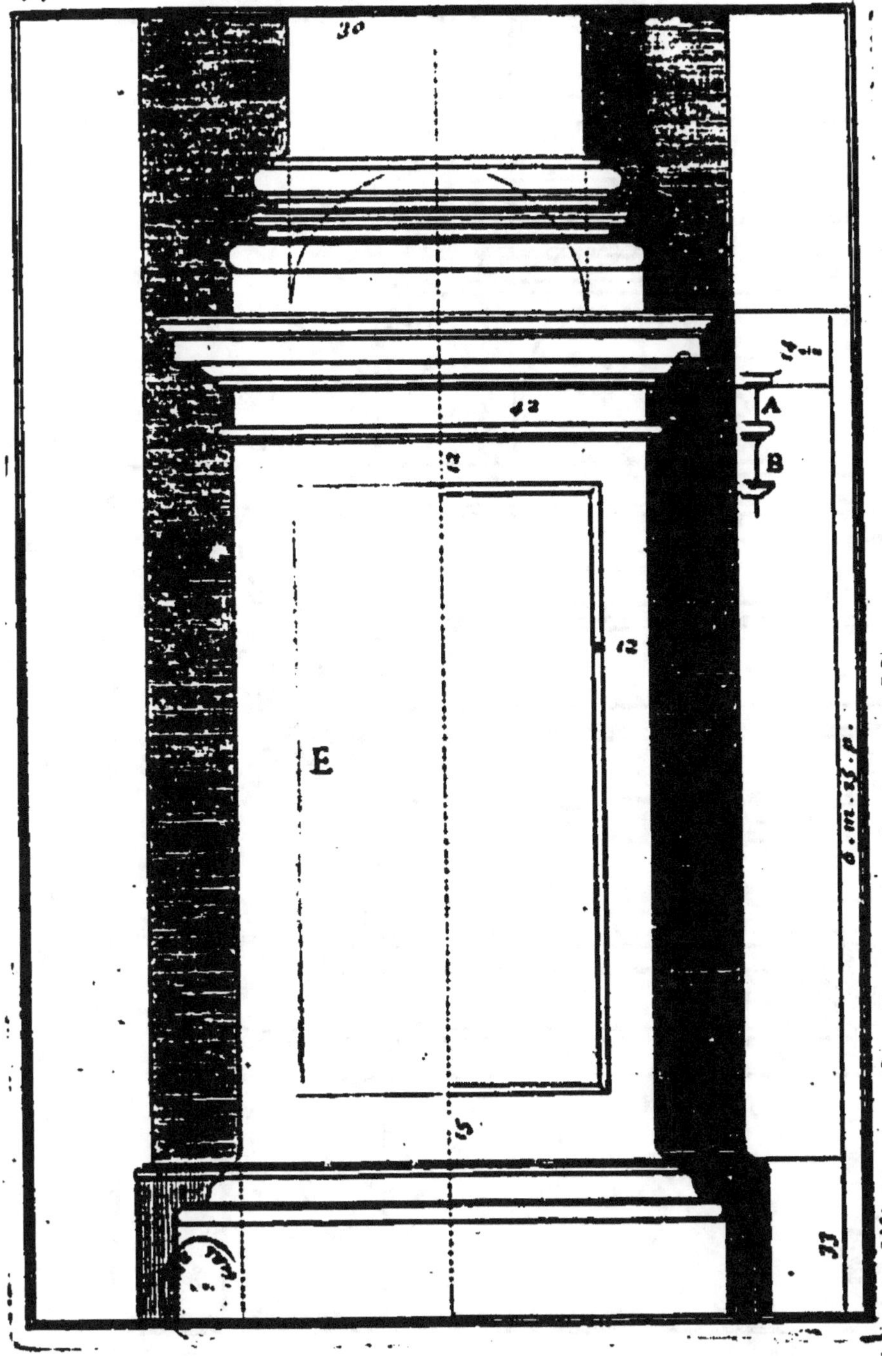

30

14

A

B

42

13

12

E

6

33

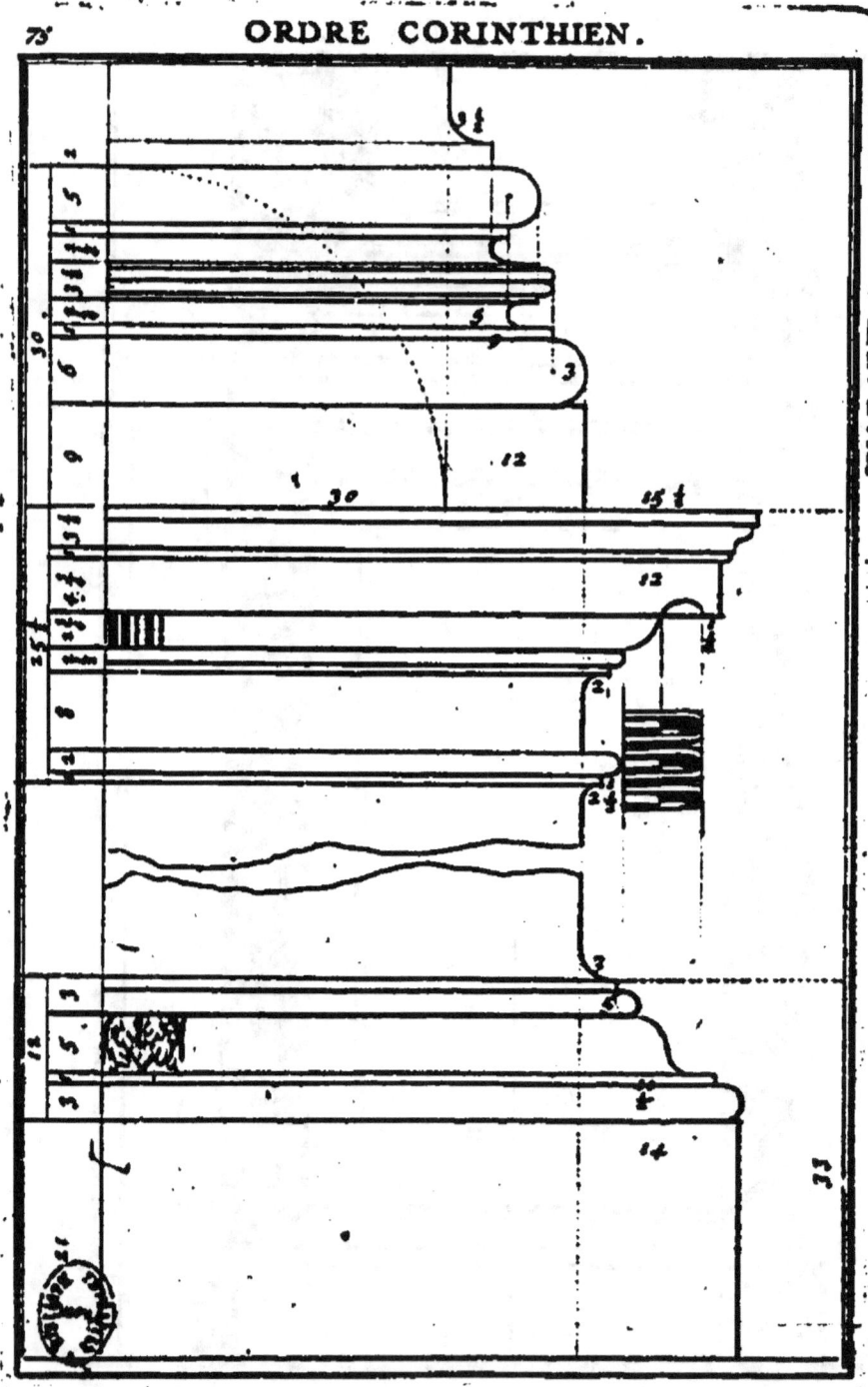

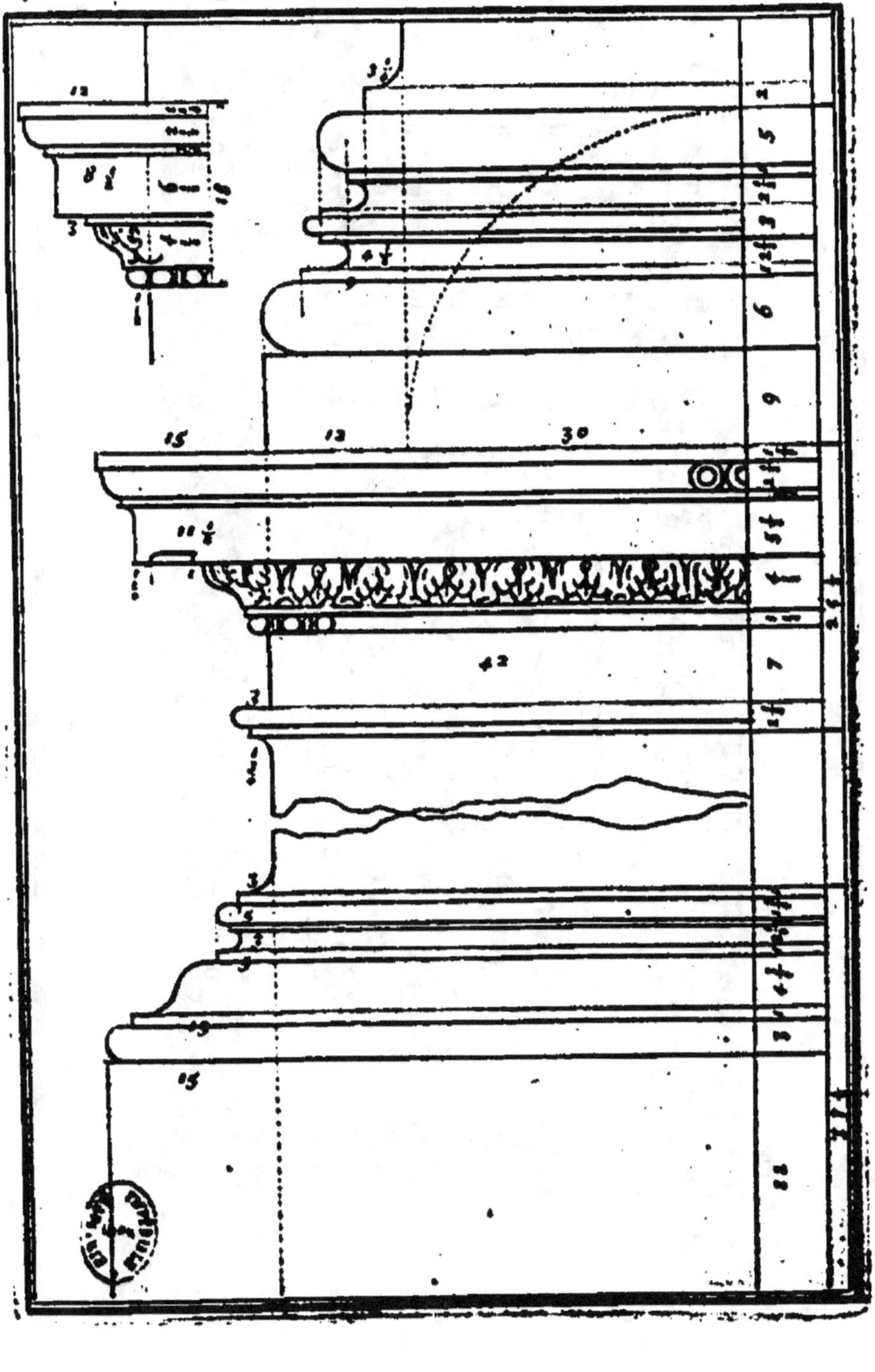

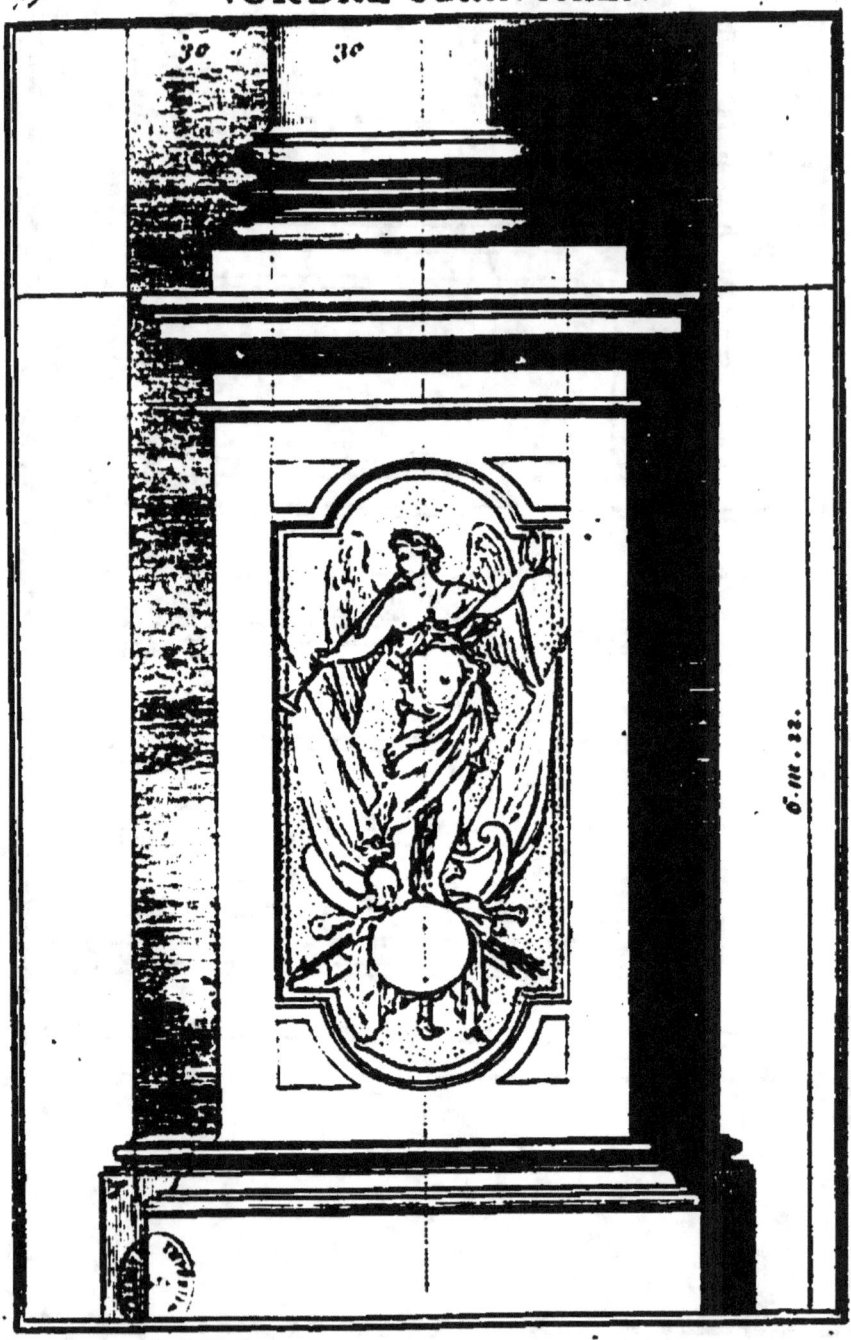

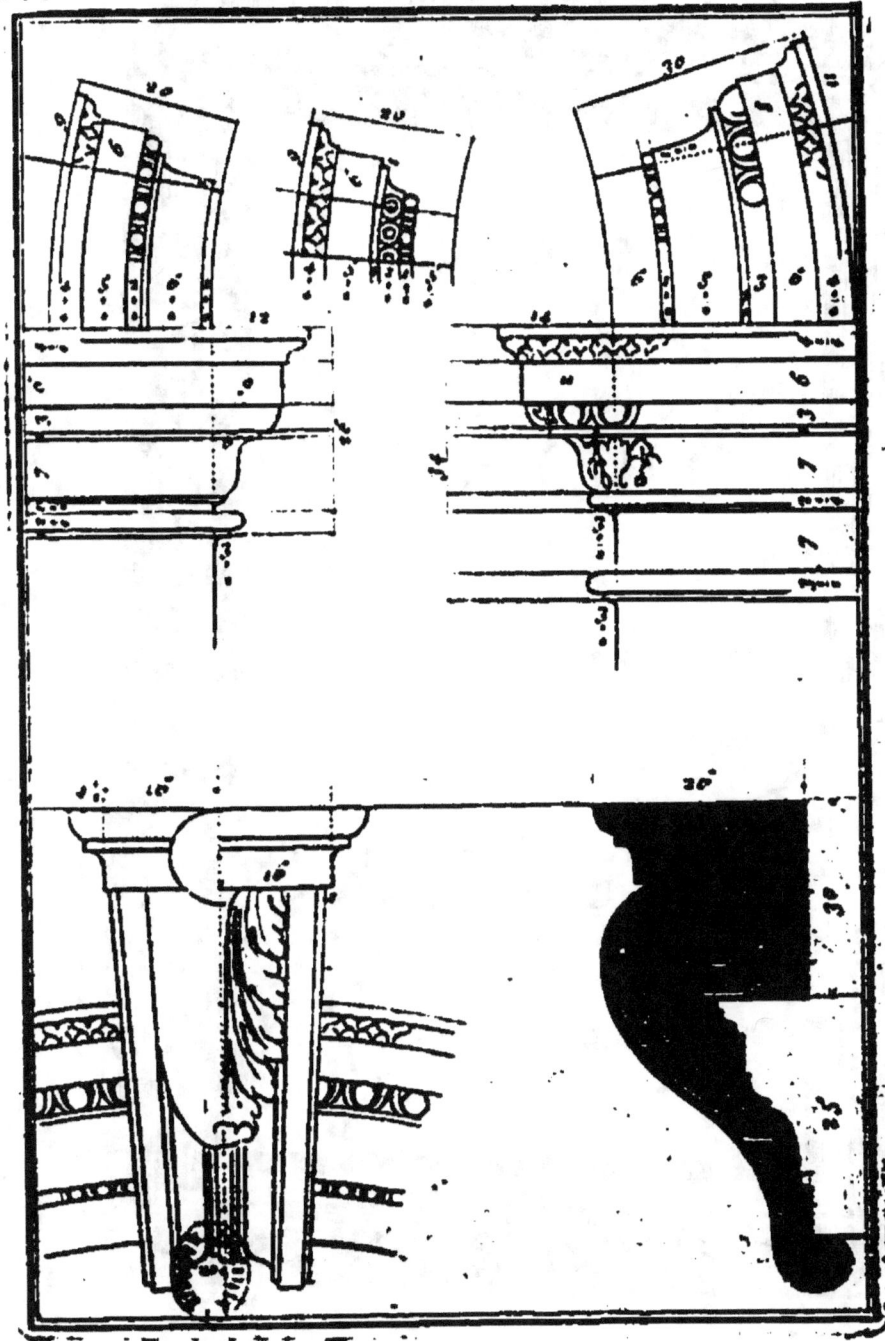

LES

ORDRES

DES

PILASTRES

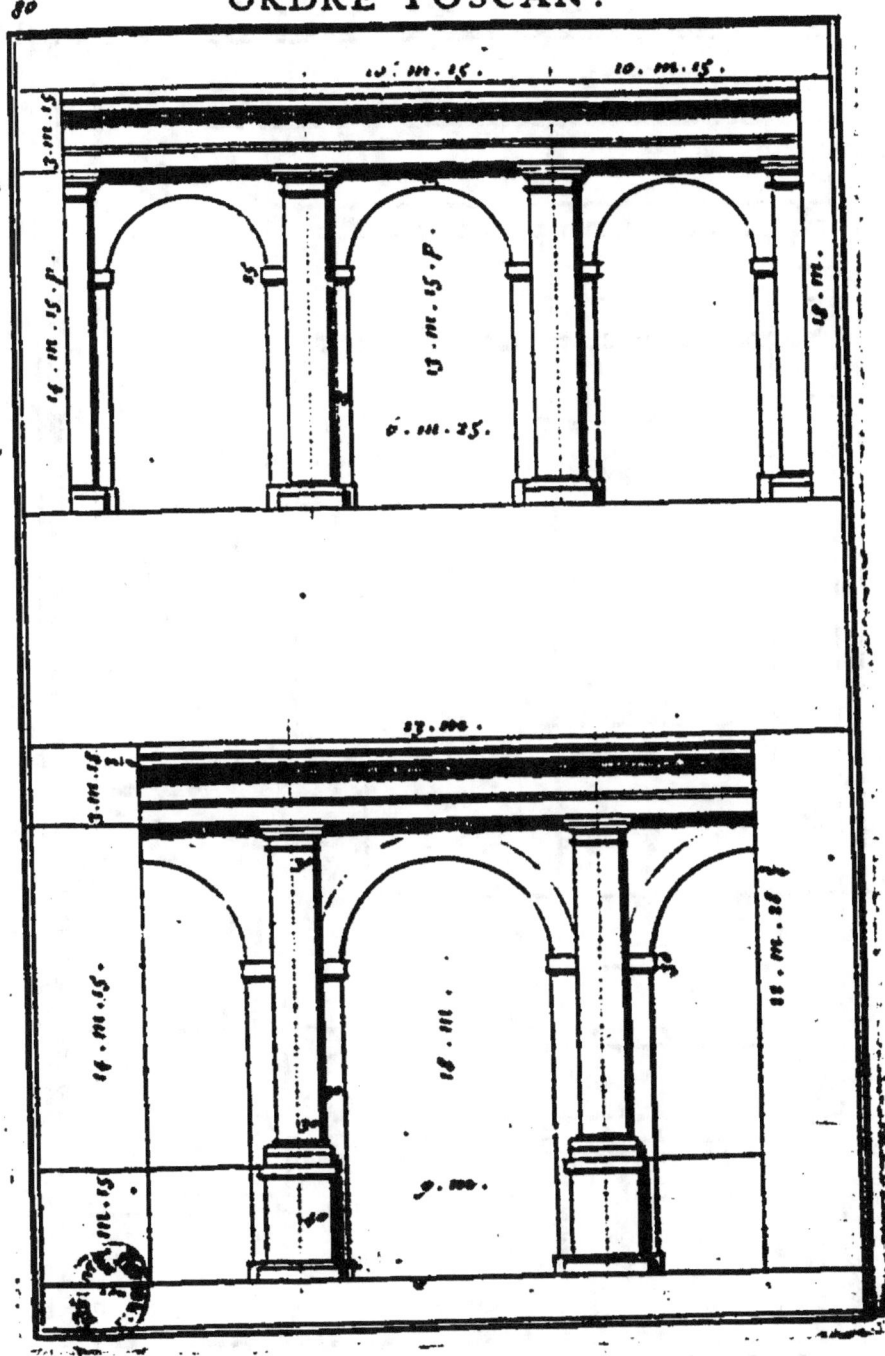

ORDRE TOSCAN.

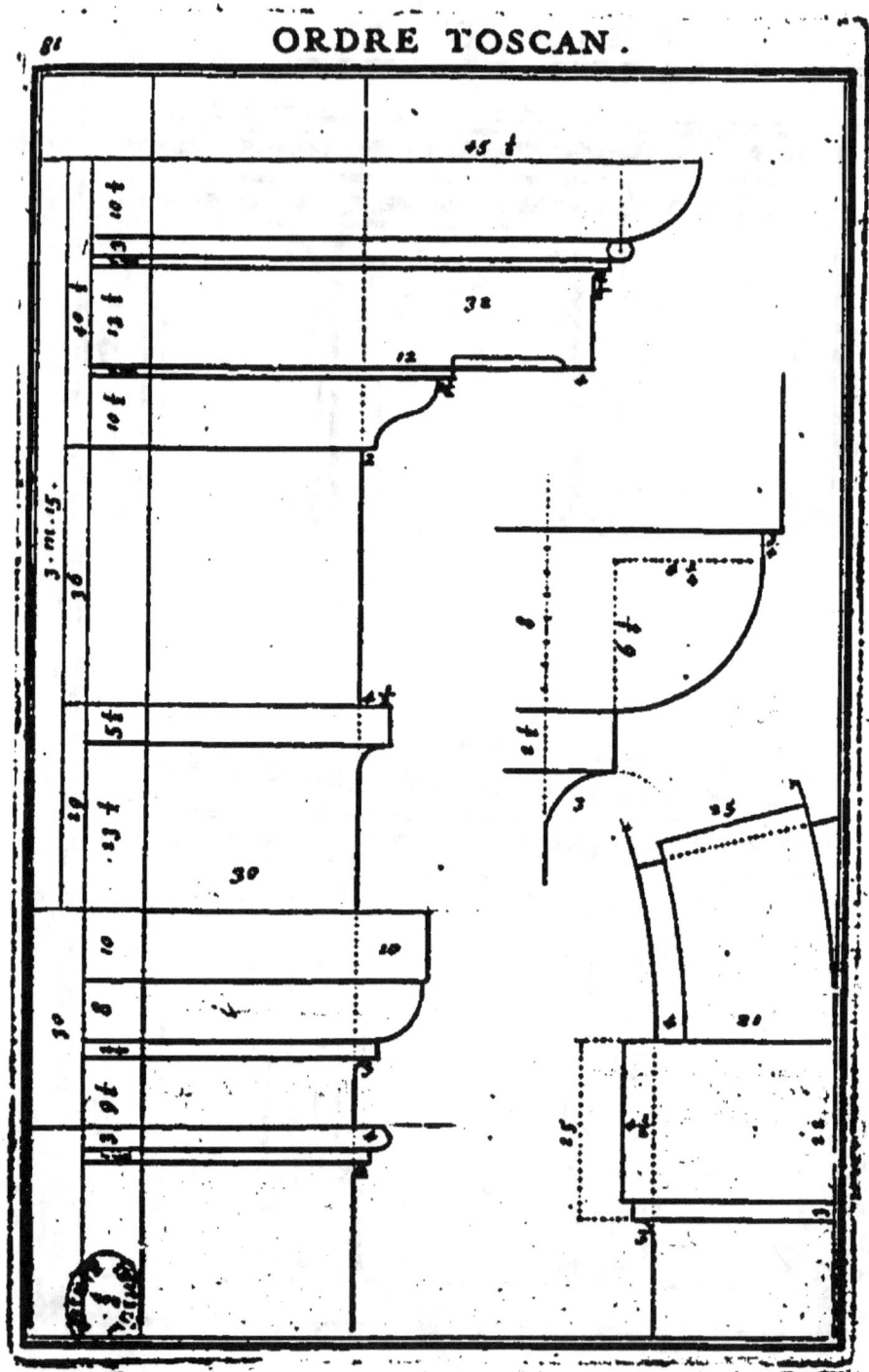

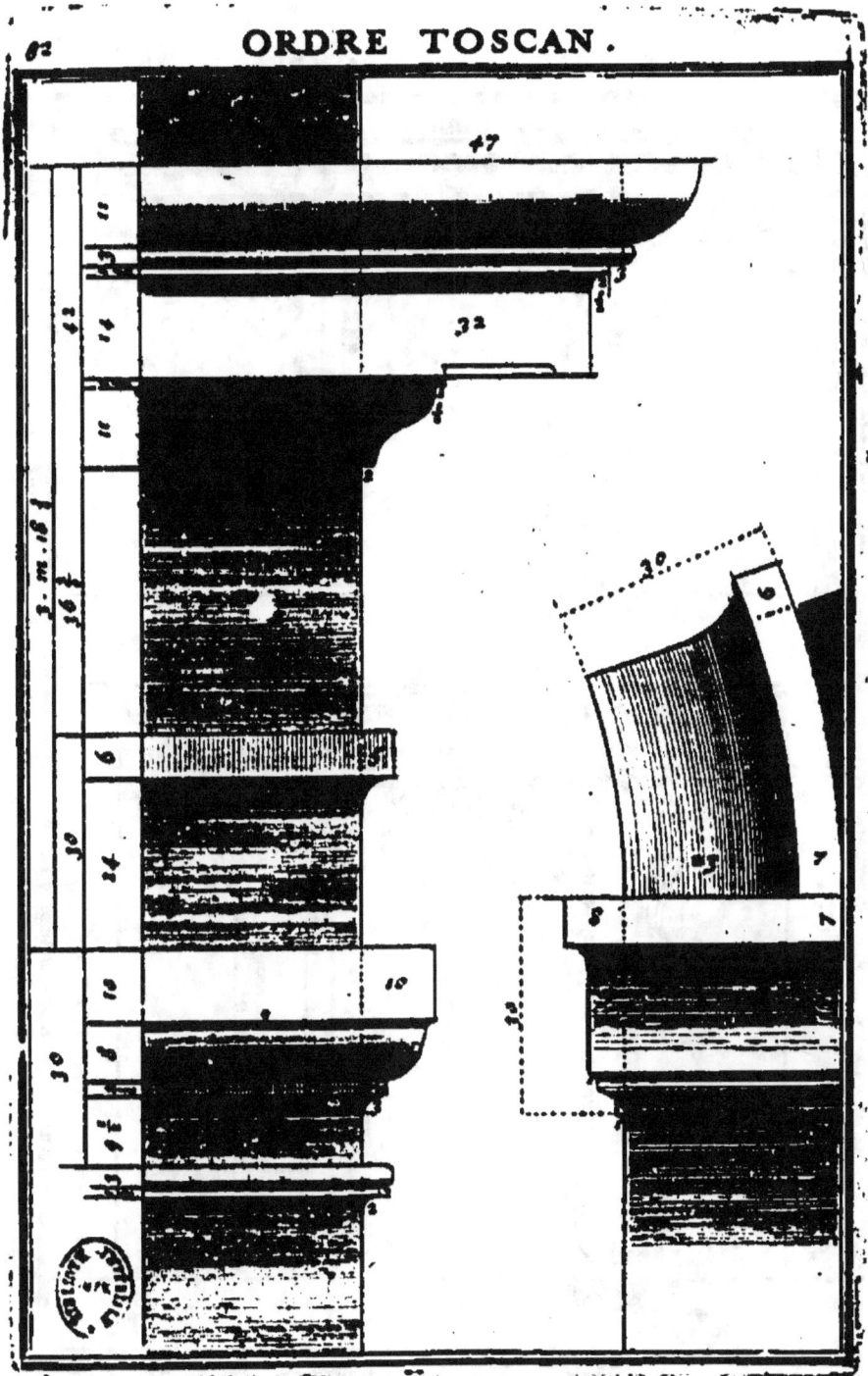

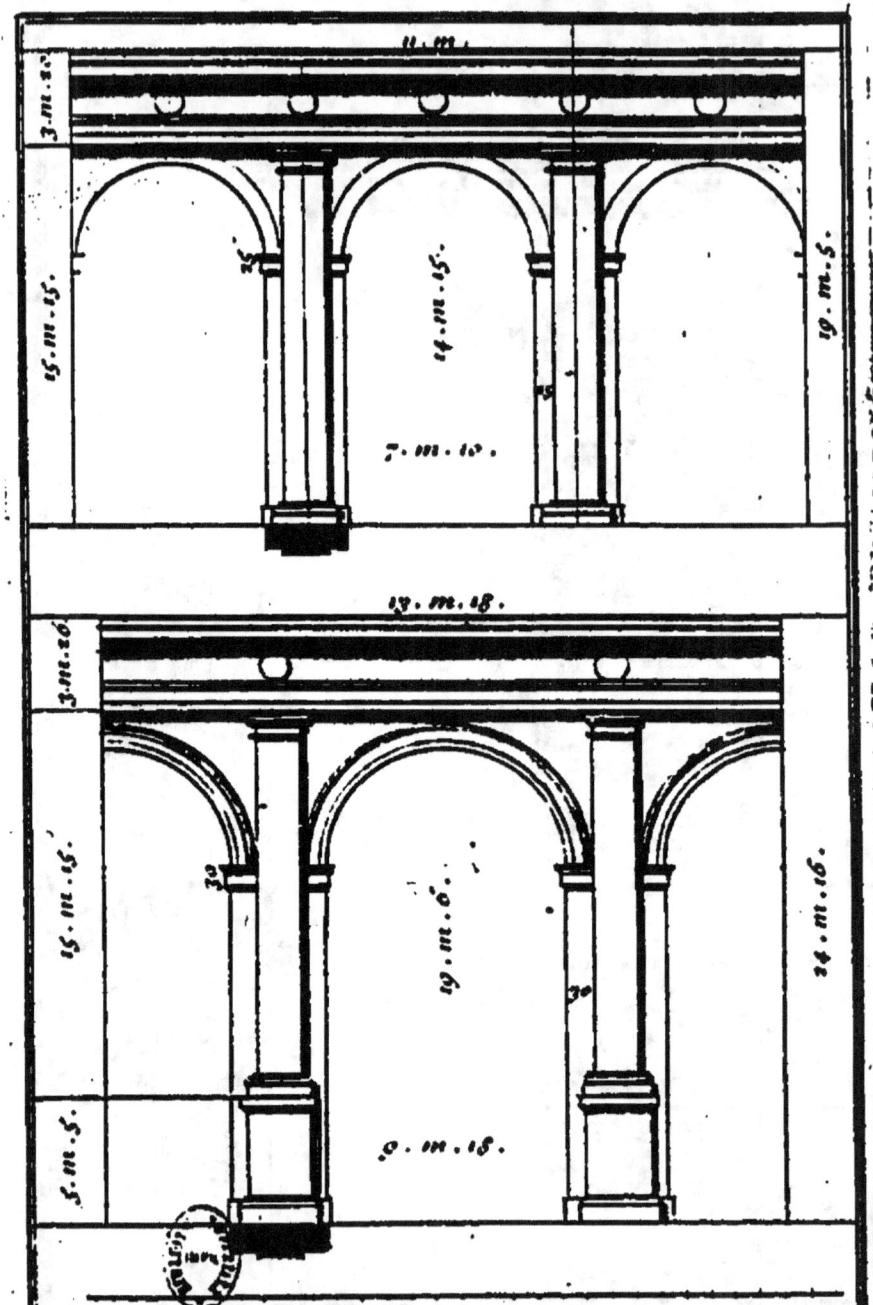

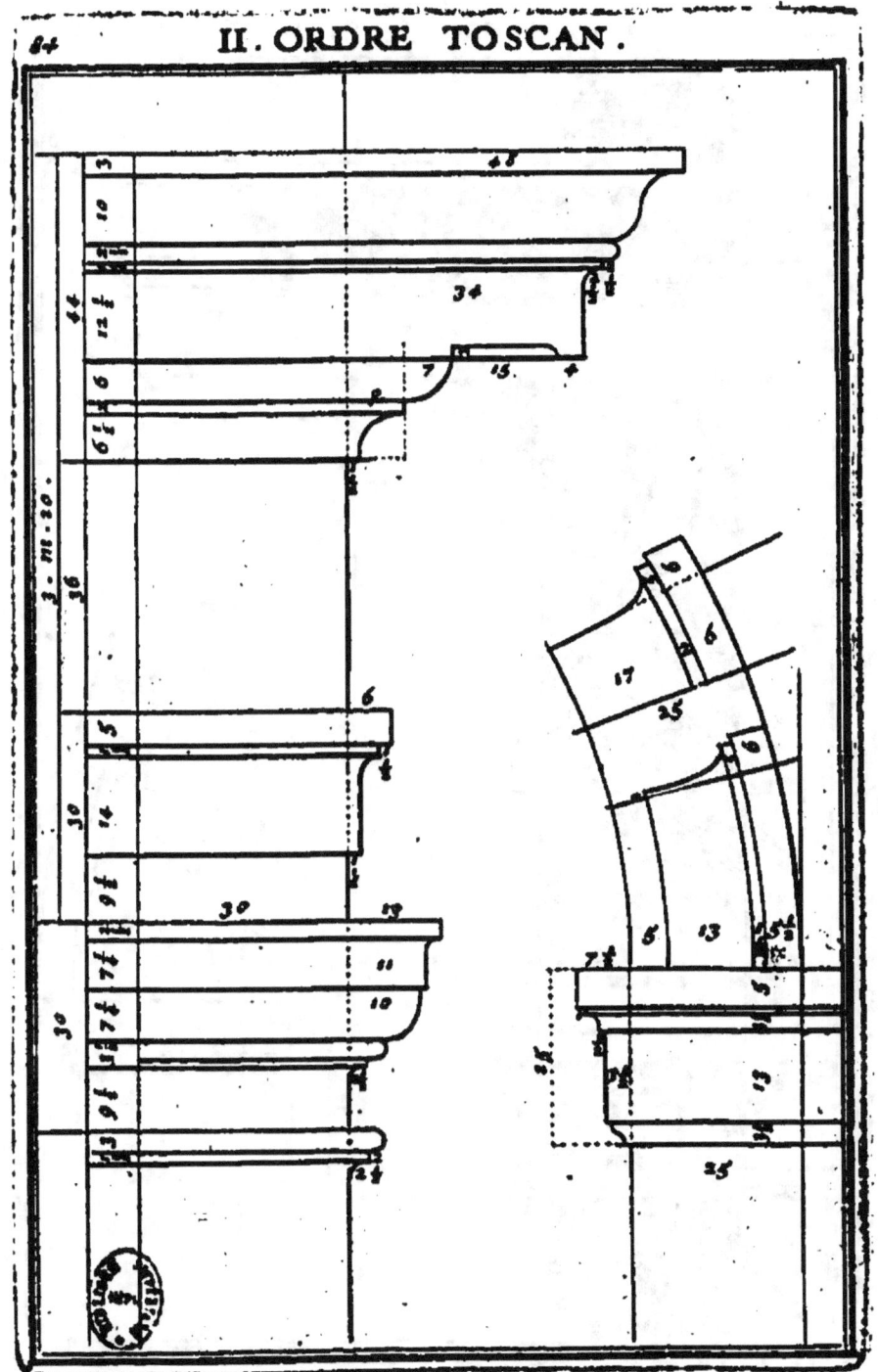

II. ORDRE TOSCAN.

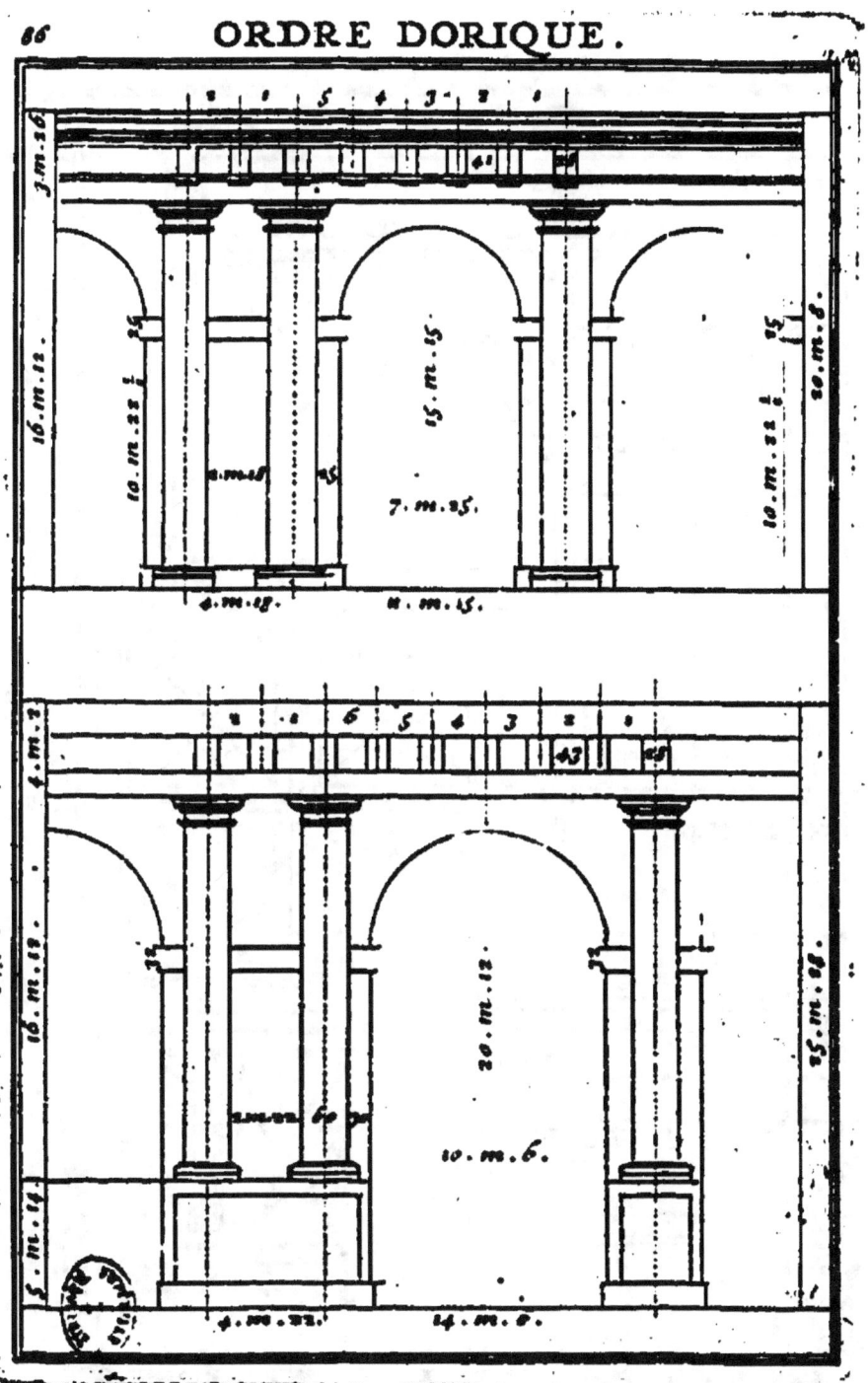

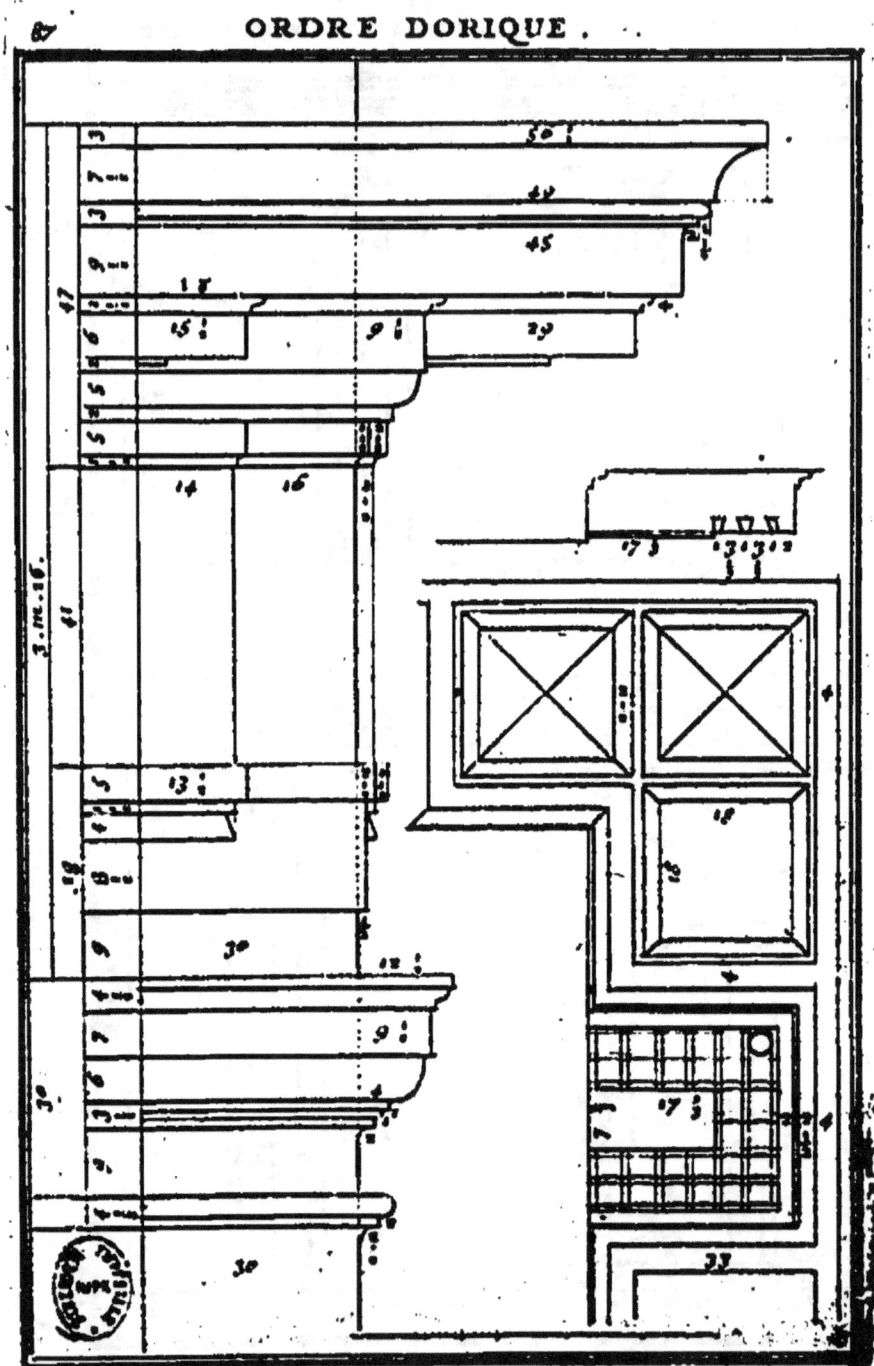

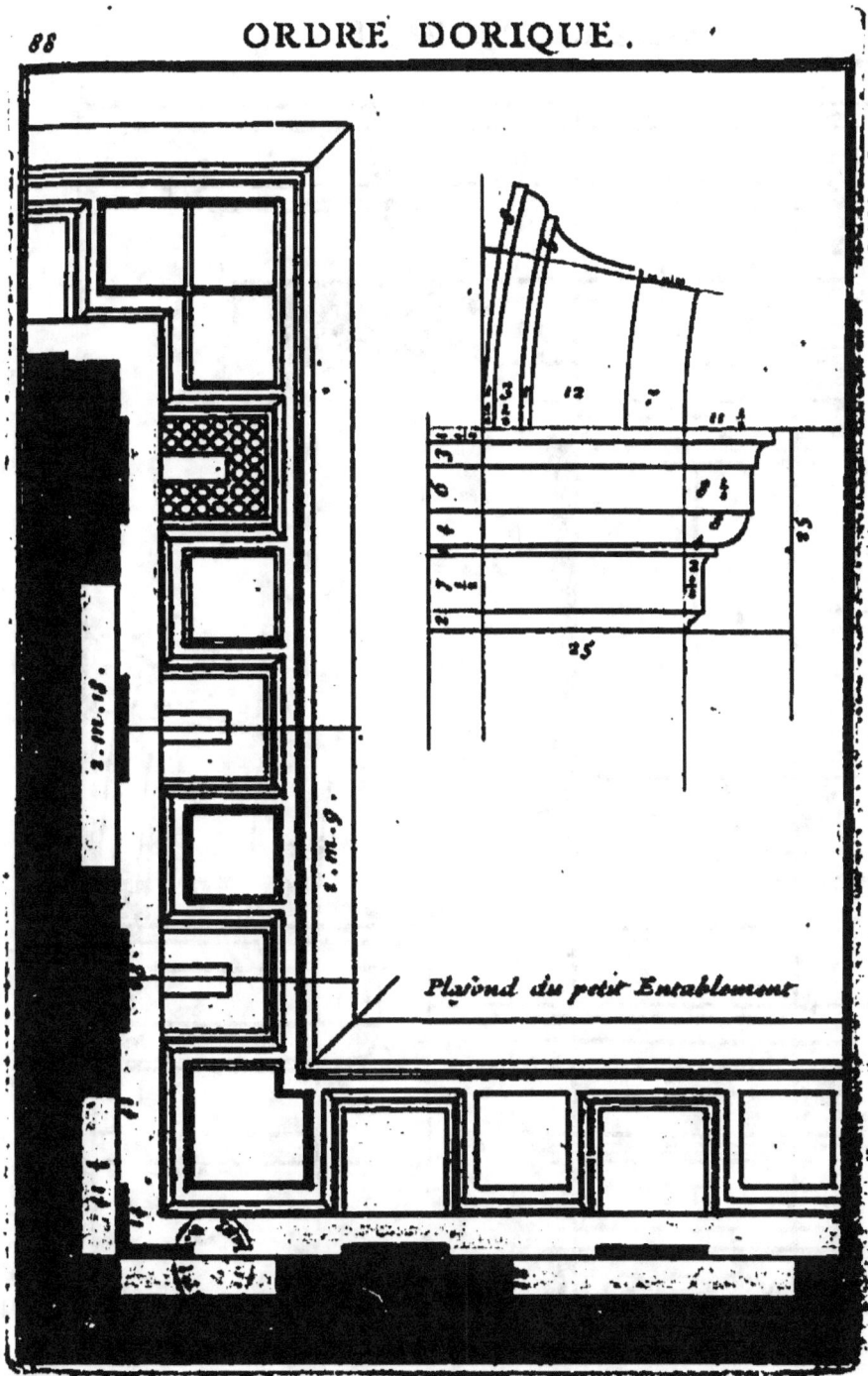

Plafond du petit Entablement

ORDRE DORIQUE.

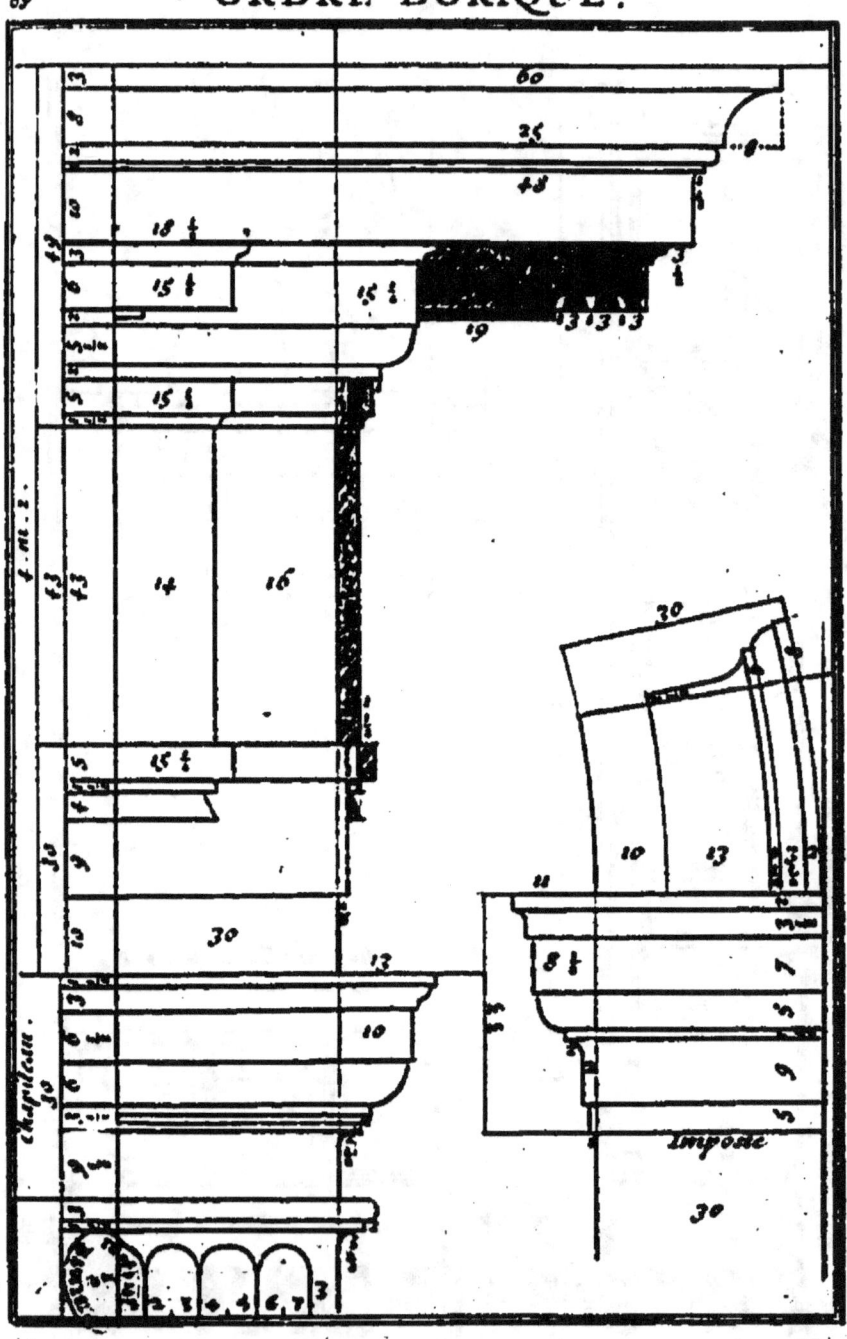

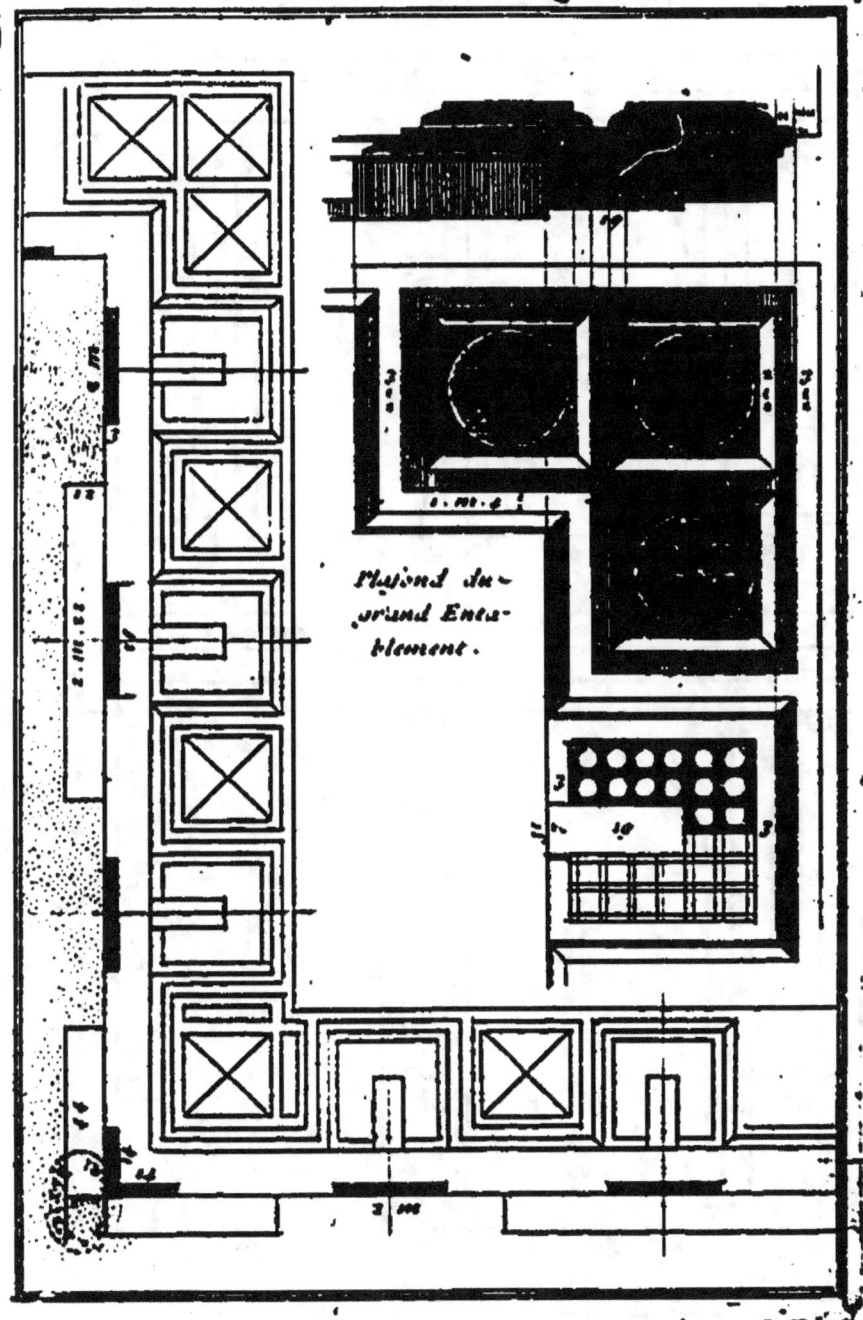

Plafond du grand Entablement.

ORDRE IONIQUE.

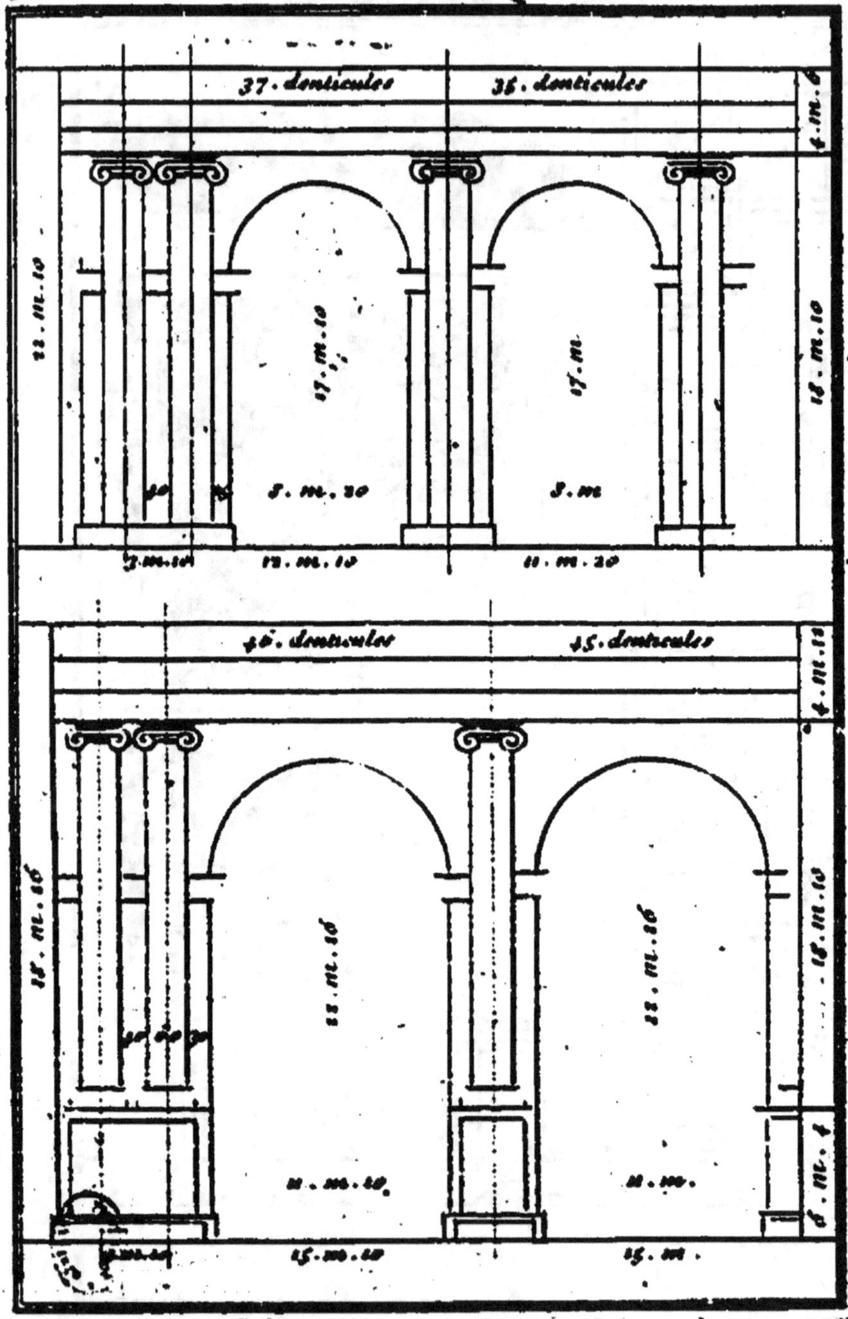

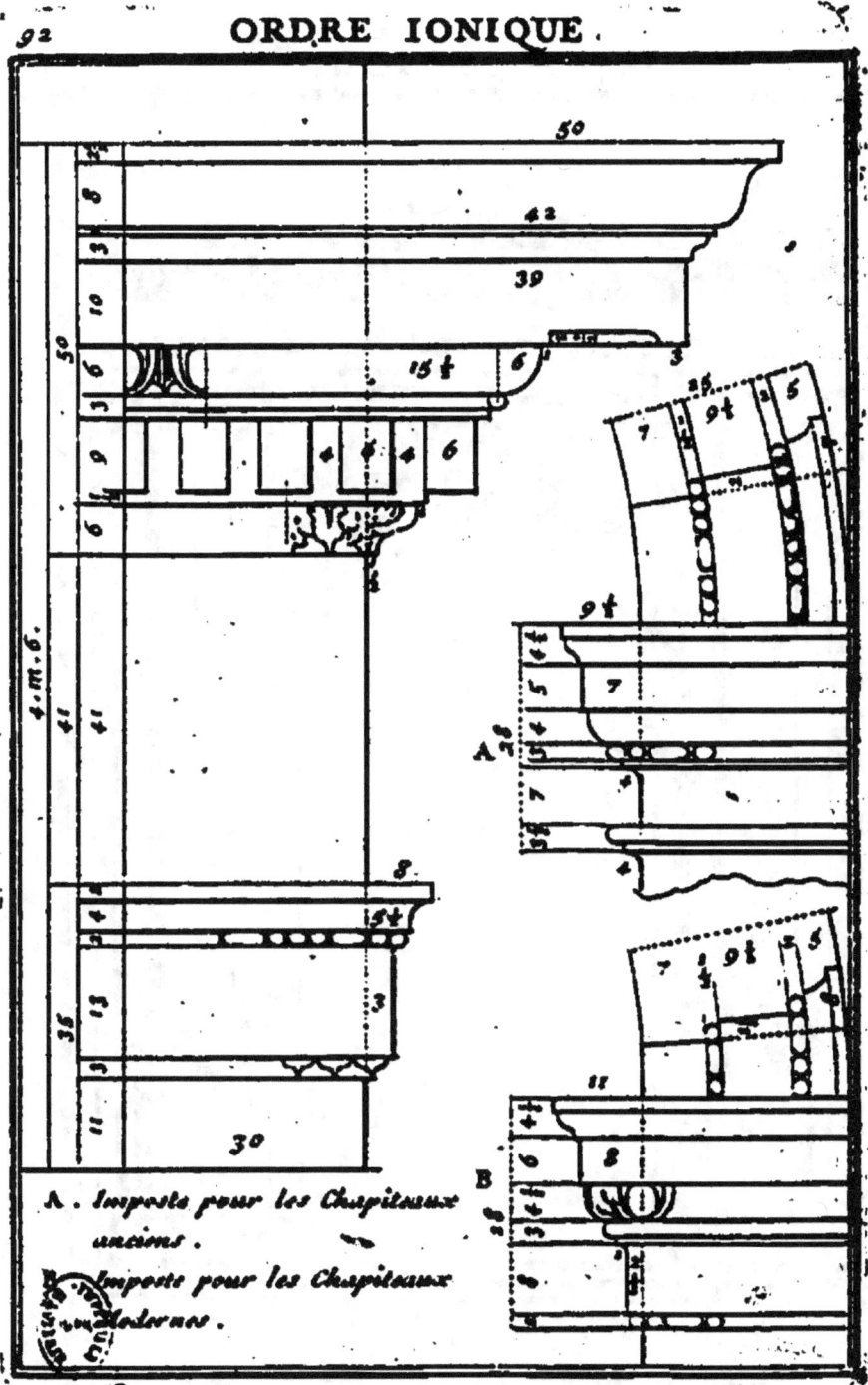

A. Imposte pour les Chapiteaux anciens.

B. Imposte pour les Chapiteaux Modernes.

46. Denticules

16. m. 10.

6. m. 12.

3.

3. m. 30.

10. m.

18. m. 10

9. m. 18.

3. m. 1.

15. m. 10.

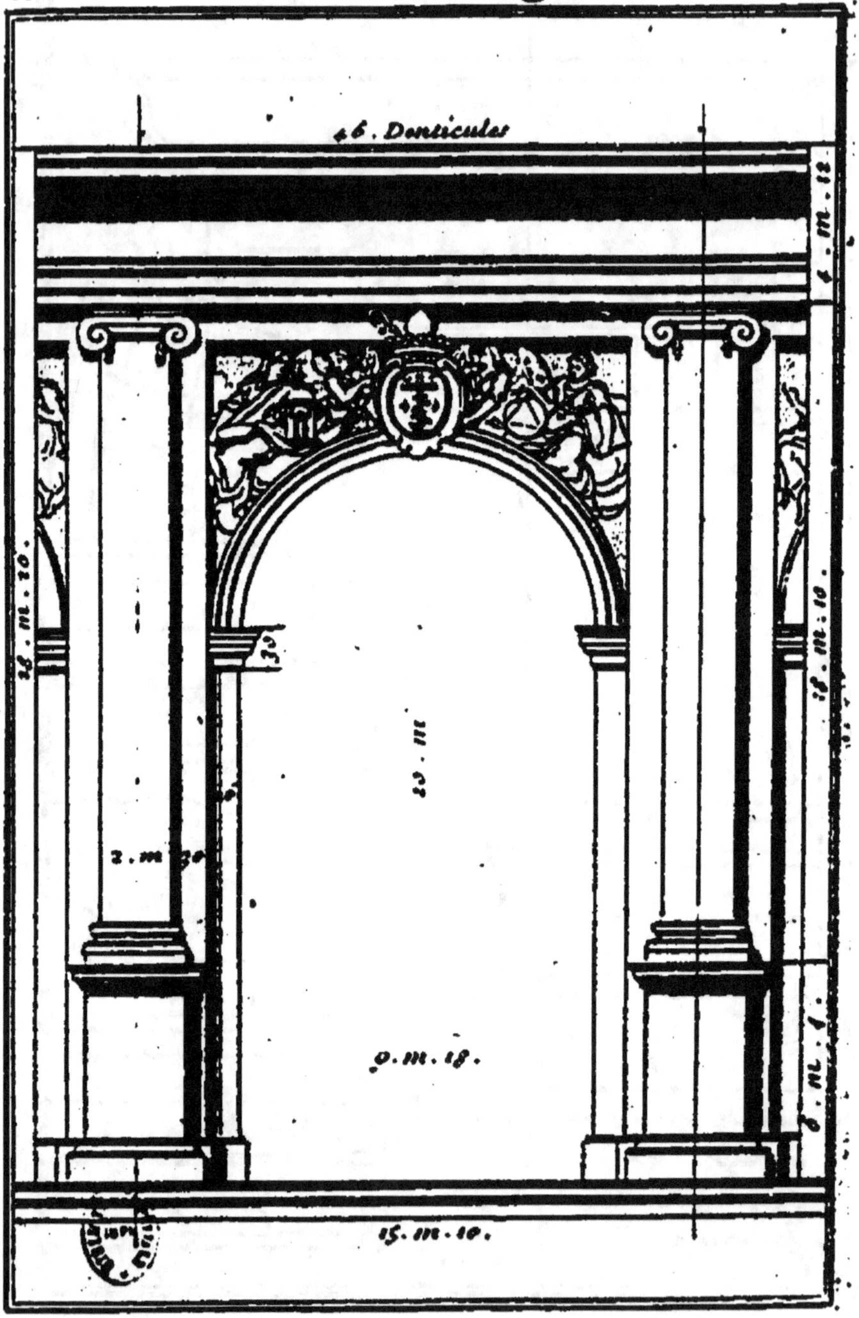

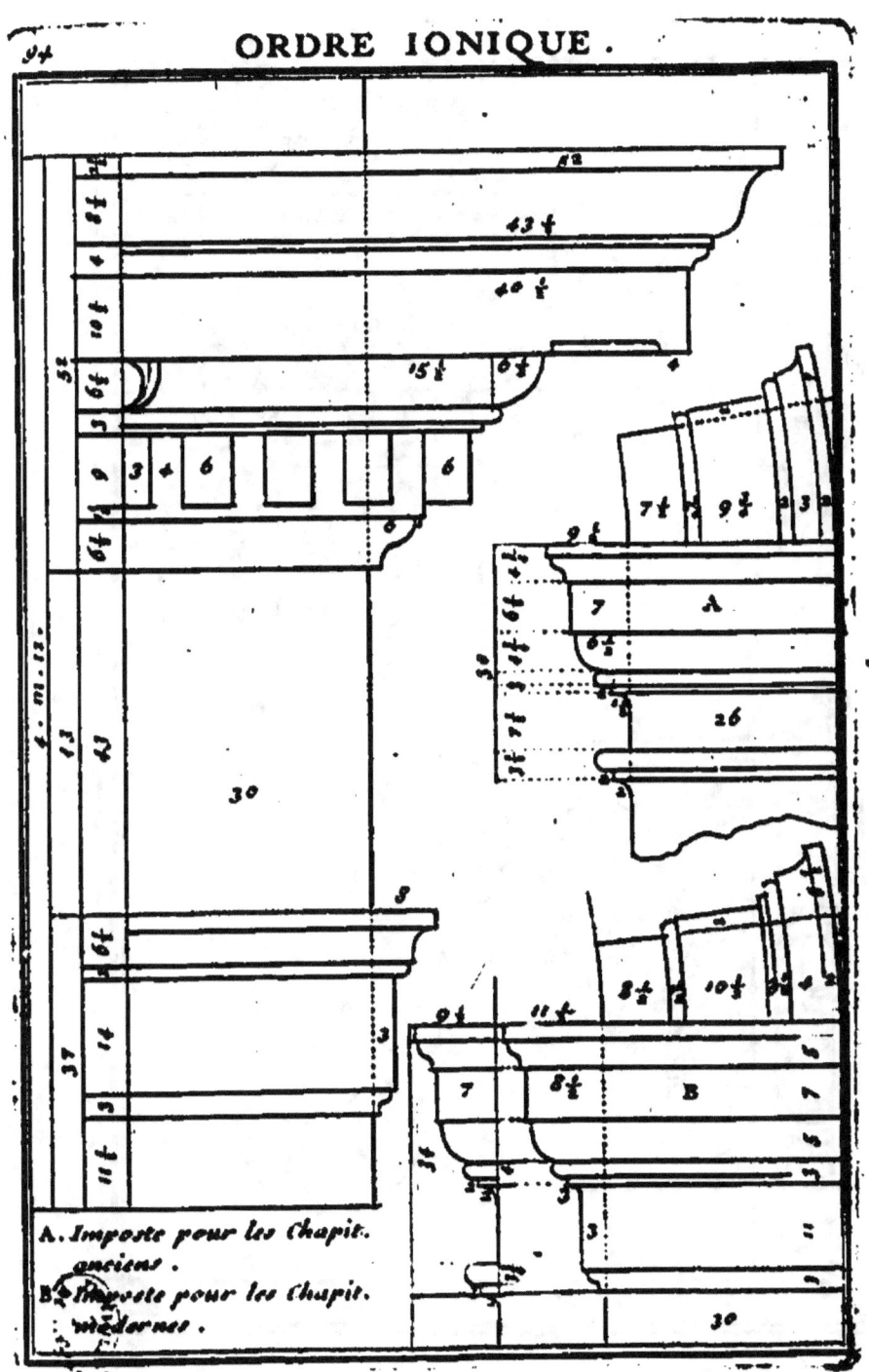

A. *Imposte pour les Chapit.*
    anciens.
B. *Imposte pour les Chapit.*
    modernes.

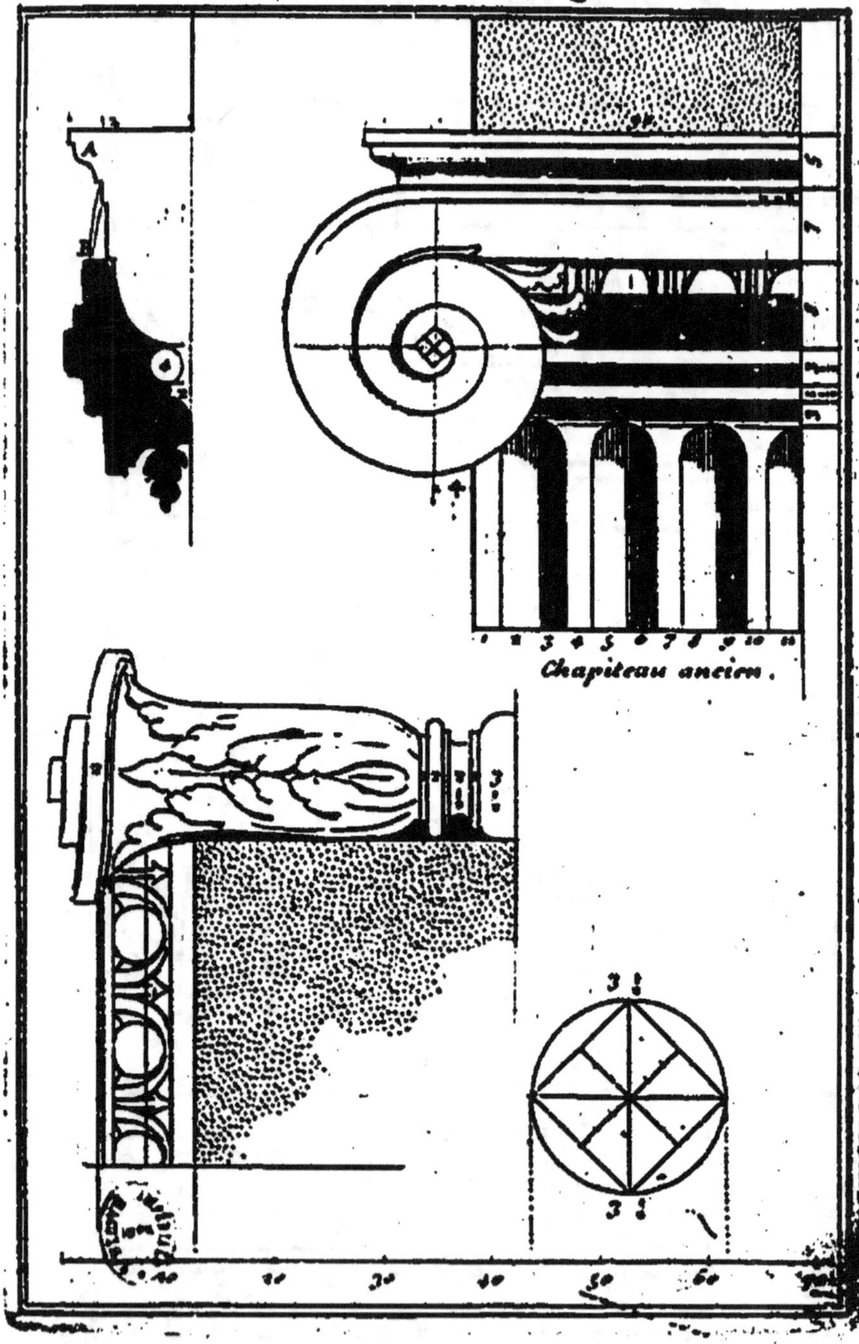

Chapiteau ancien.

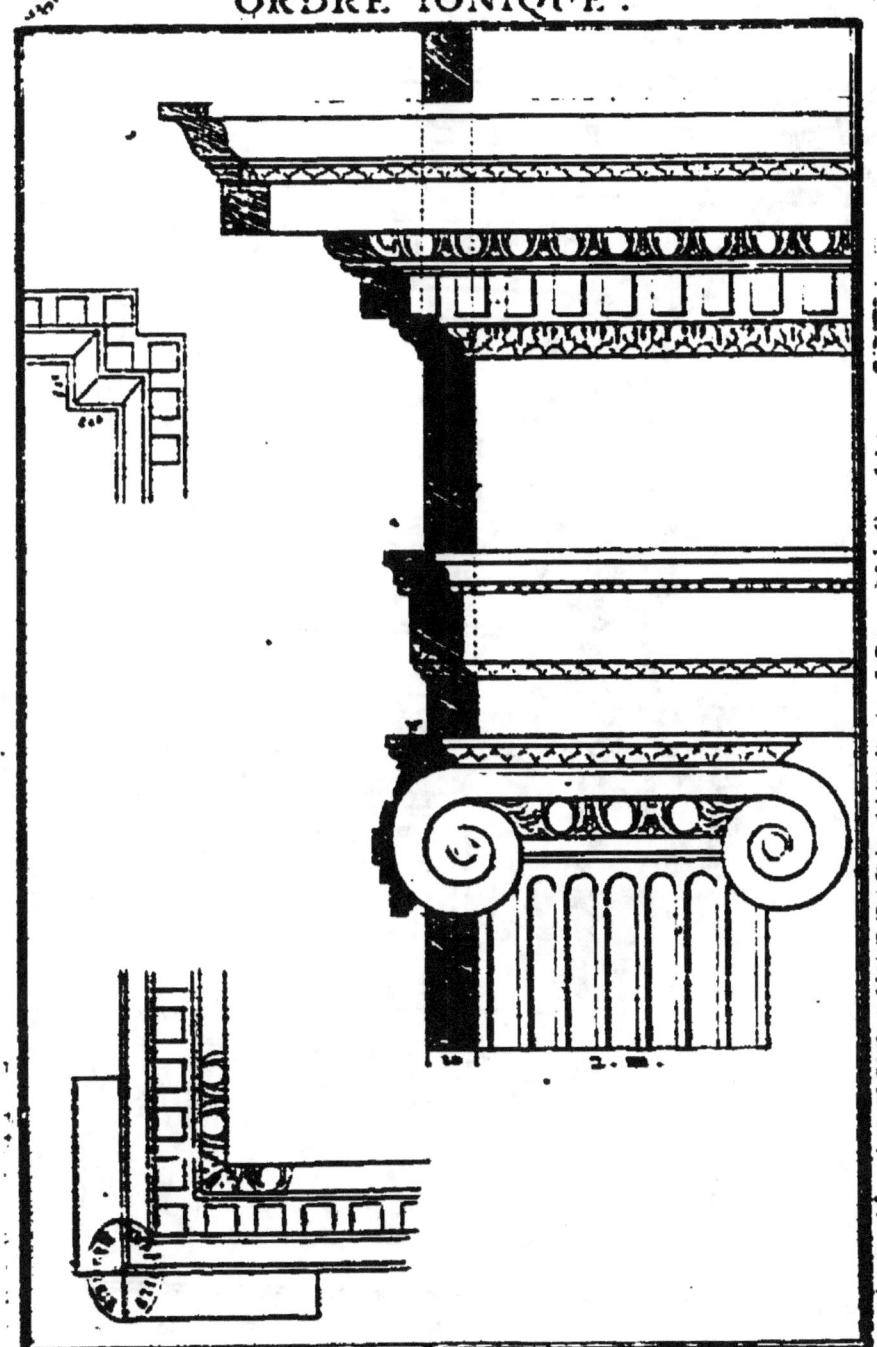

4 . m . 12 .

Chapiteau Moderne

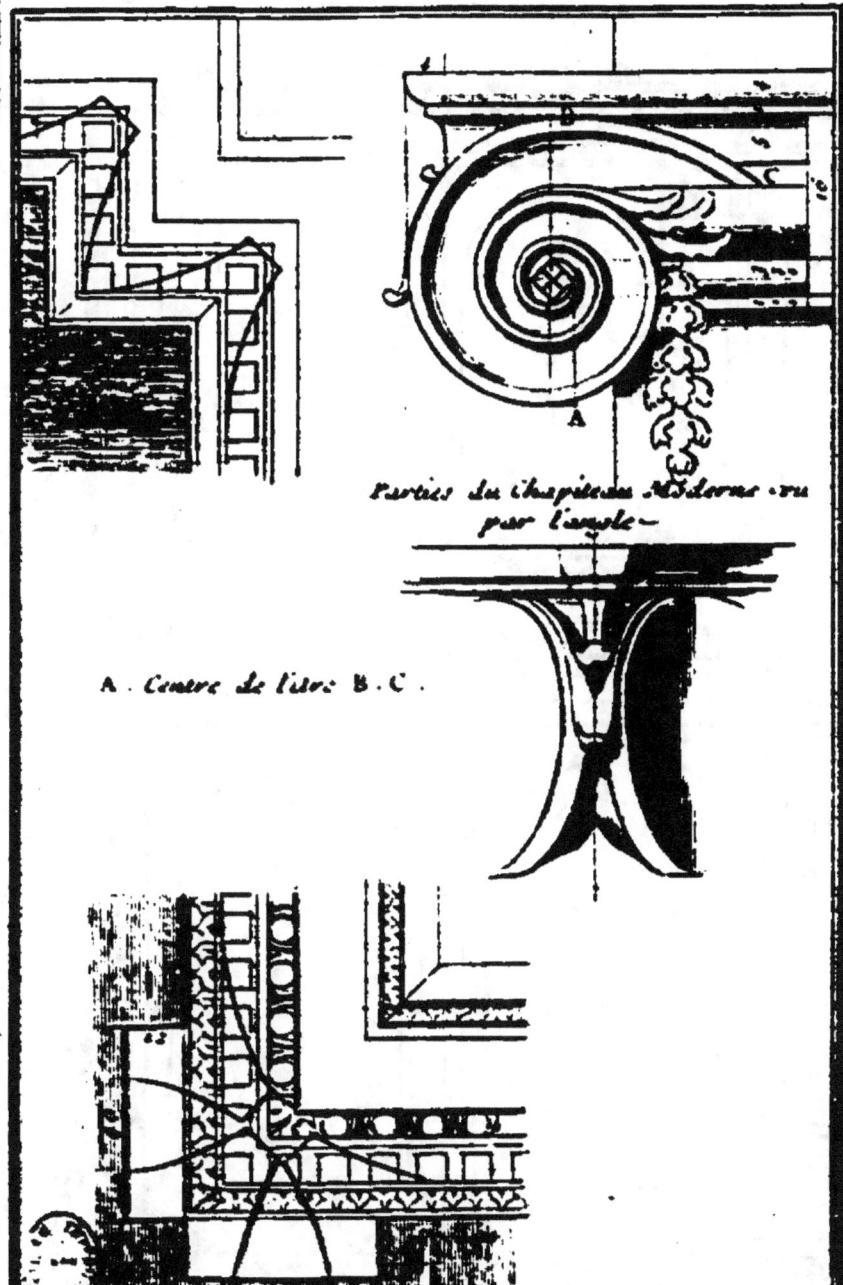

Parties du Chapiteau Moderne vu
par l'angle.

A. Centre de l'itre B.C.

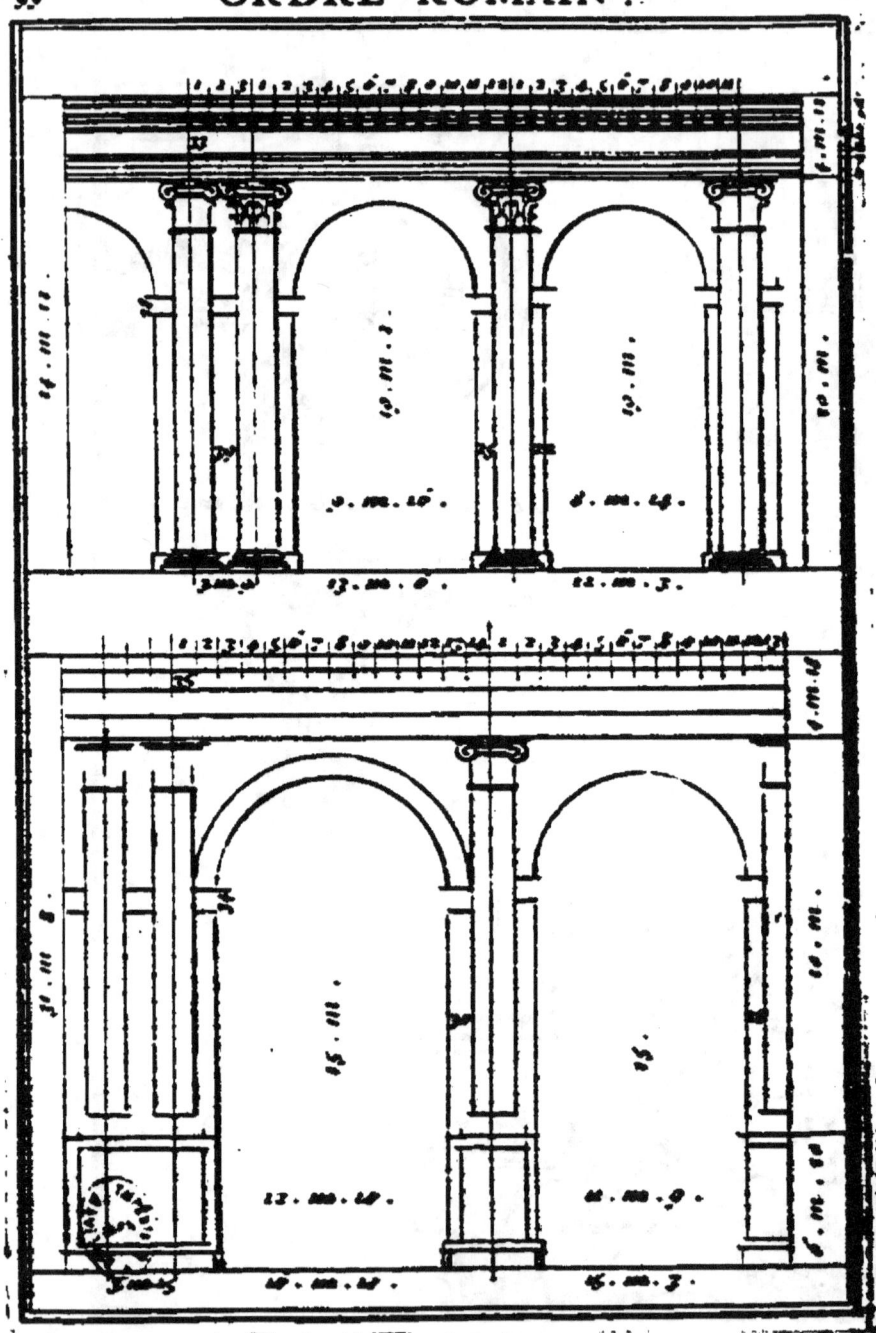

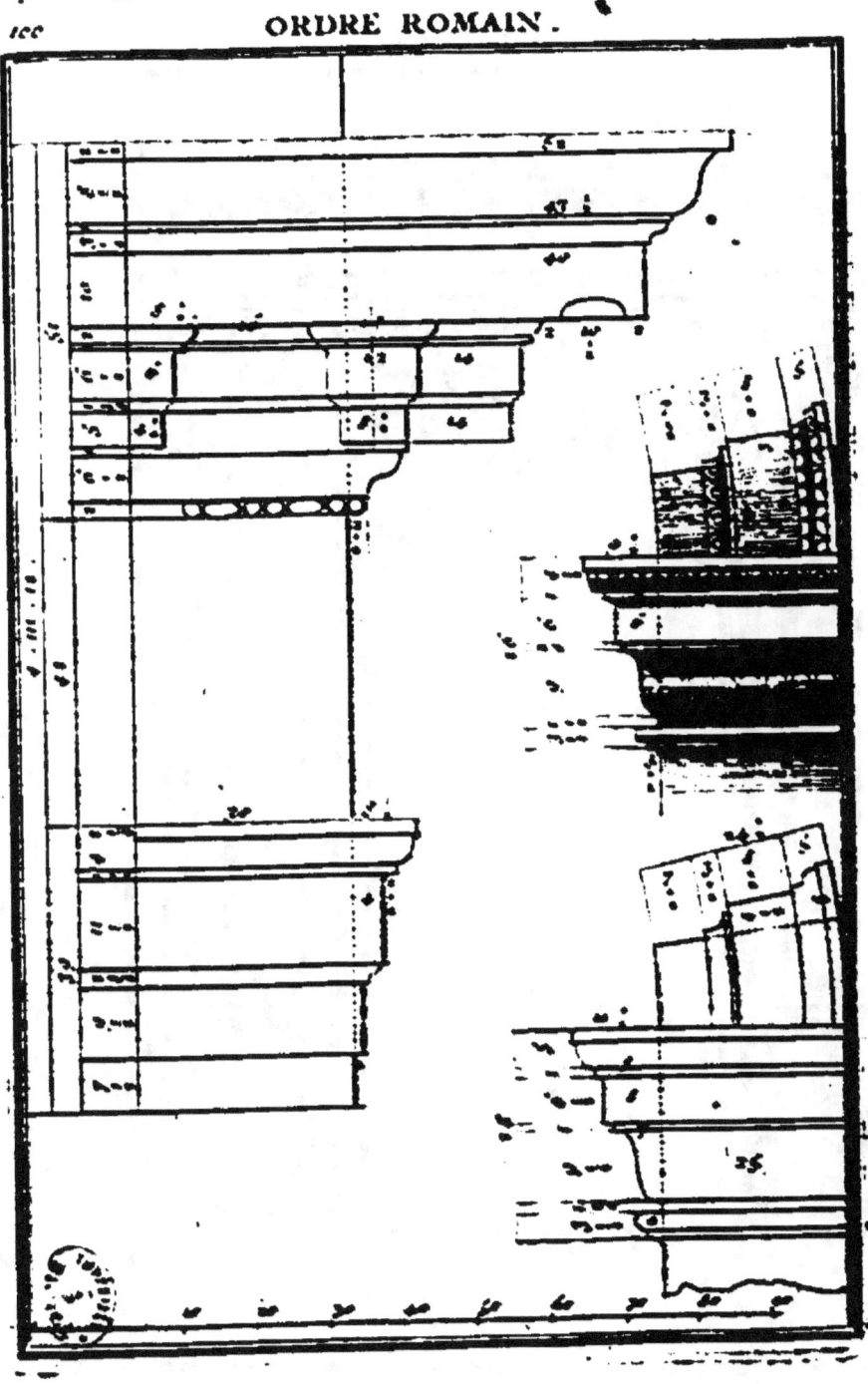

ORDRE ROMAIN

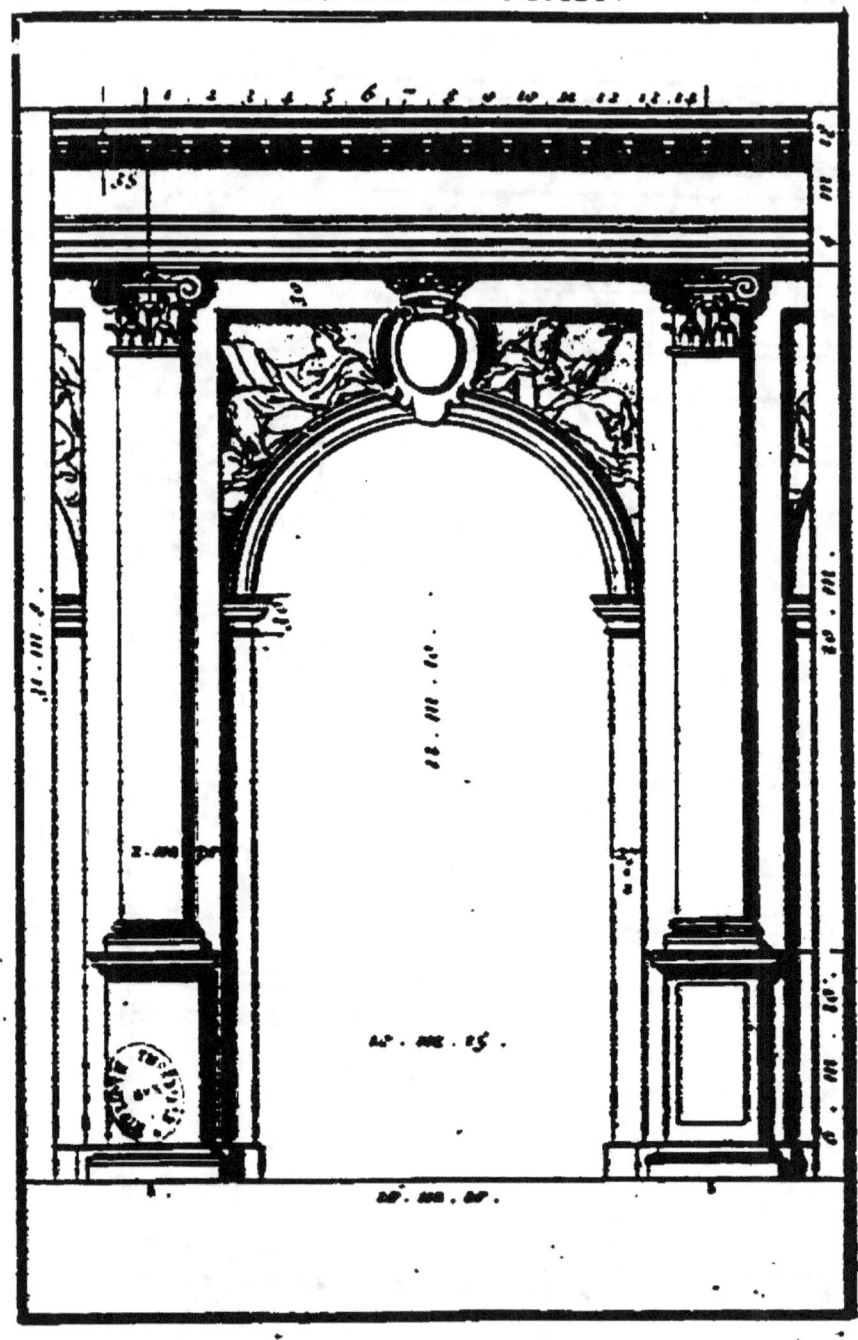

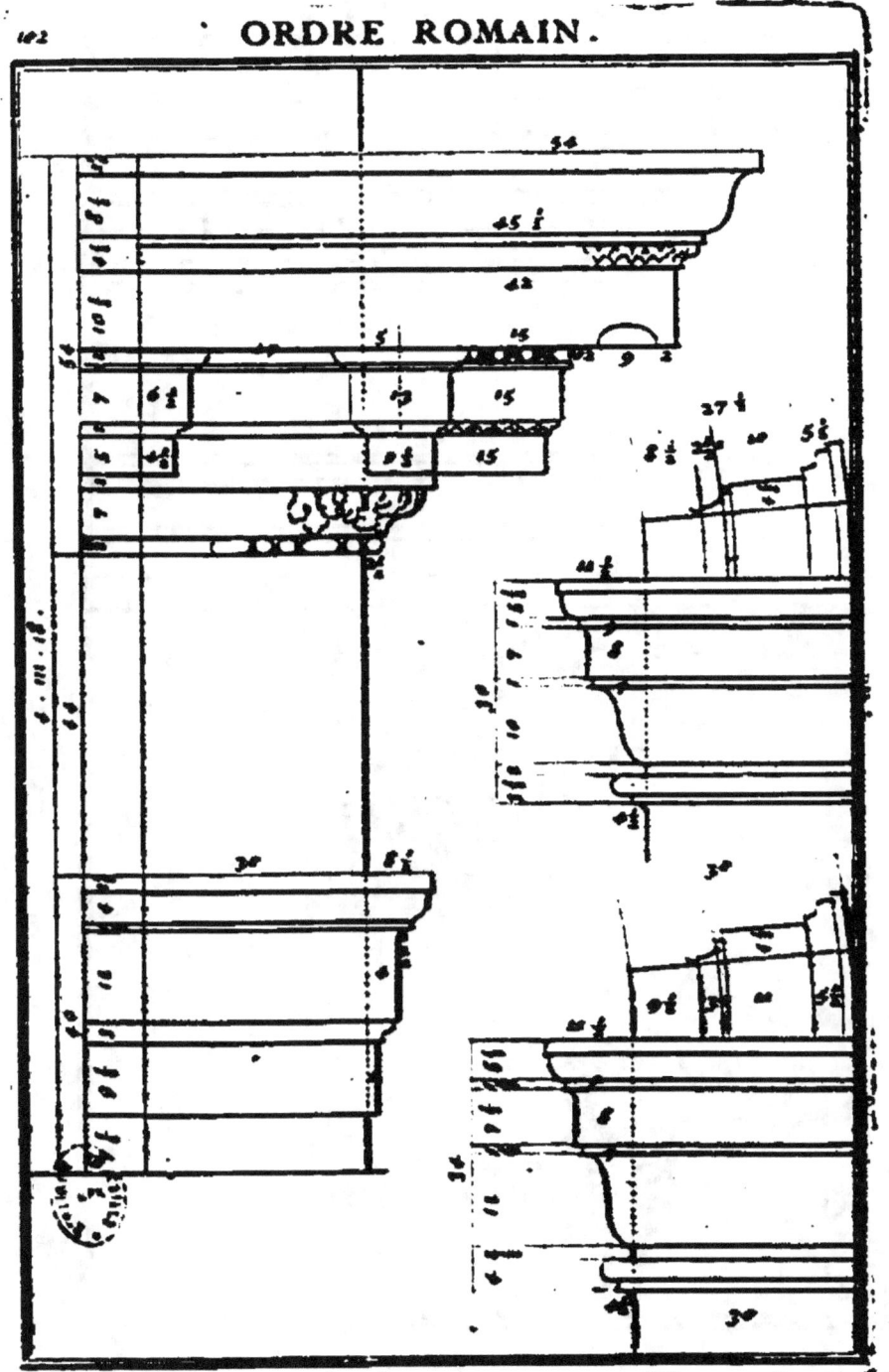

ORDRE ROMAIN.

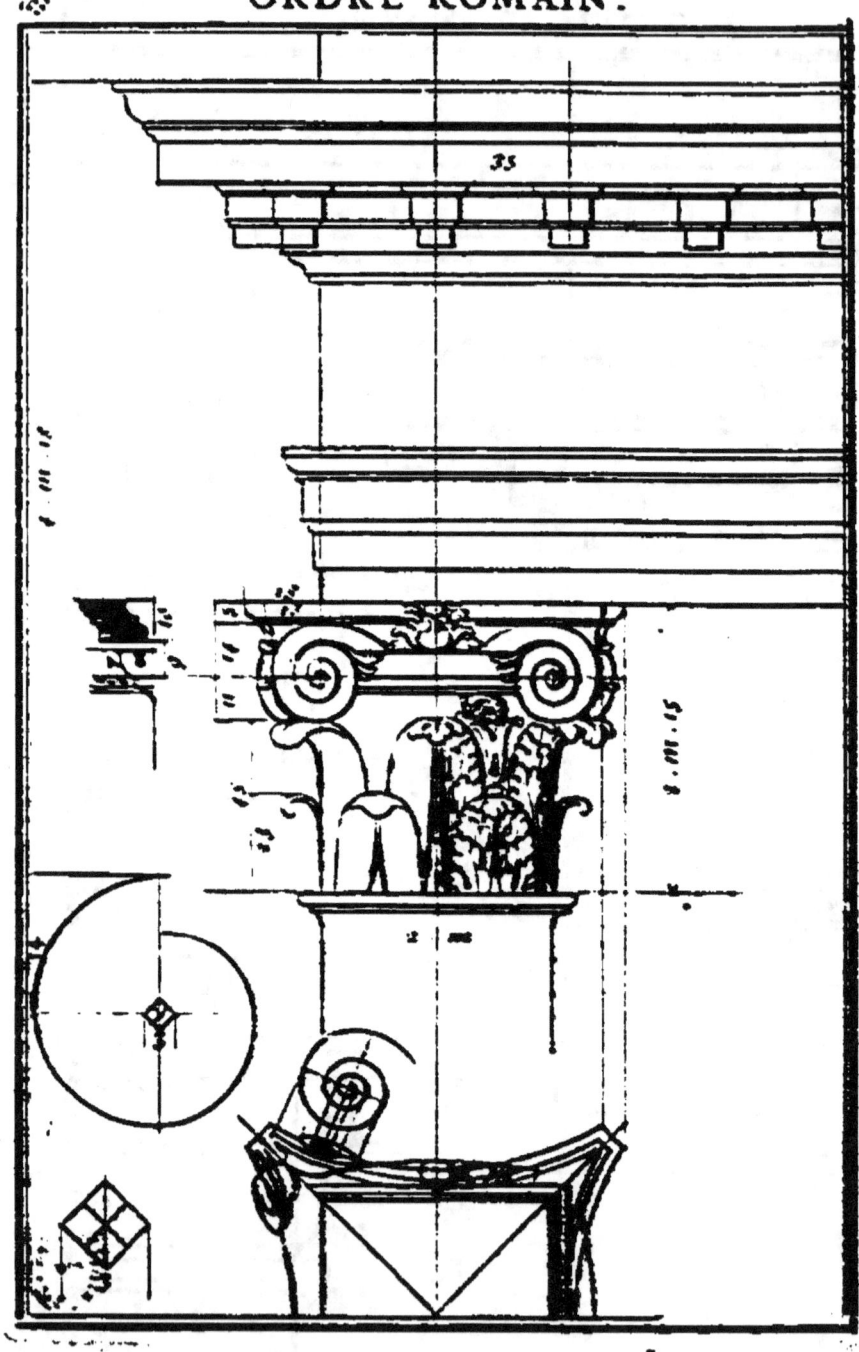

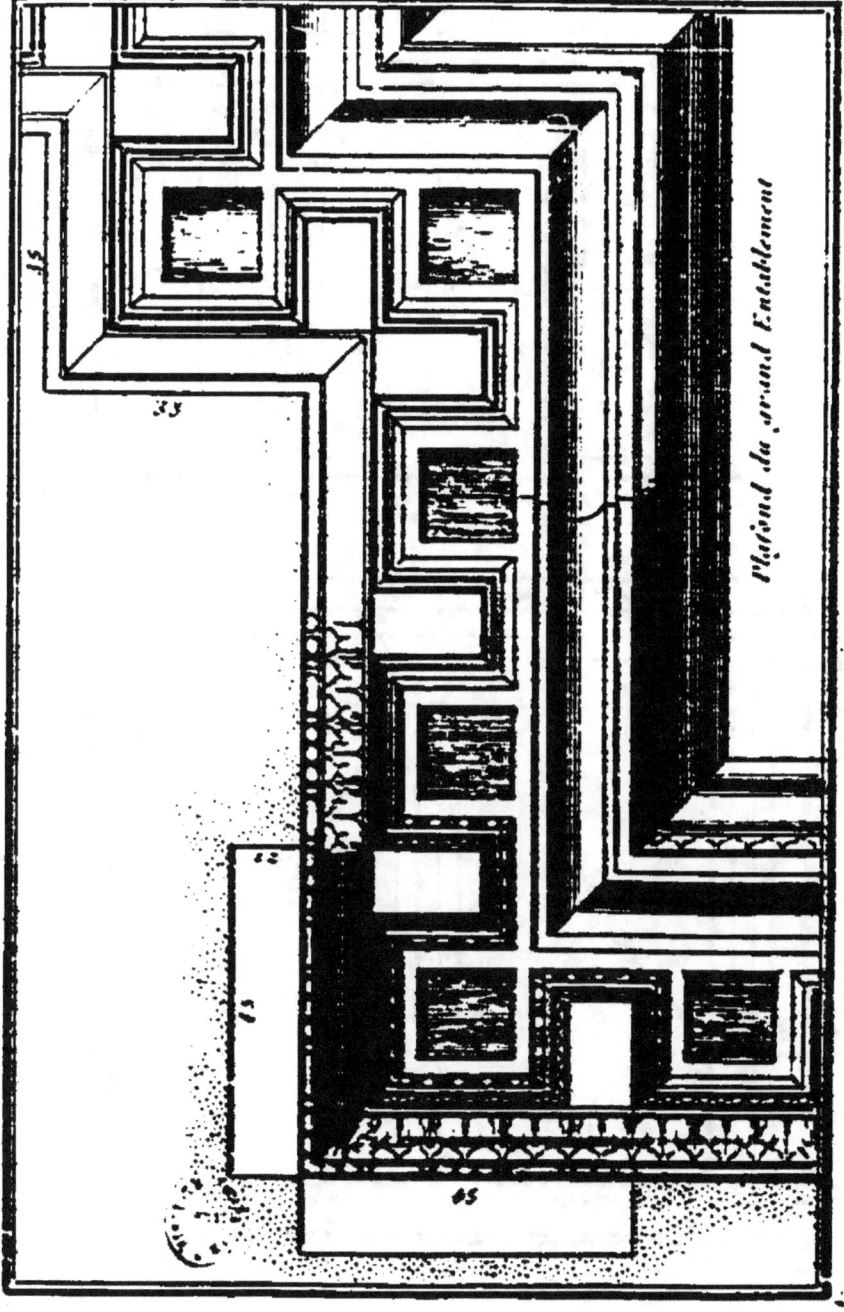

Plafond du grand Entablement

ORDRE ESPAGNOL.

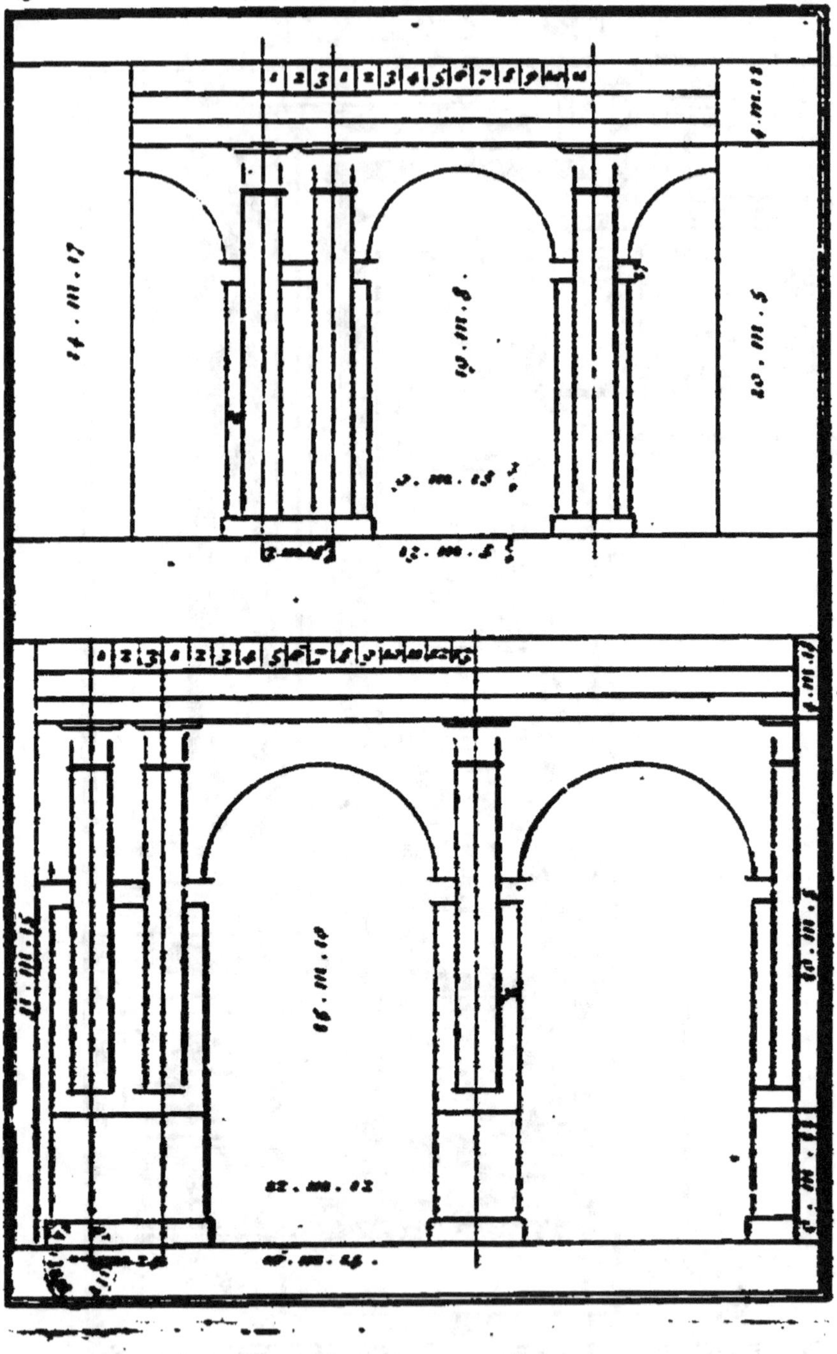

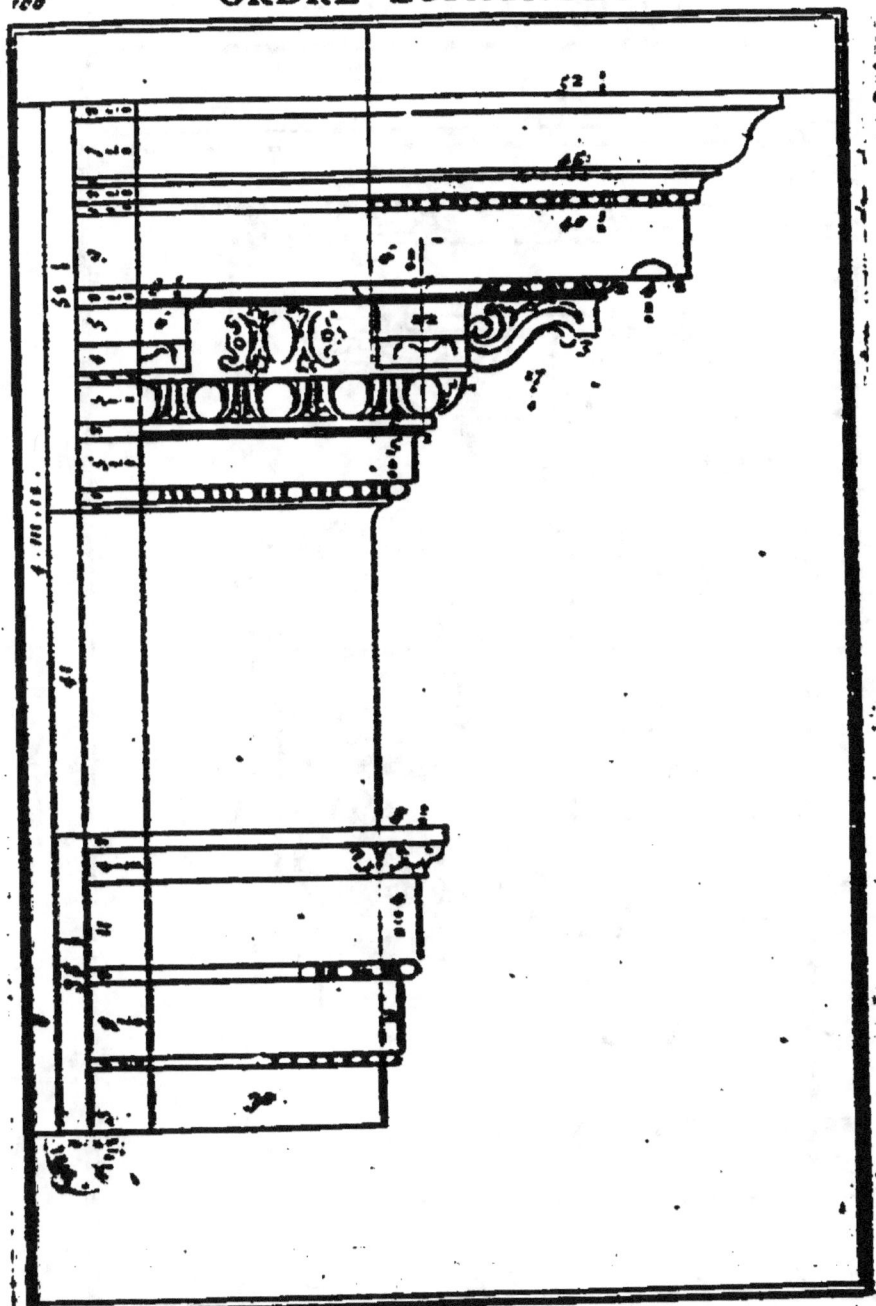

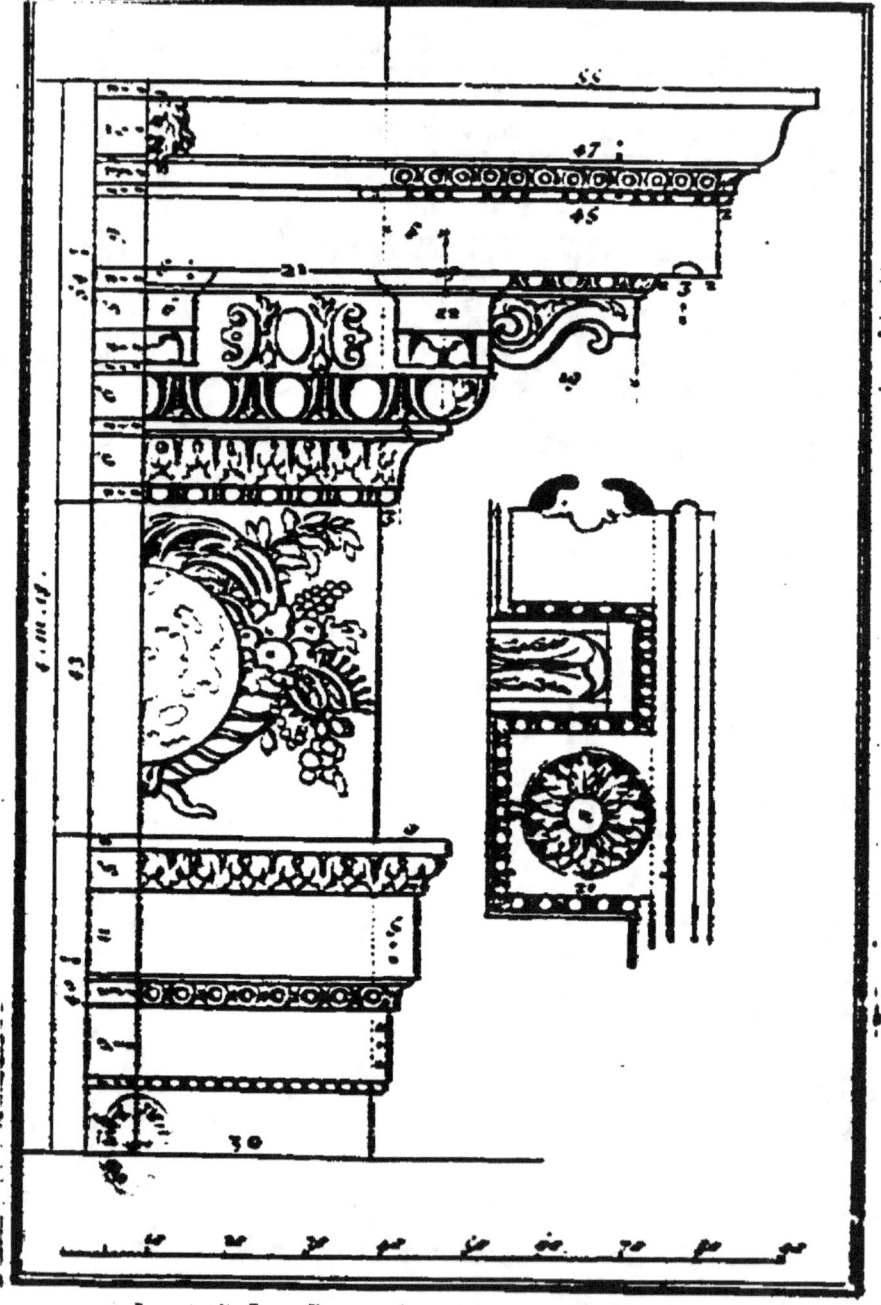

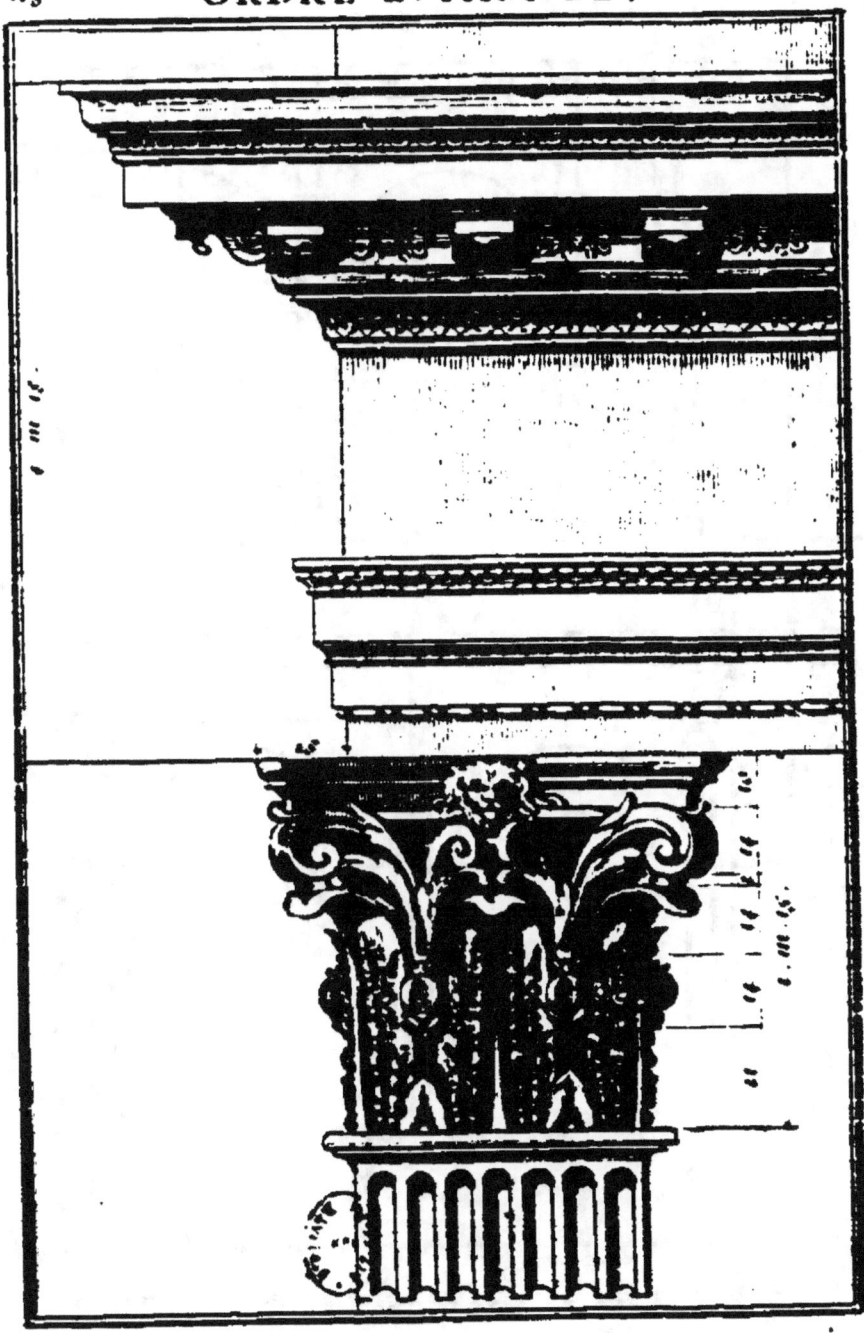

ORDRE CORINTHIEN.

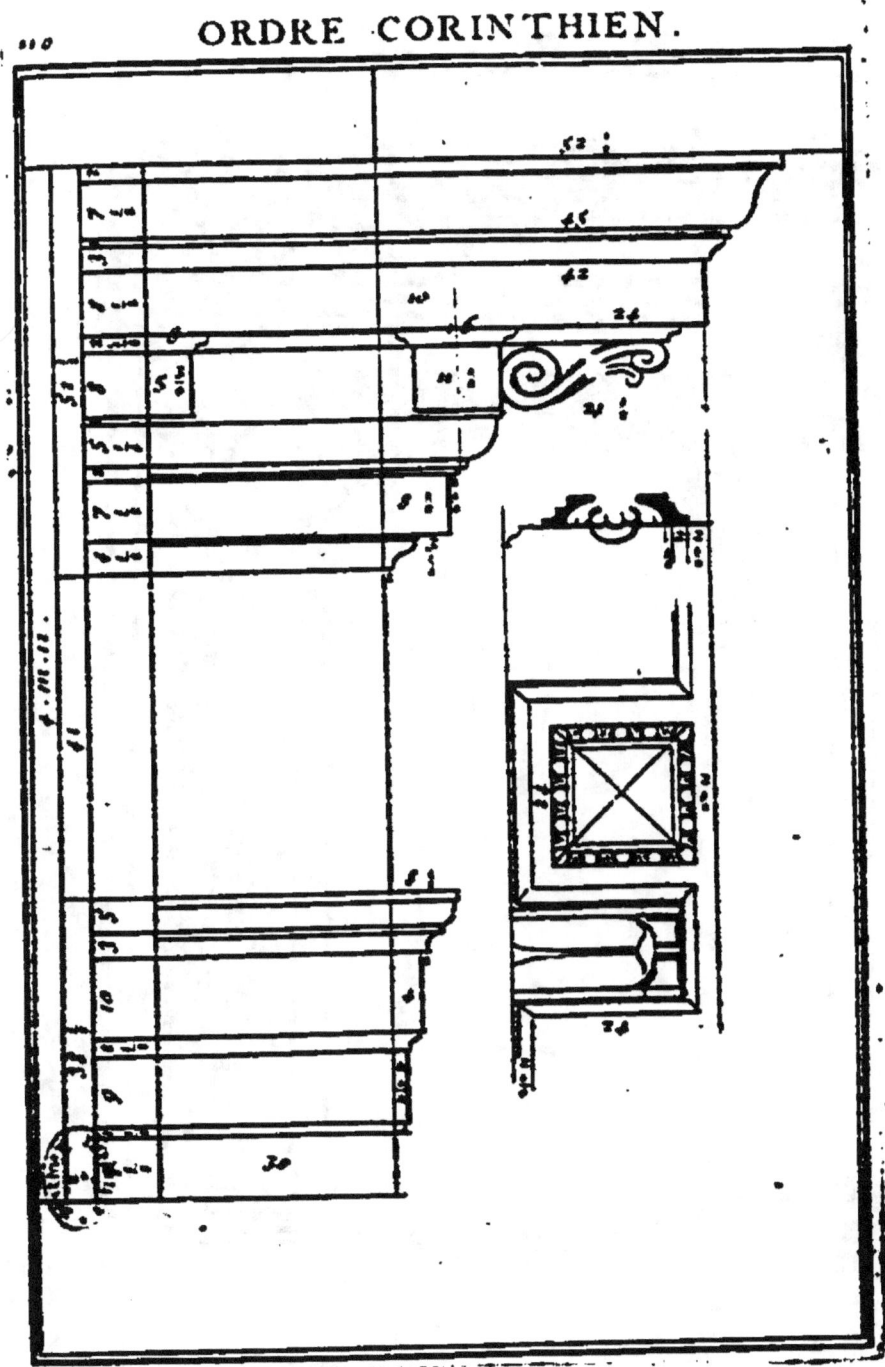

ORDRE CORINTHIEN.

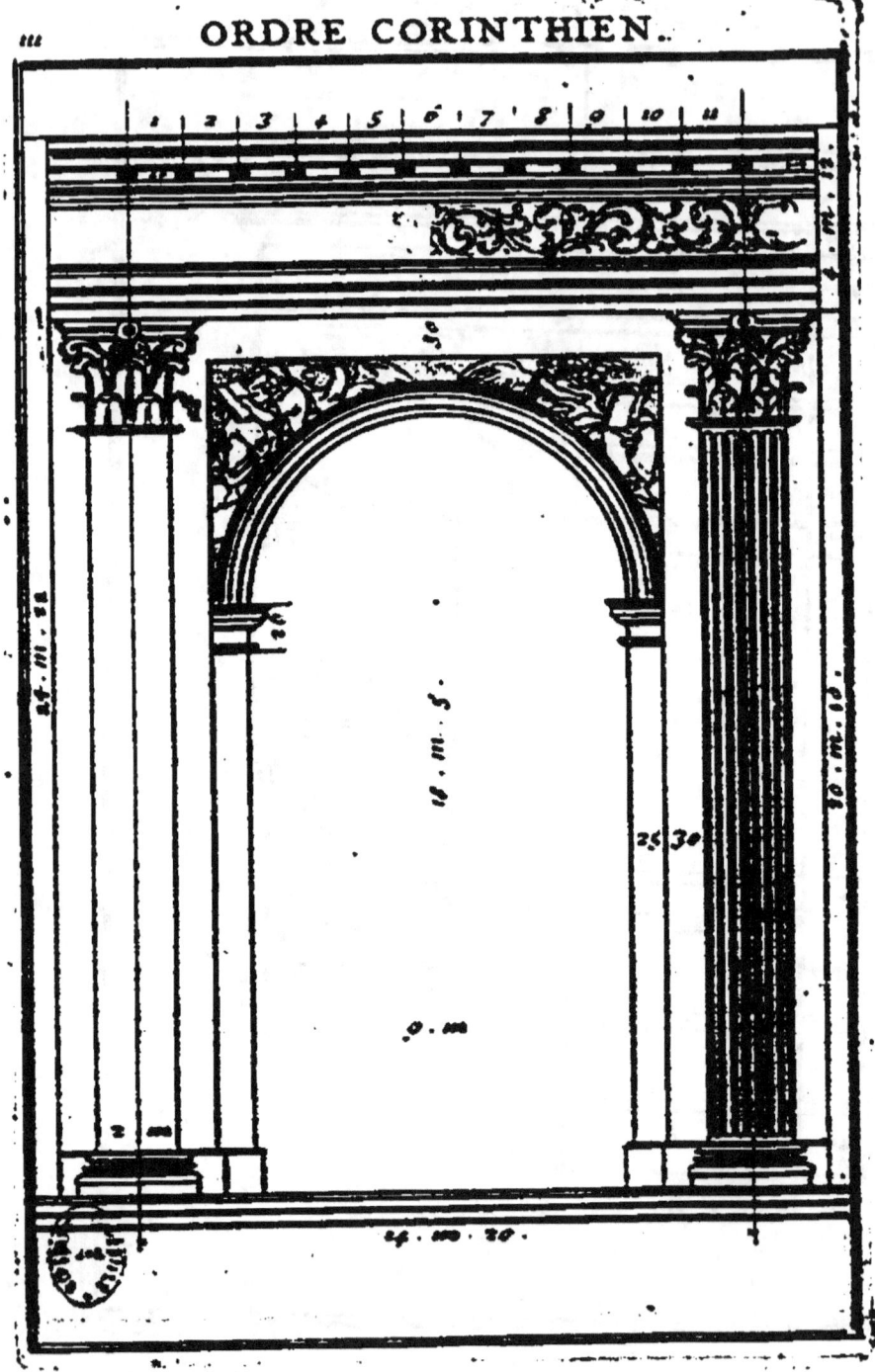

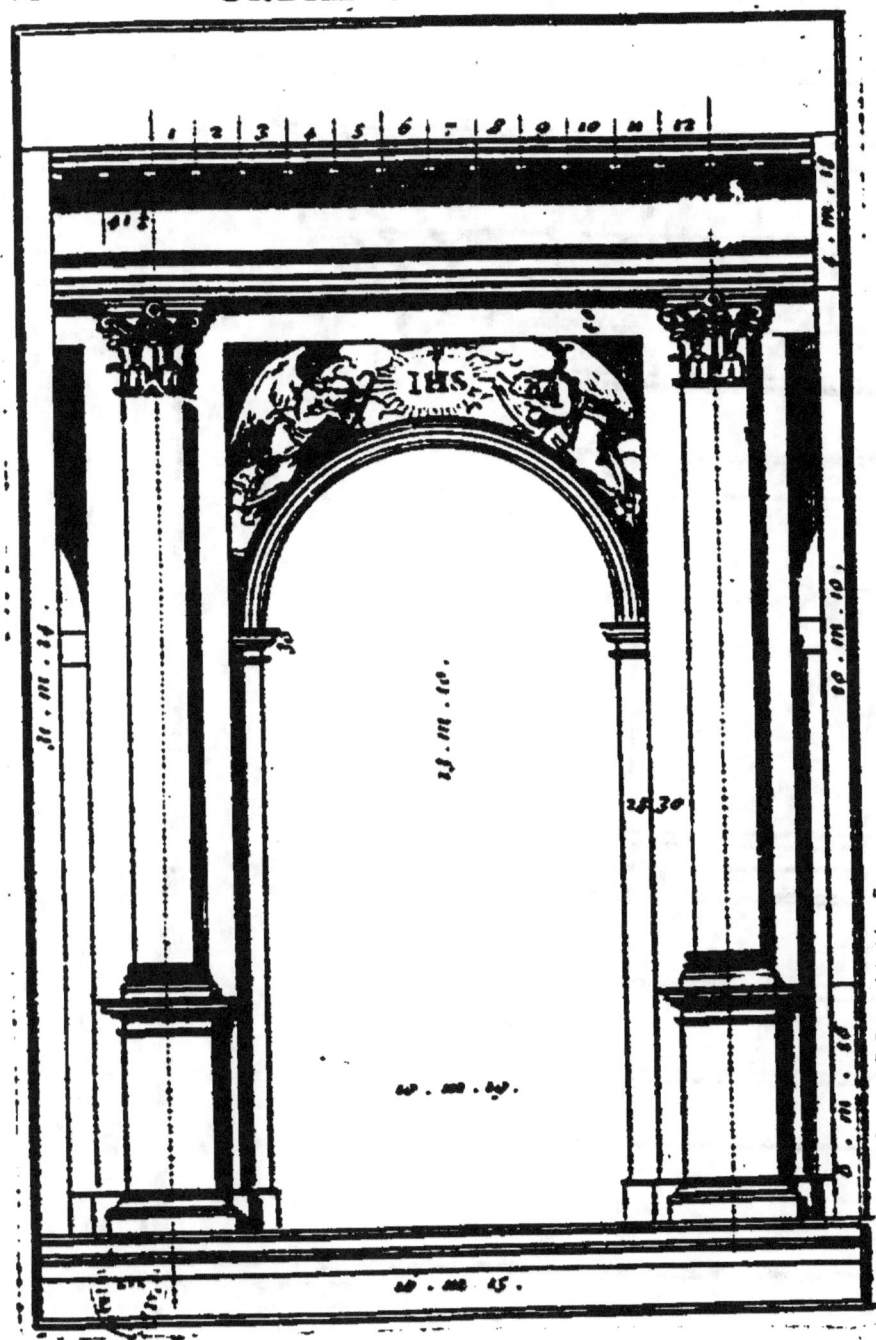

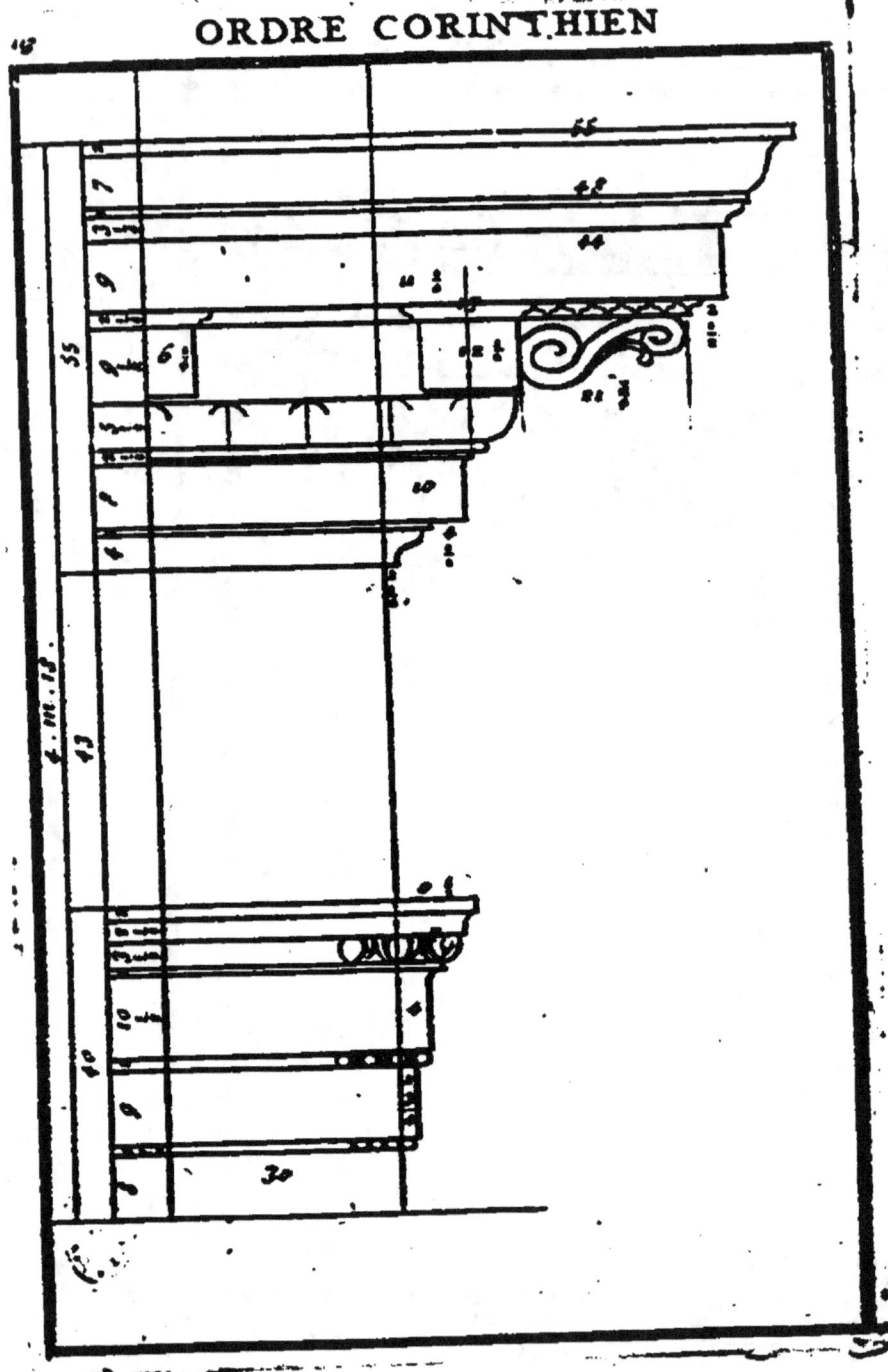

ORDRE CORINTHIEN.

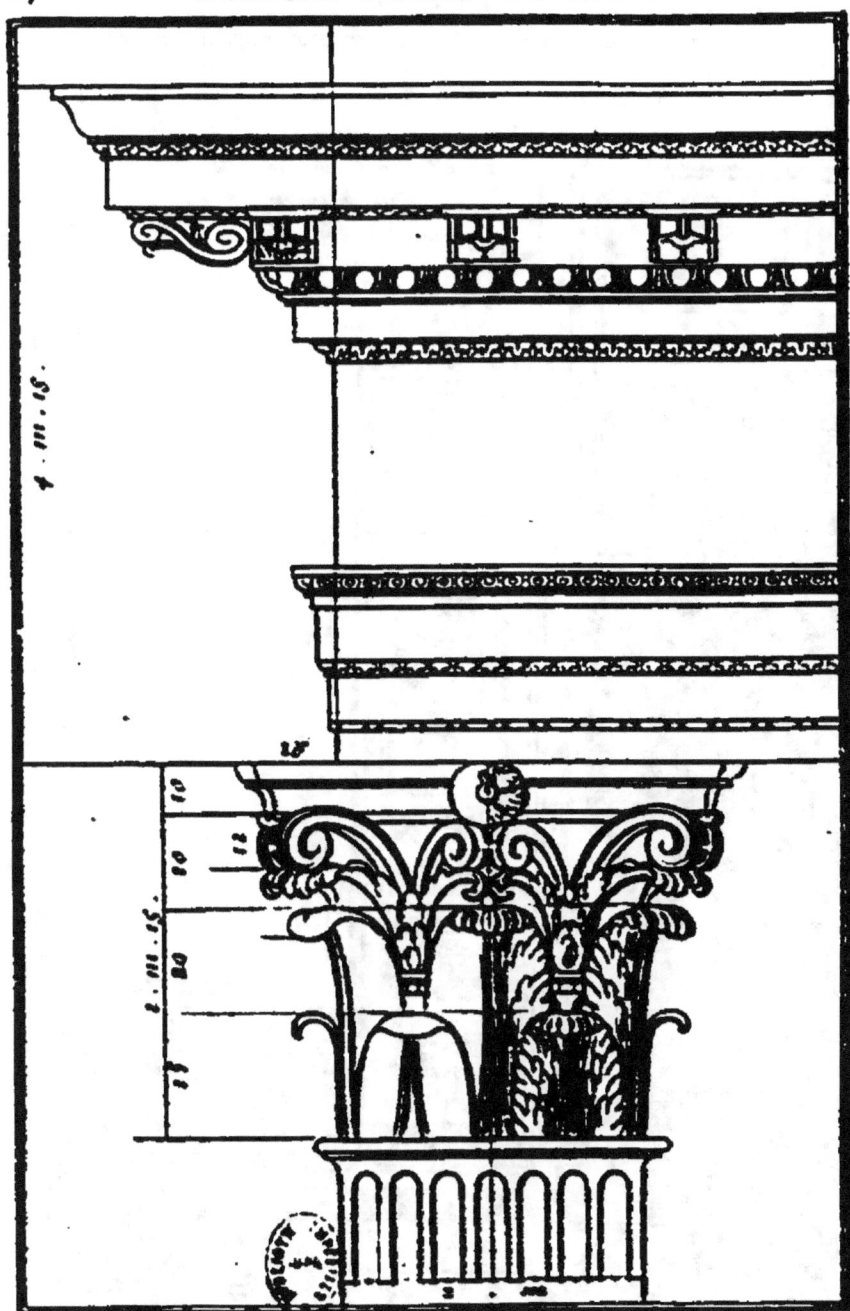

118

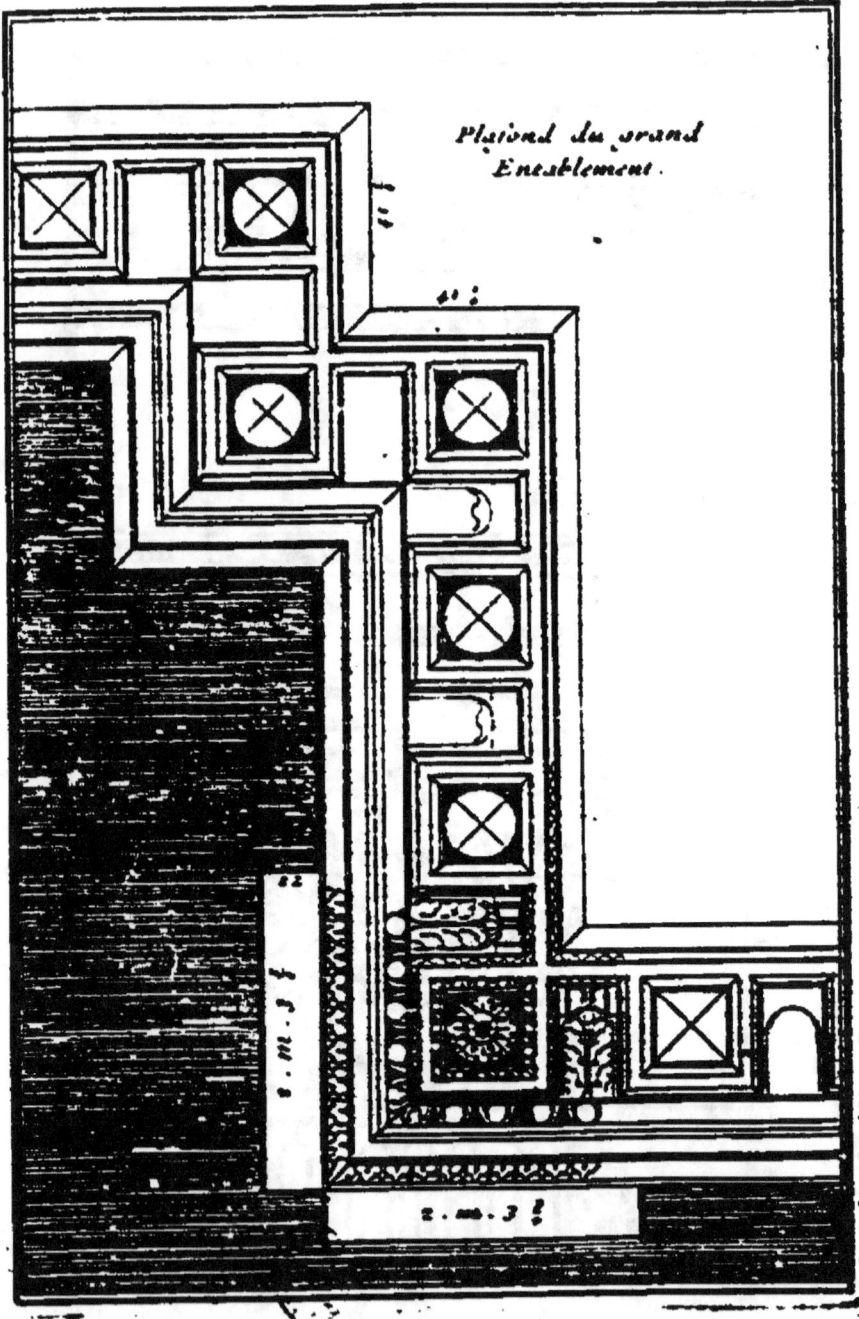

Plafond du grand Entablement.

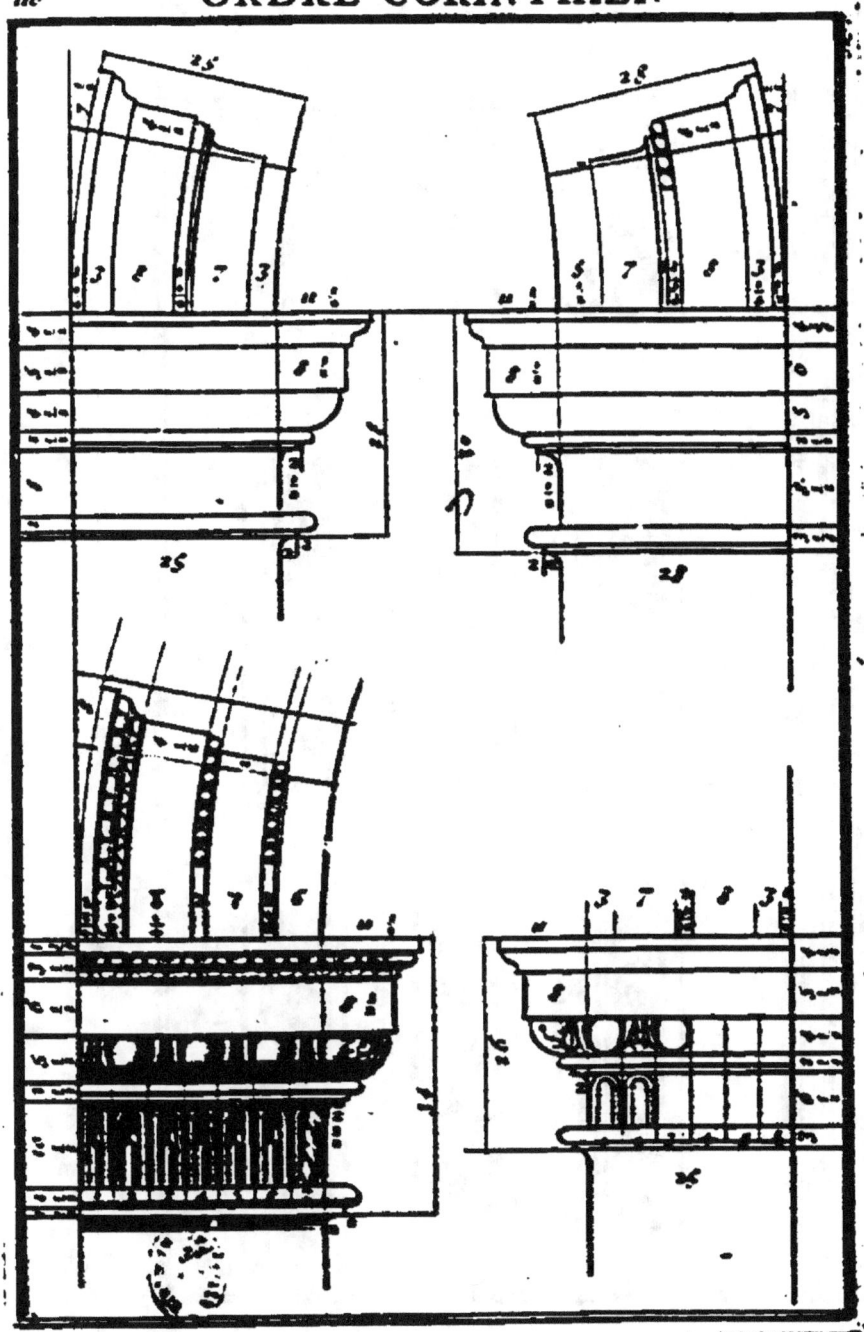

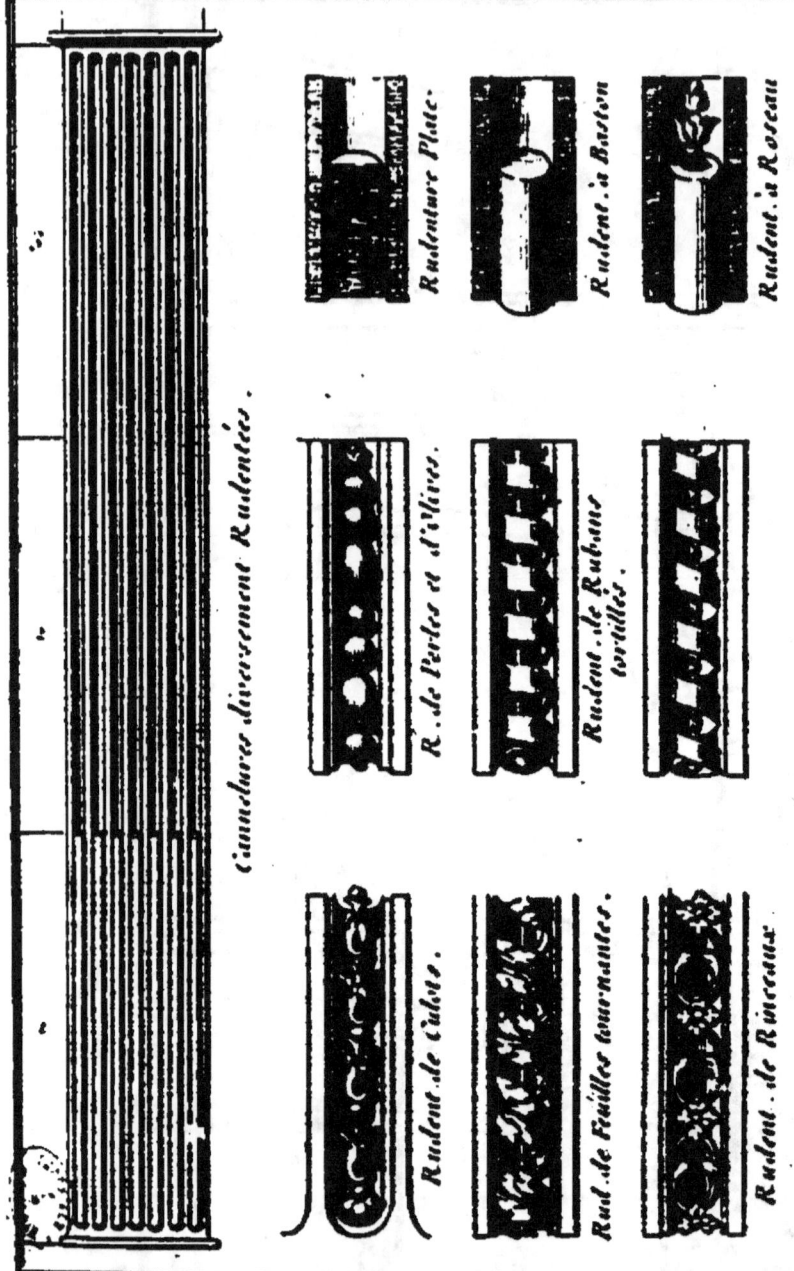

Cannelures diversement Rudentées.

Rudenture Plate.

Rudent. à Baston.

Rudent. à Roseau.

R. de Perles et d'Olives.

Rudent. de Rubans tortillés.

Rudent. de Culots.

Rud. de Feuilles tournantes.

Rudent. de Rinceaux.

ORNEMENS.

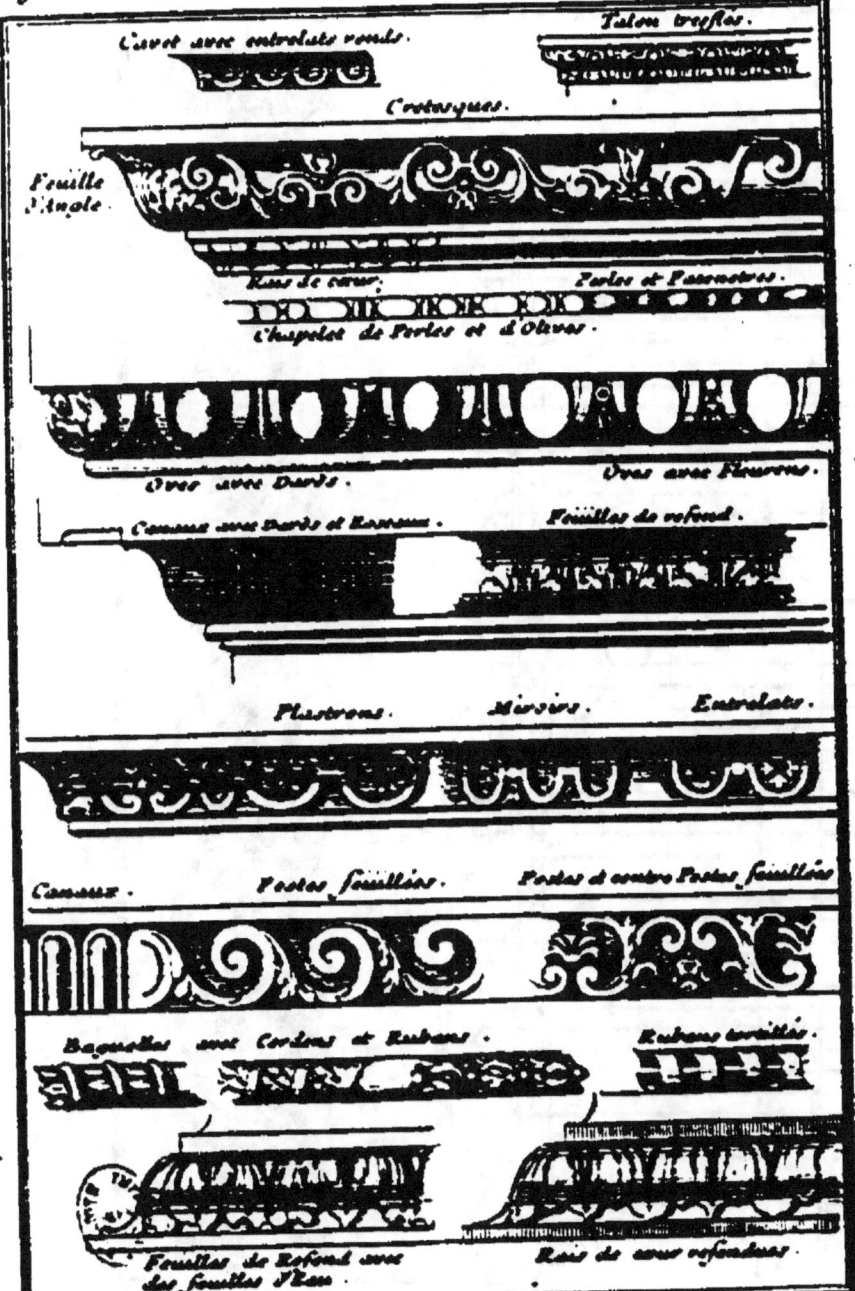

Cavet avec entrelate voule.

Talon trefles.

Crotesques.

Feuille d'Angle.

Rais de cœur.

Perles et Patenotres.

Chapelet de Perles et d'Olives.

Oves avec Dards.

Oves avec Fleurons.

Canaux avec Dards et Rozeaux.

Feuilles de refoud.

Plastrons.

Mirvirs.

Entrelate.

Canaux.

Postes feuillies.

Postes et contre Postes feuillies.

Baguettes avec Cordons et Rubans.

Rubans tortilles.

Feuilles de Refoud avec les feuilles d'Eau.

Rais de cœur refendues.

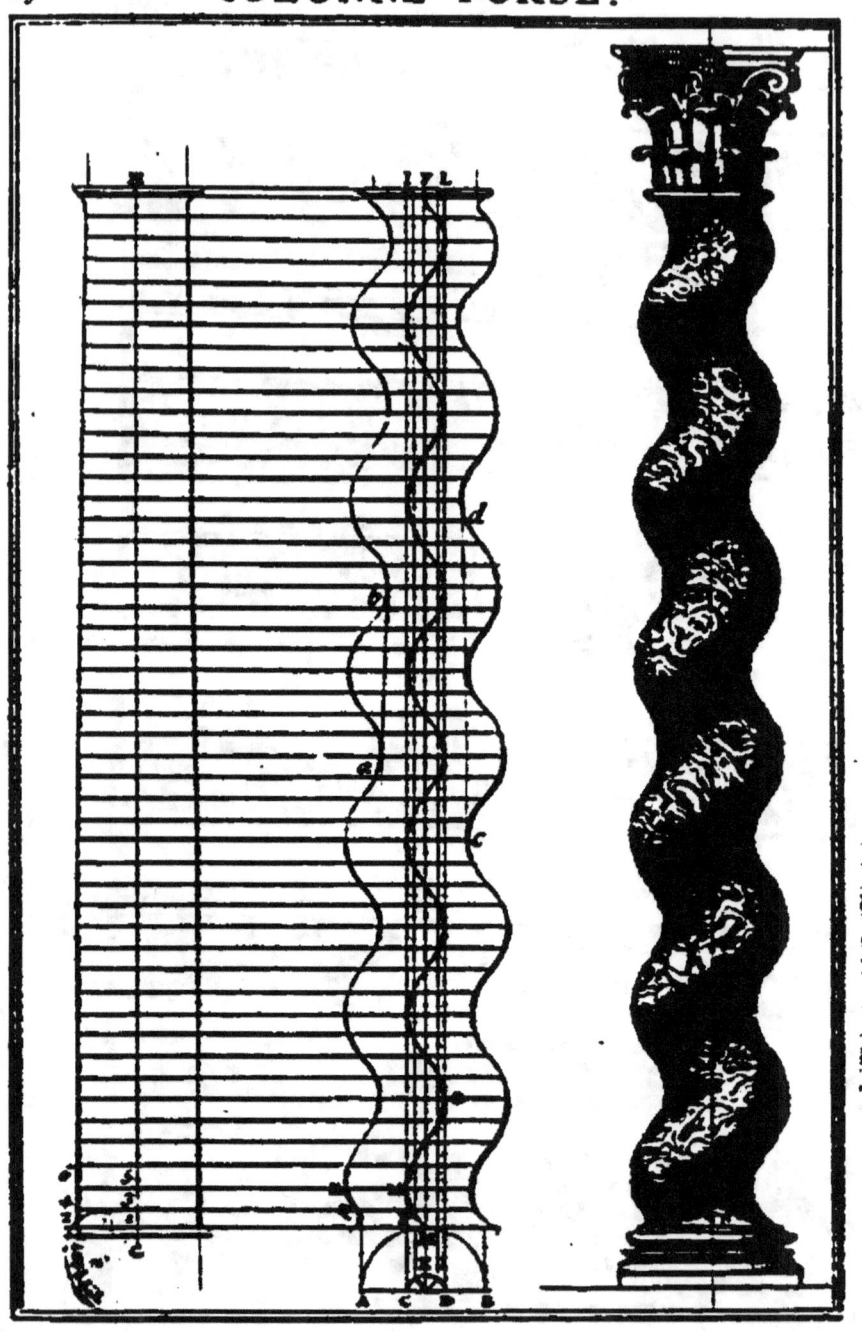

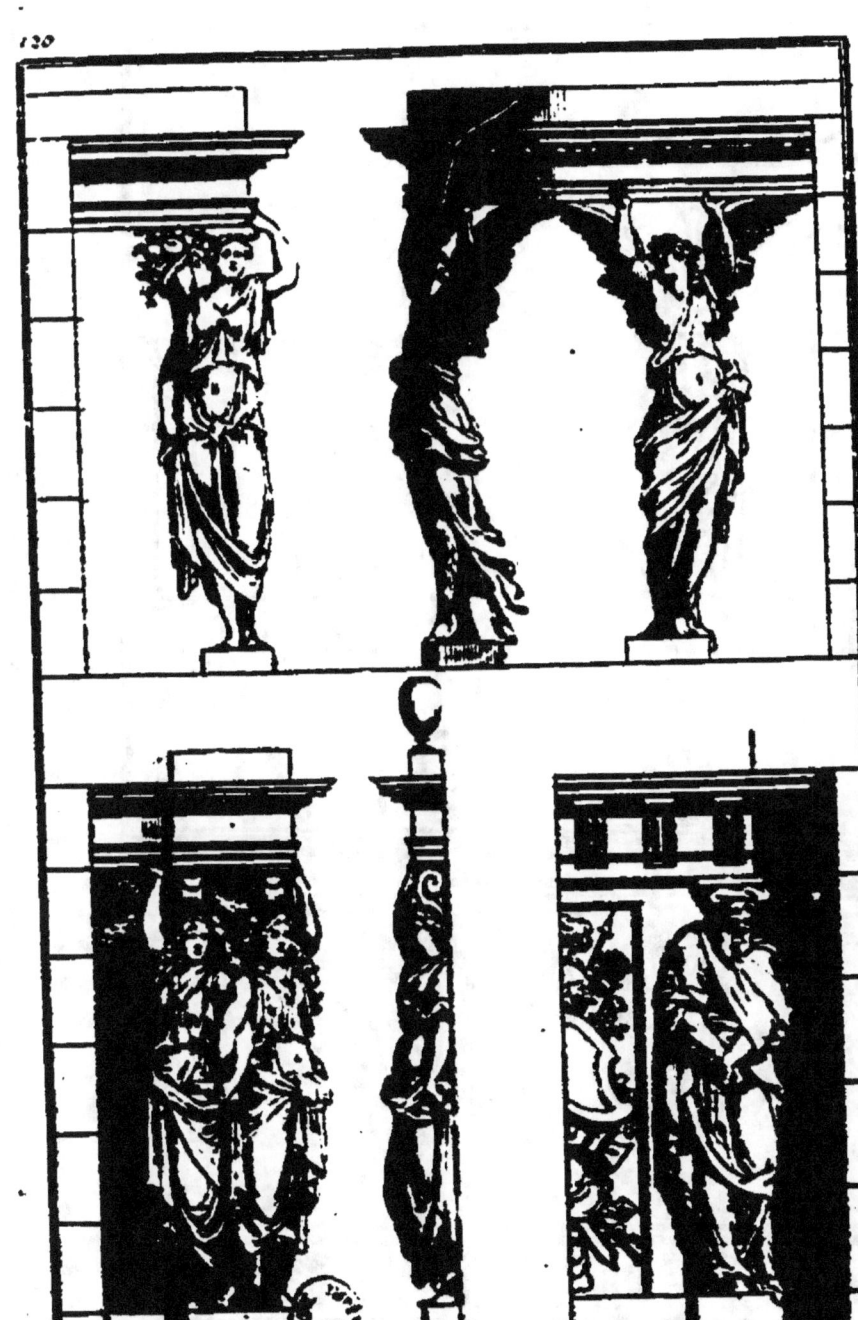

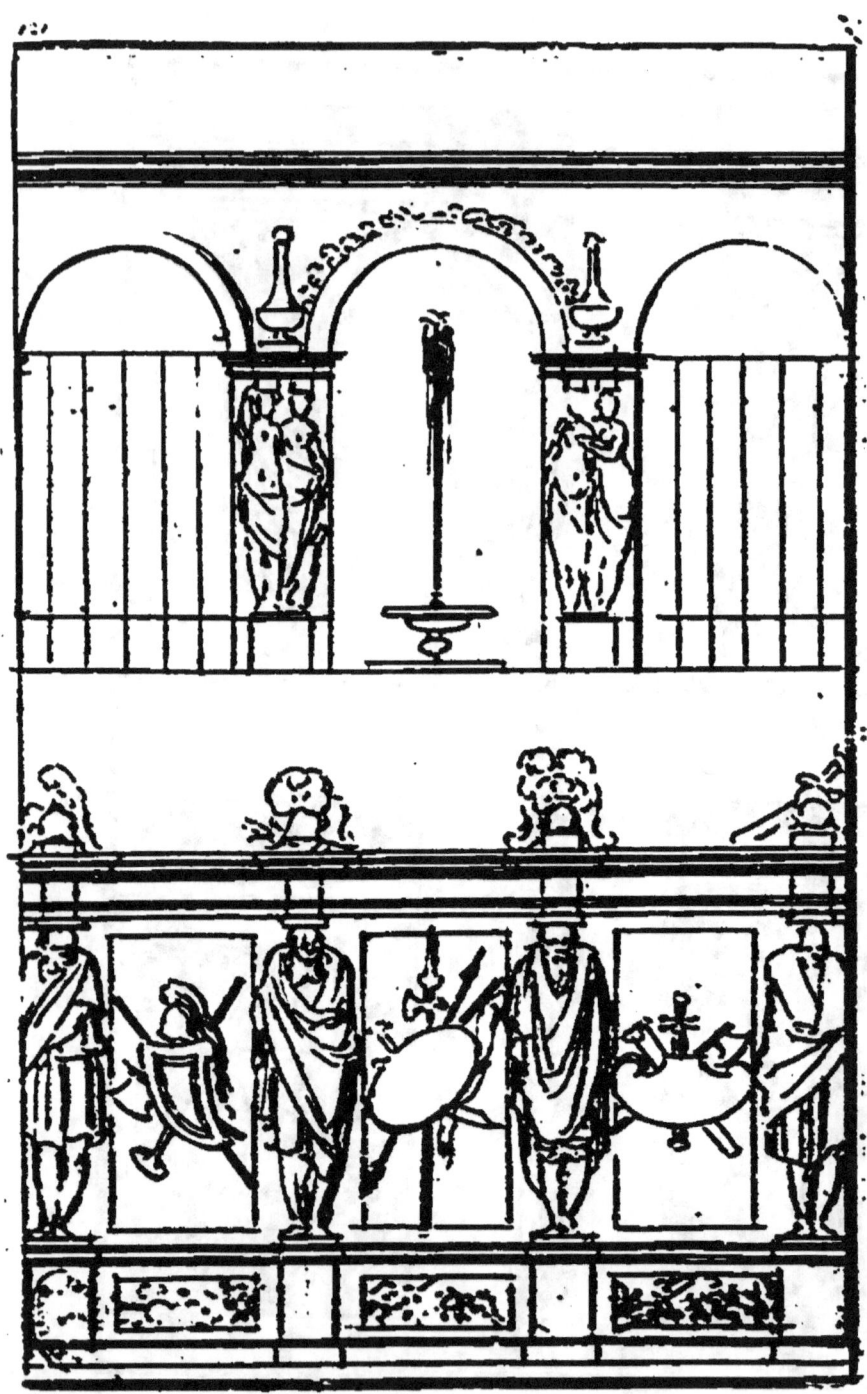

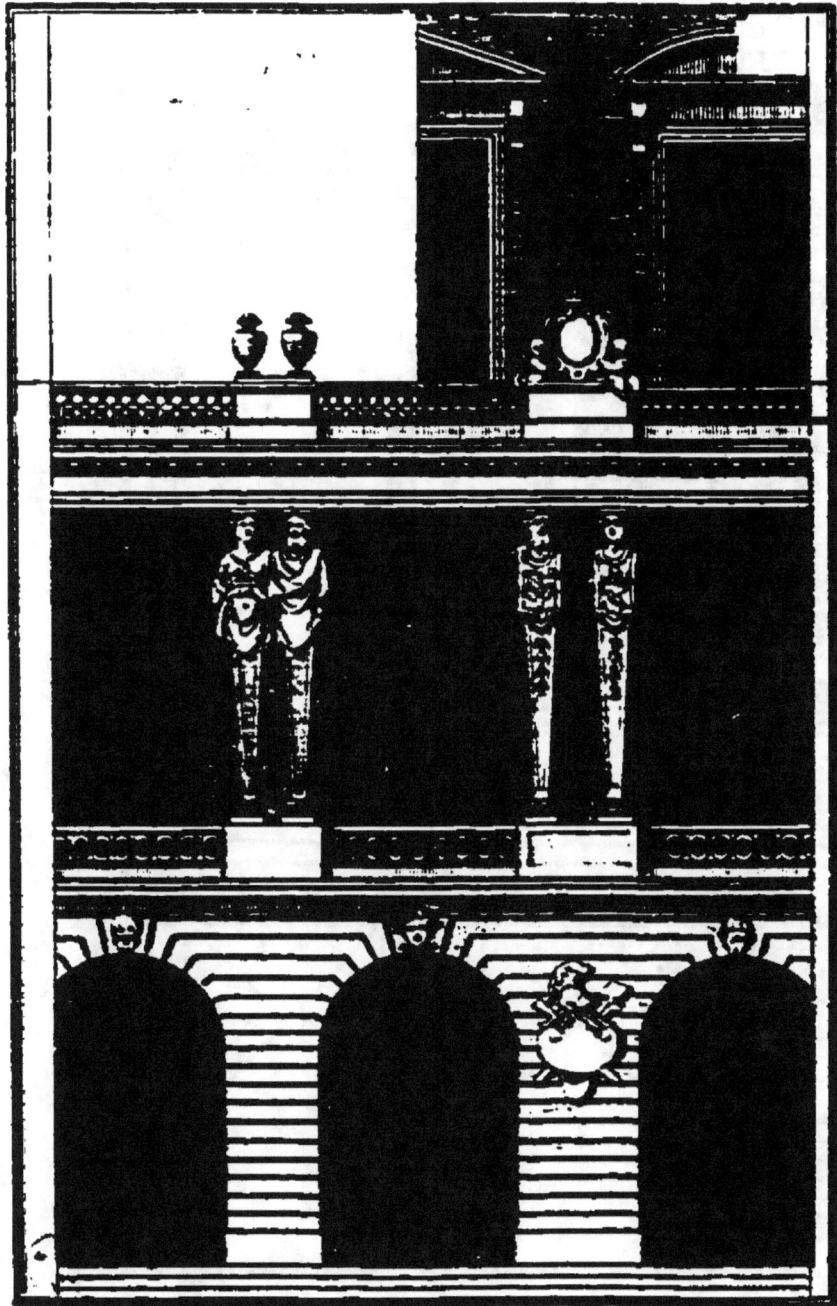

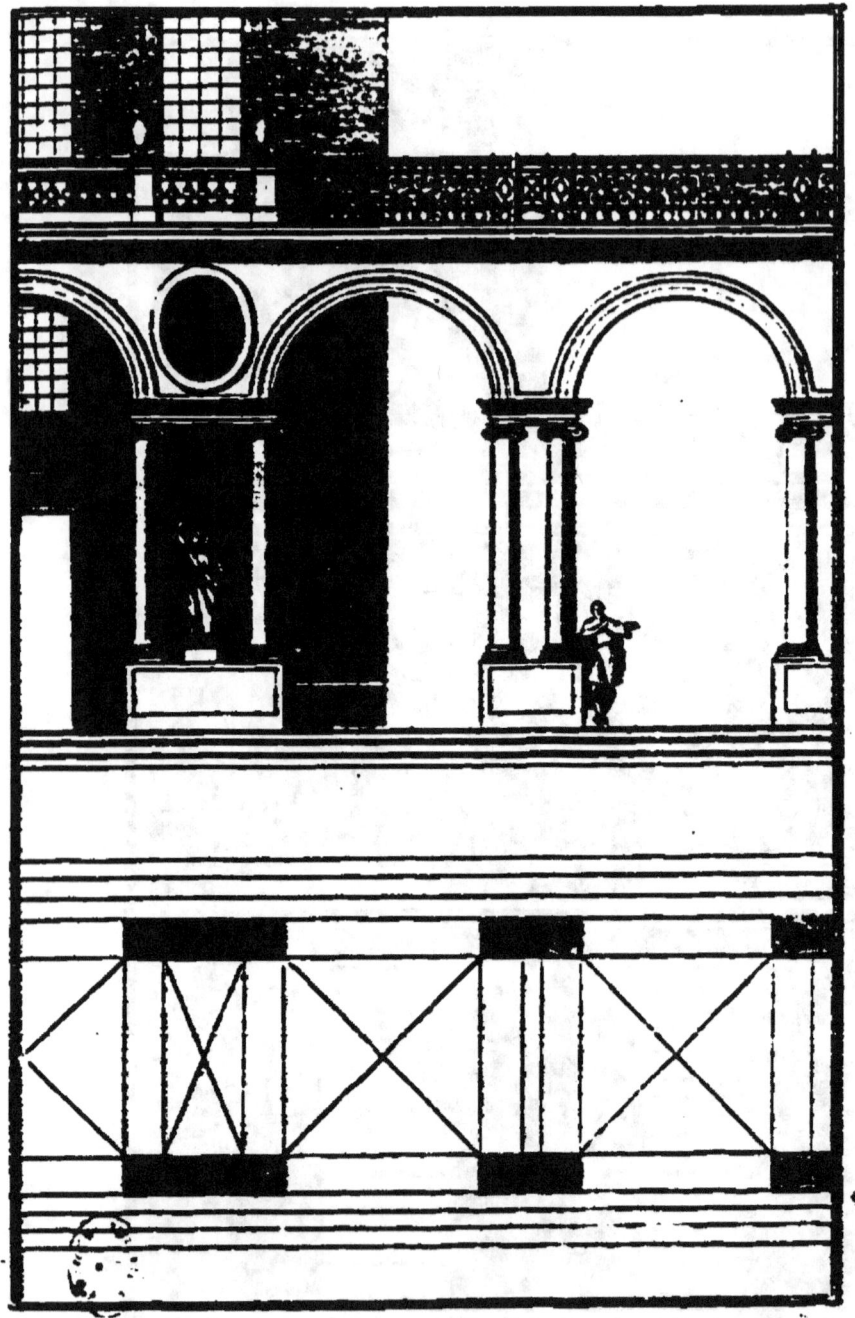

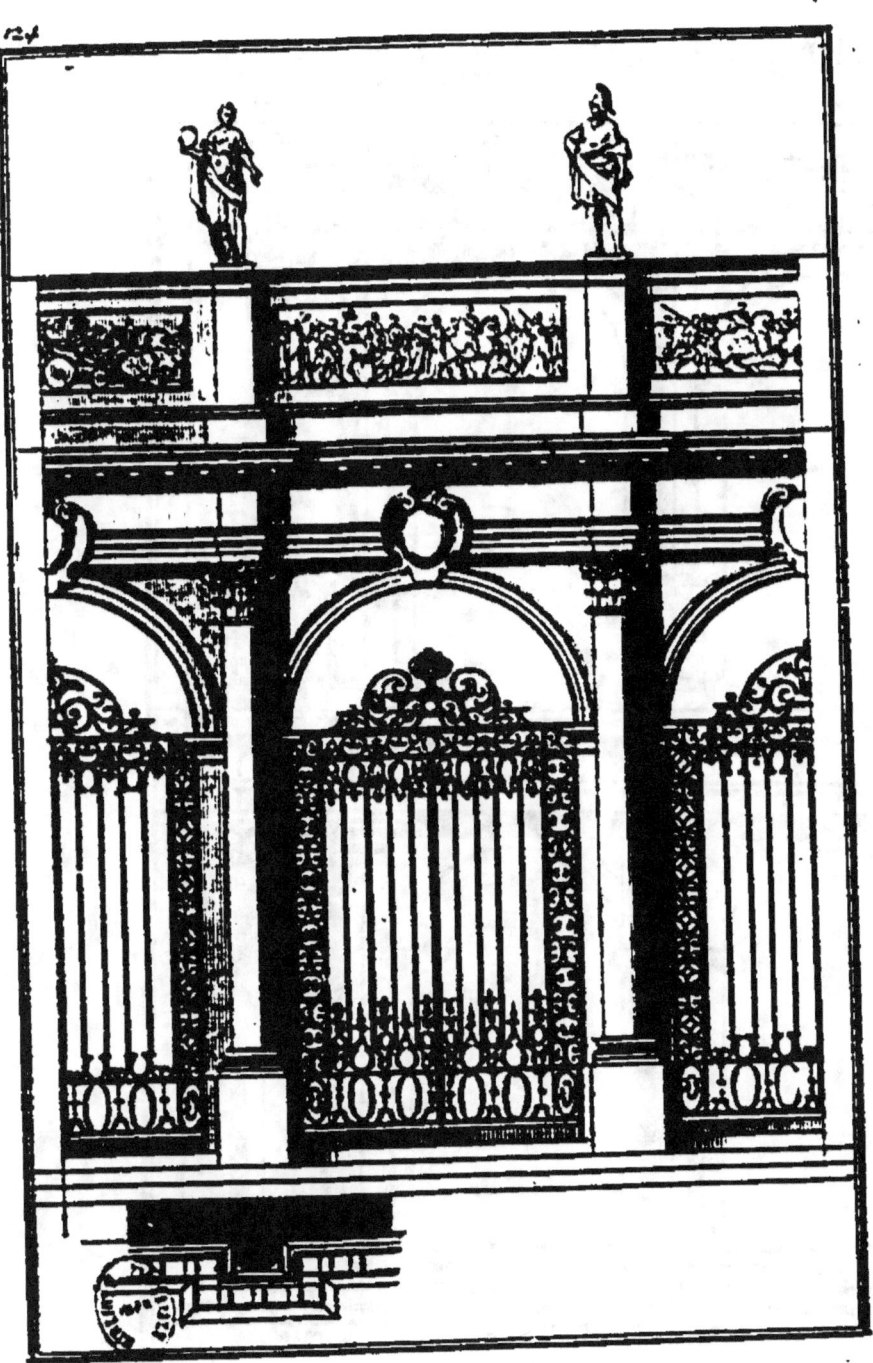

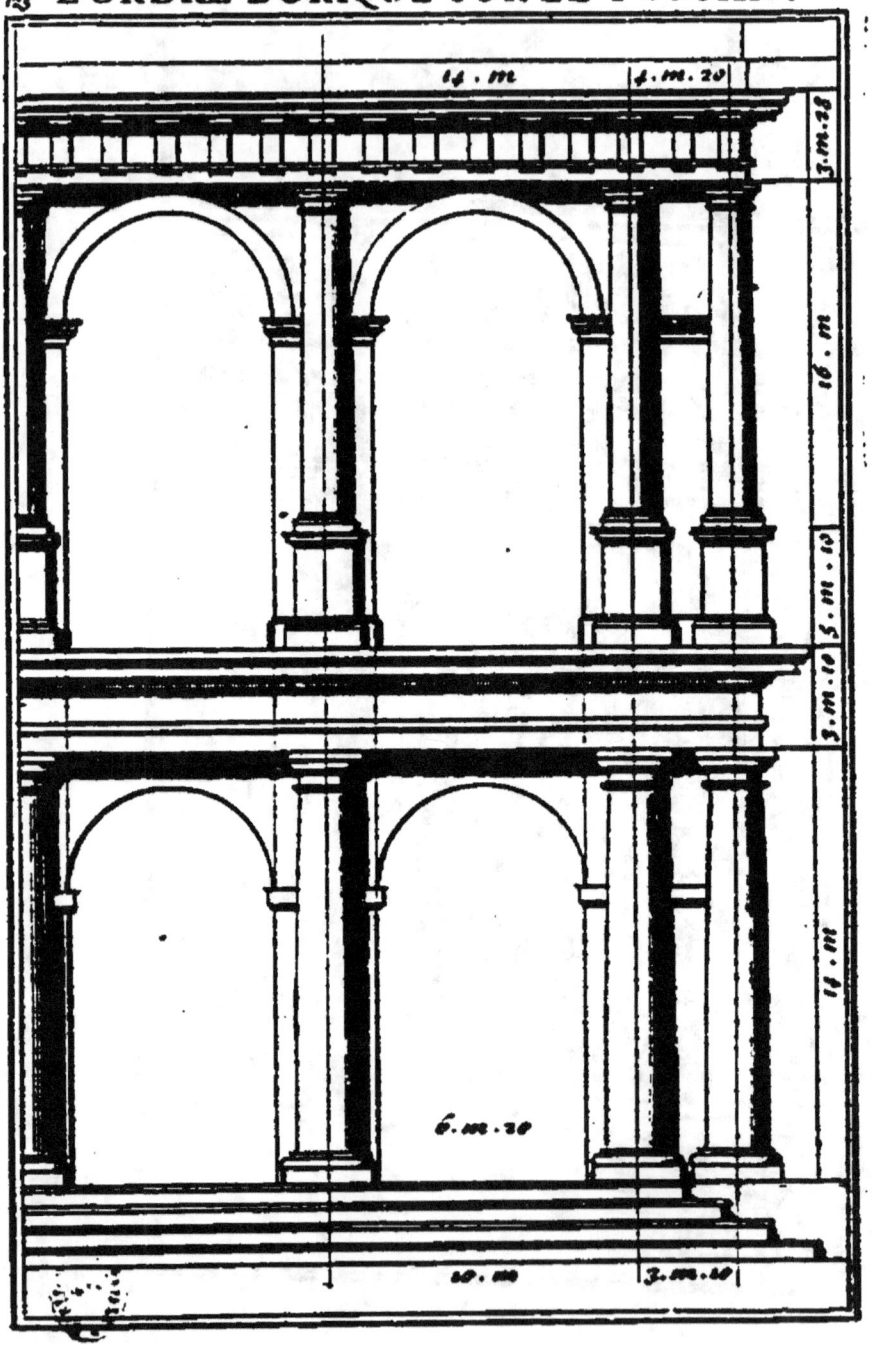

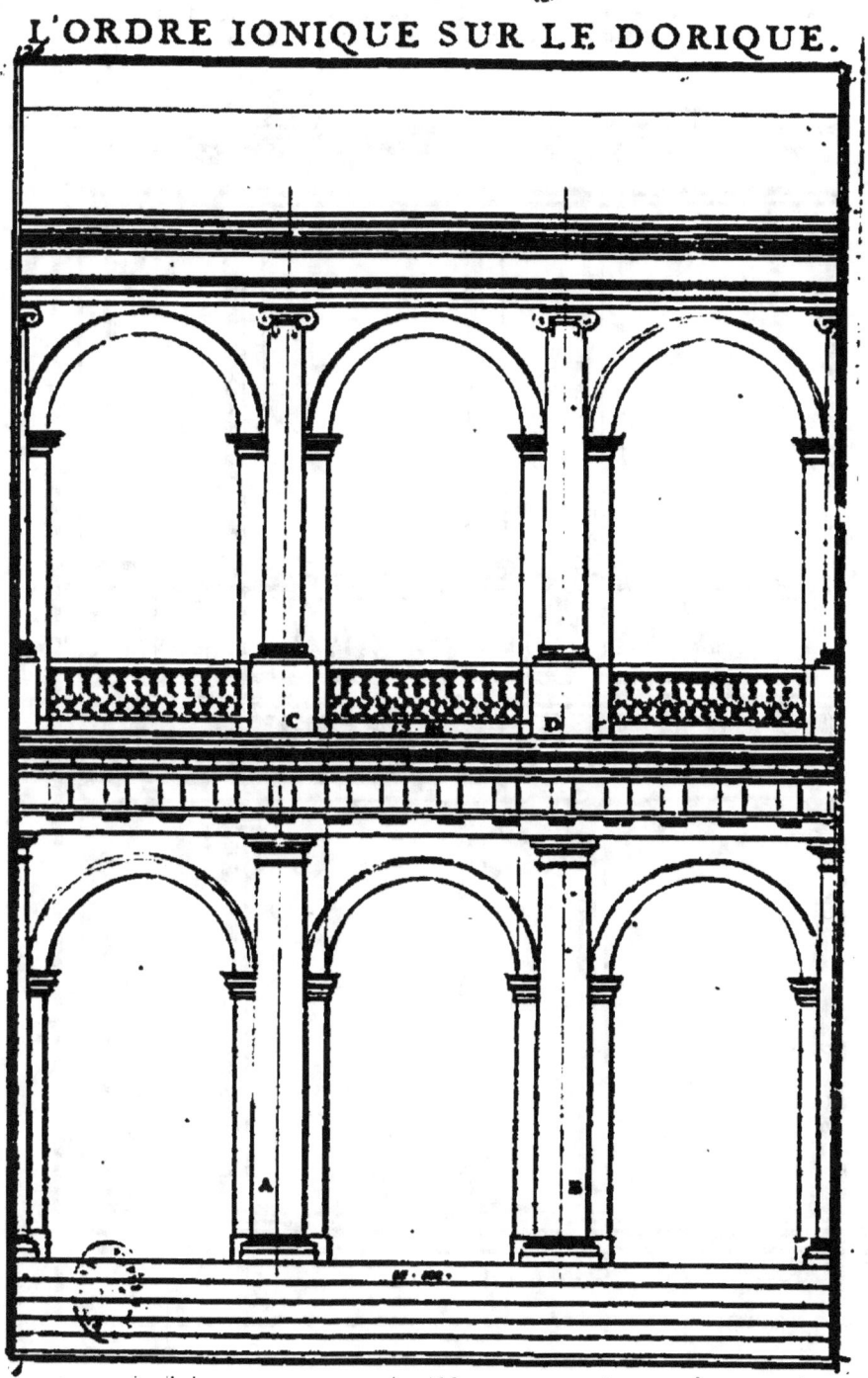

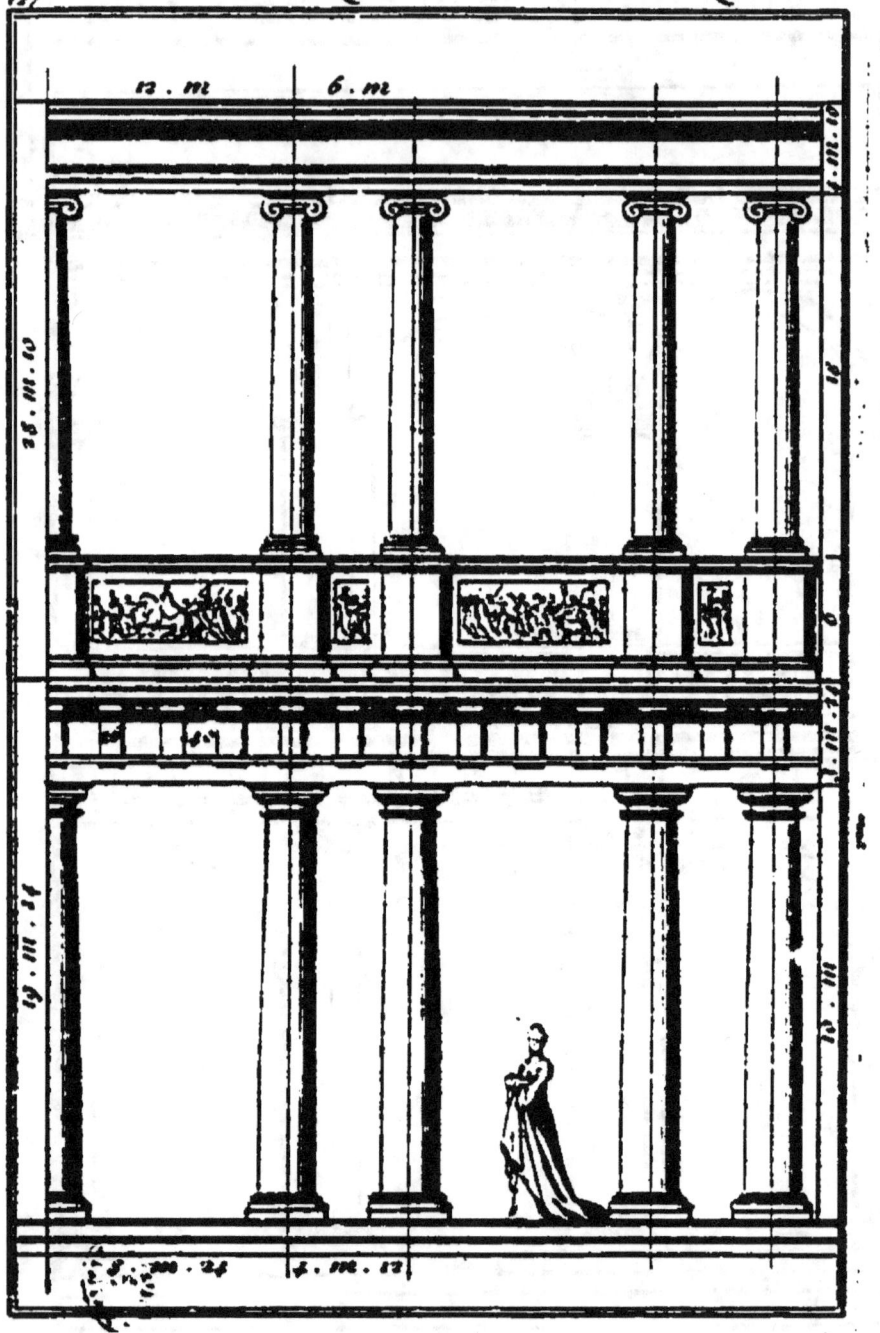

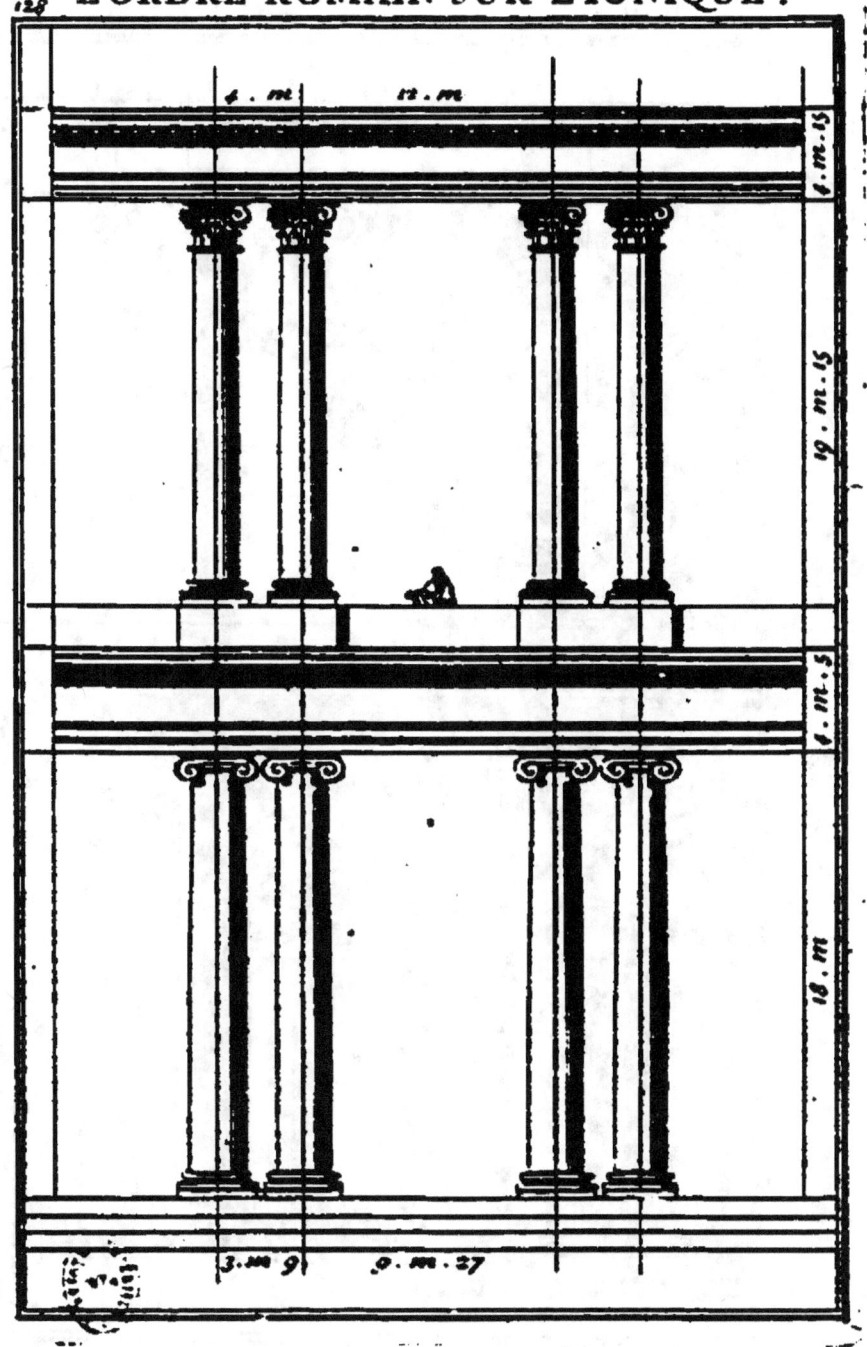

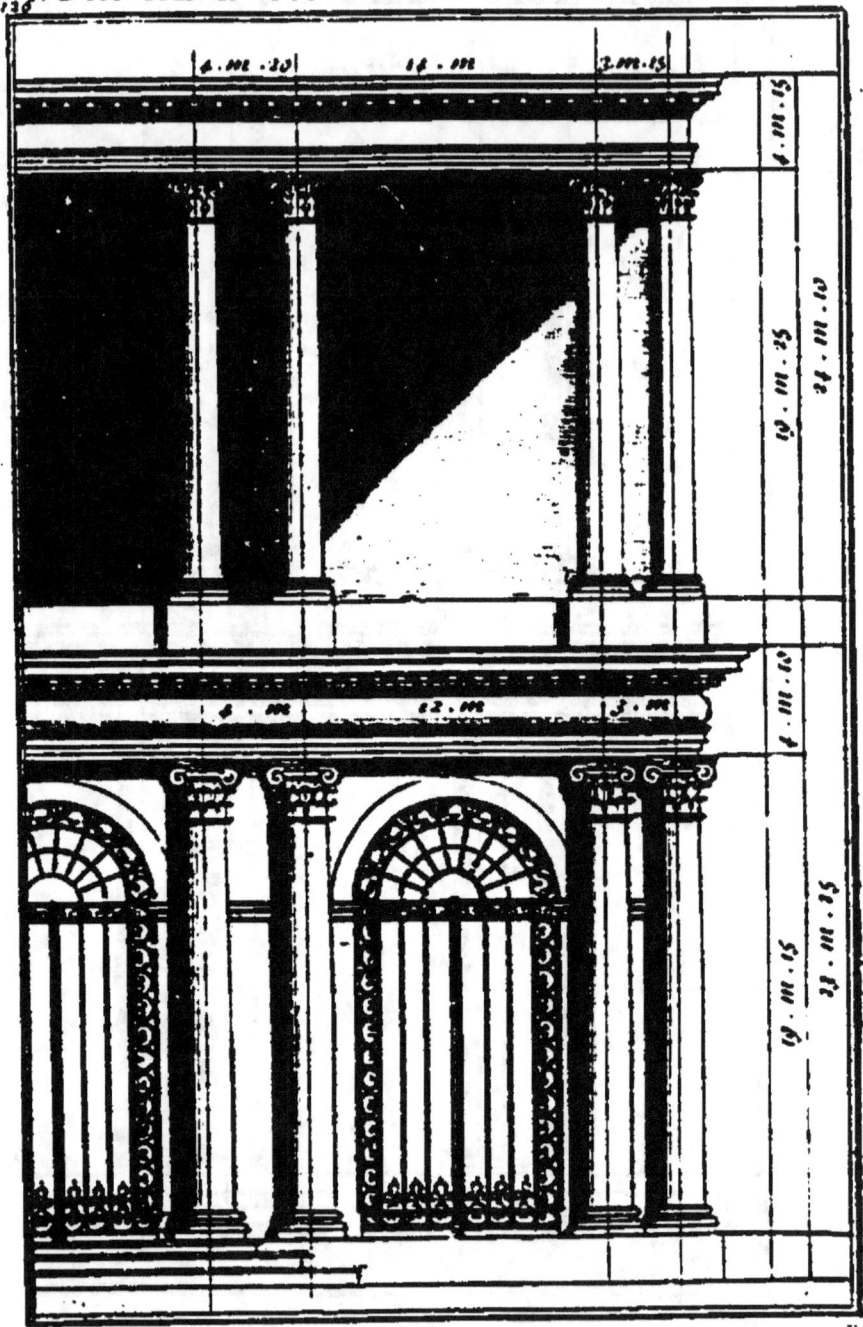

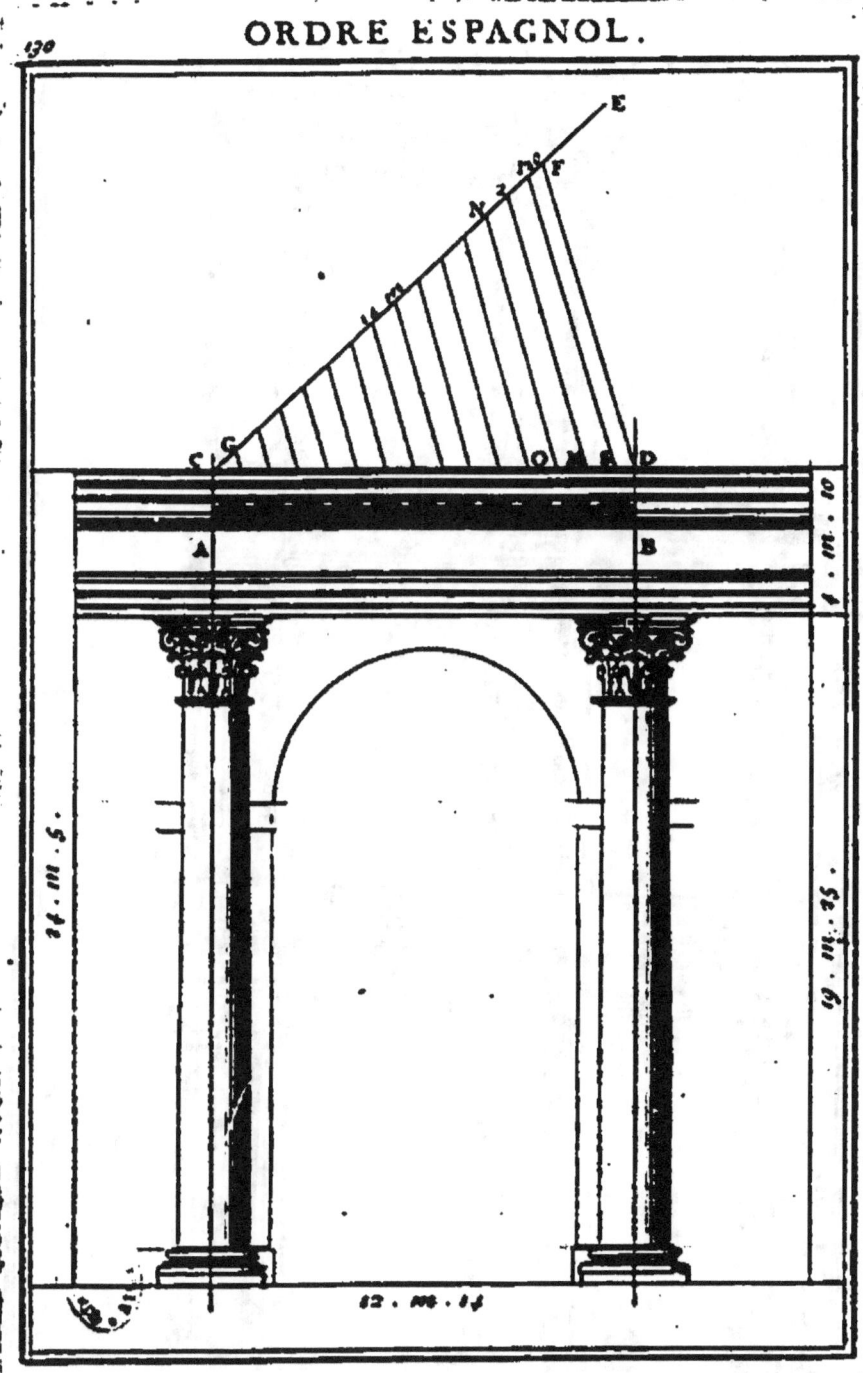

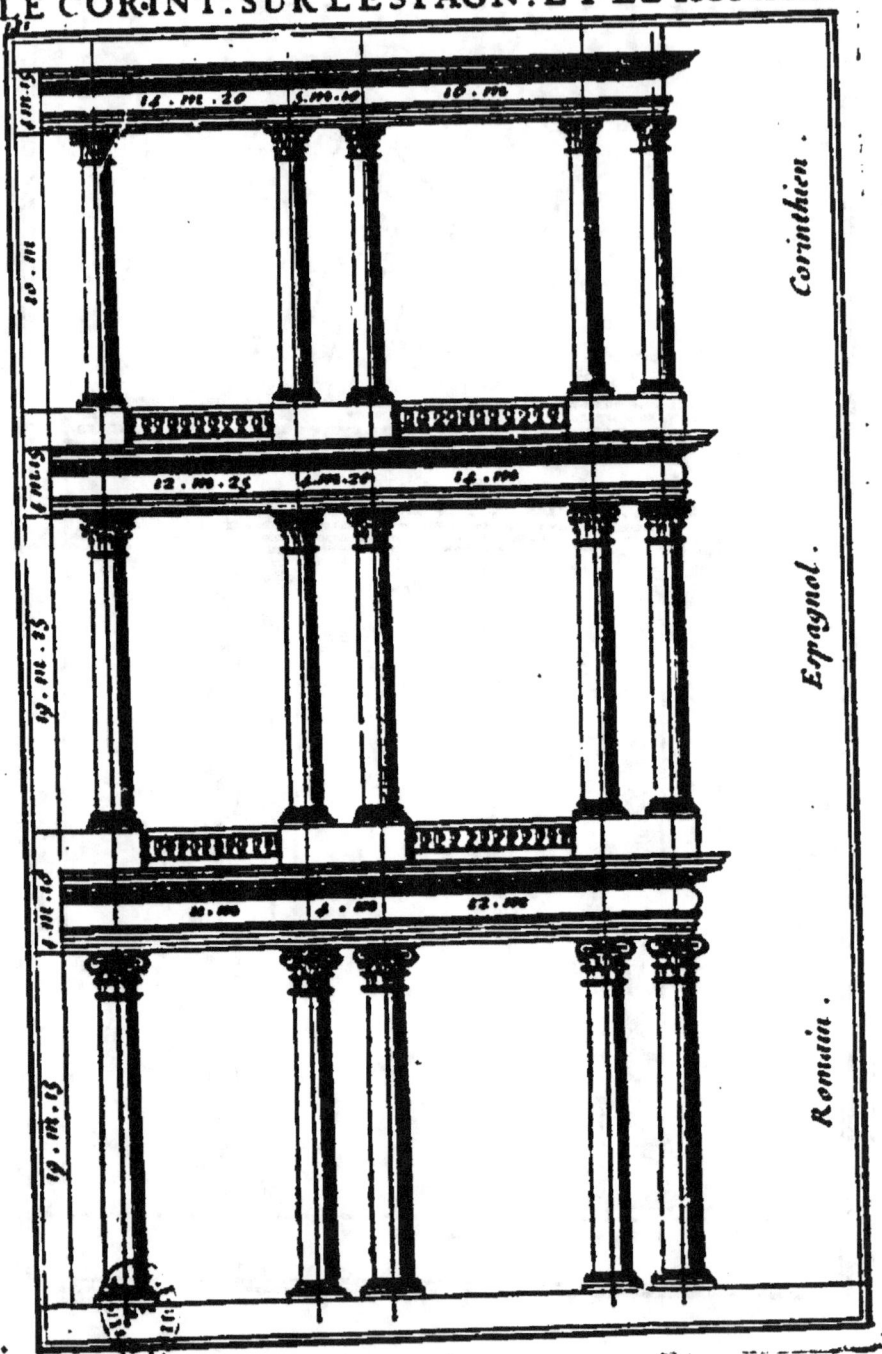

L'ORDRE CORINTHIEN SUR L'ESPAGNOL.

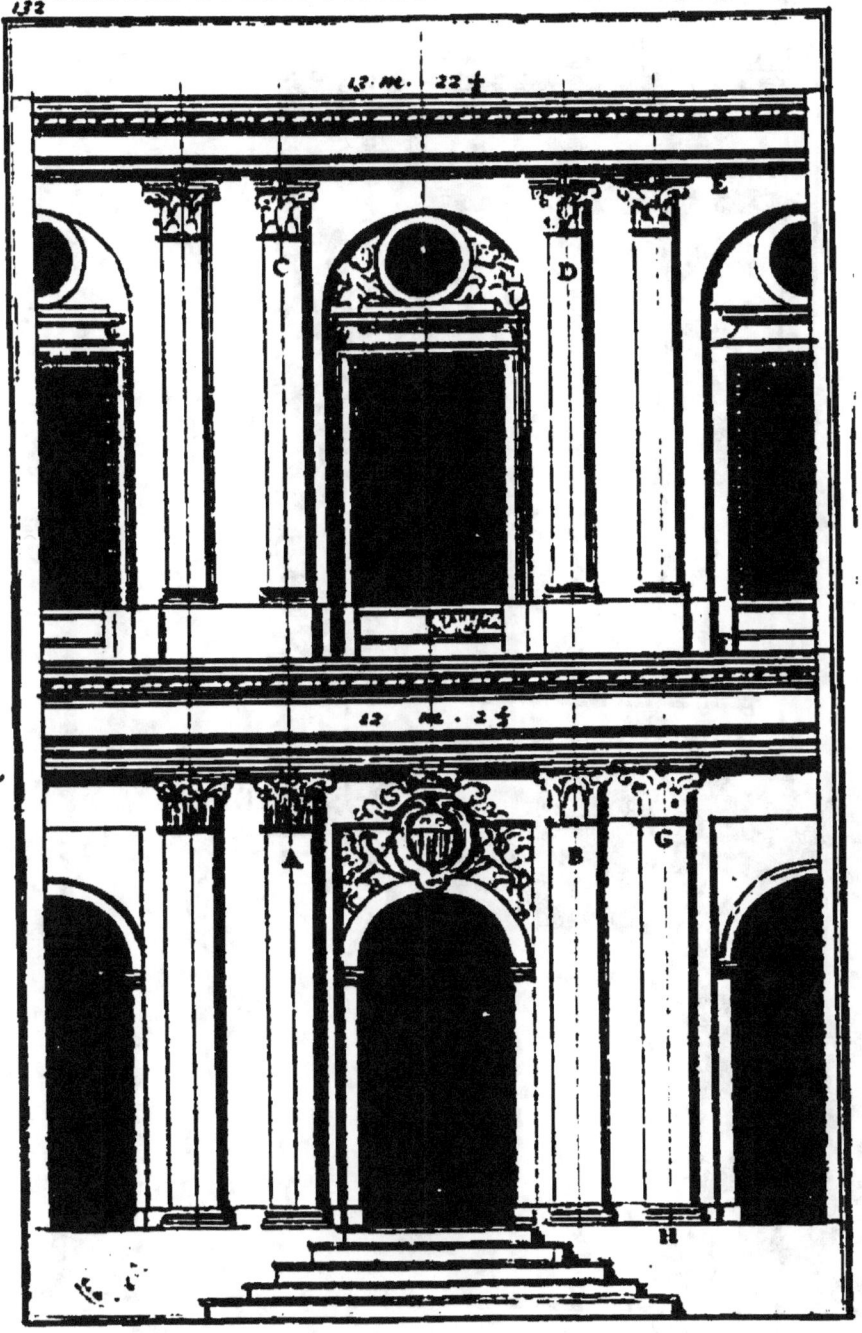

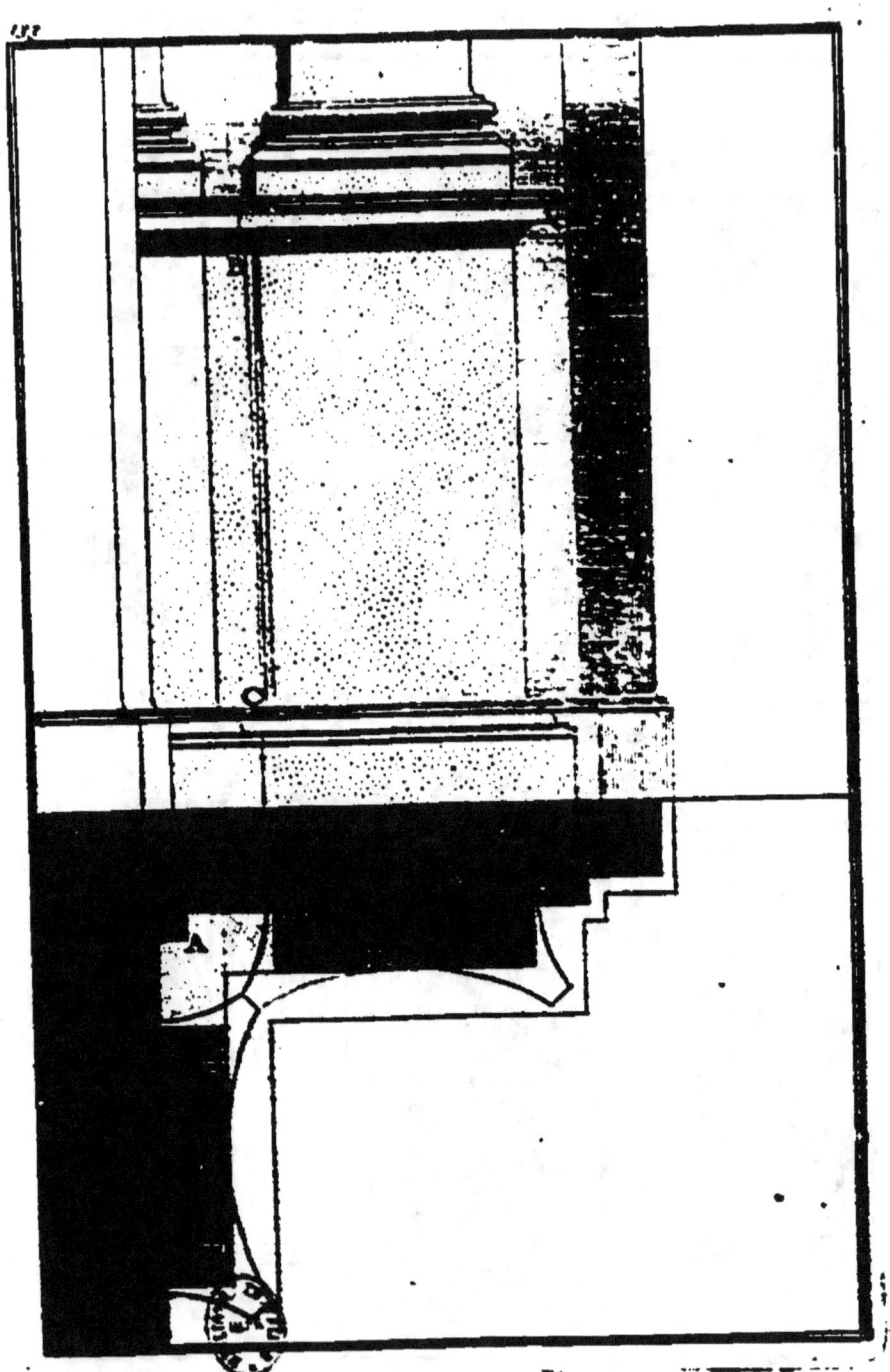

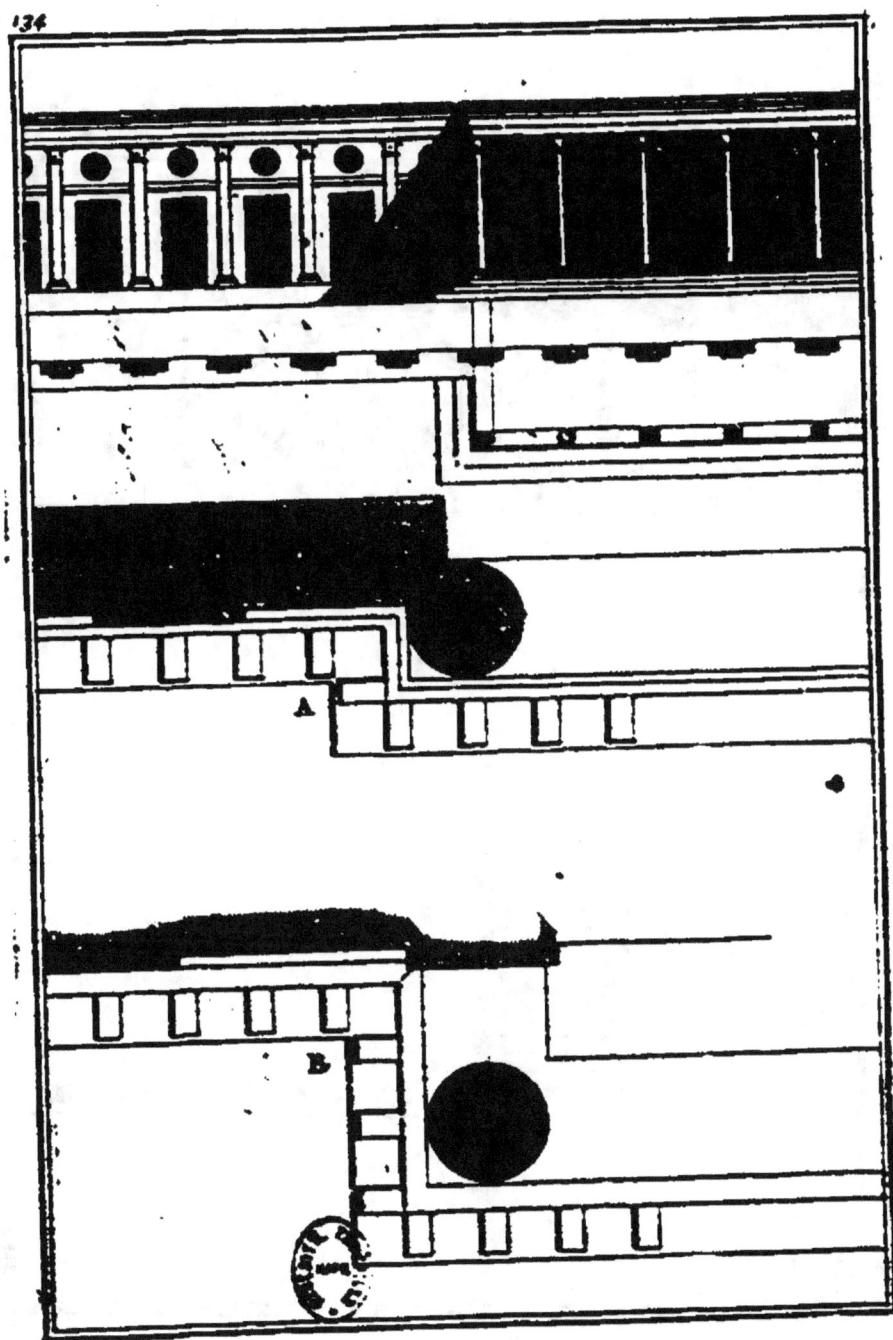

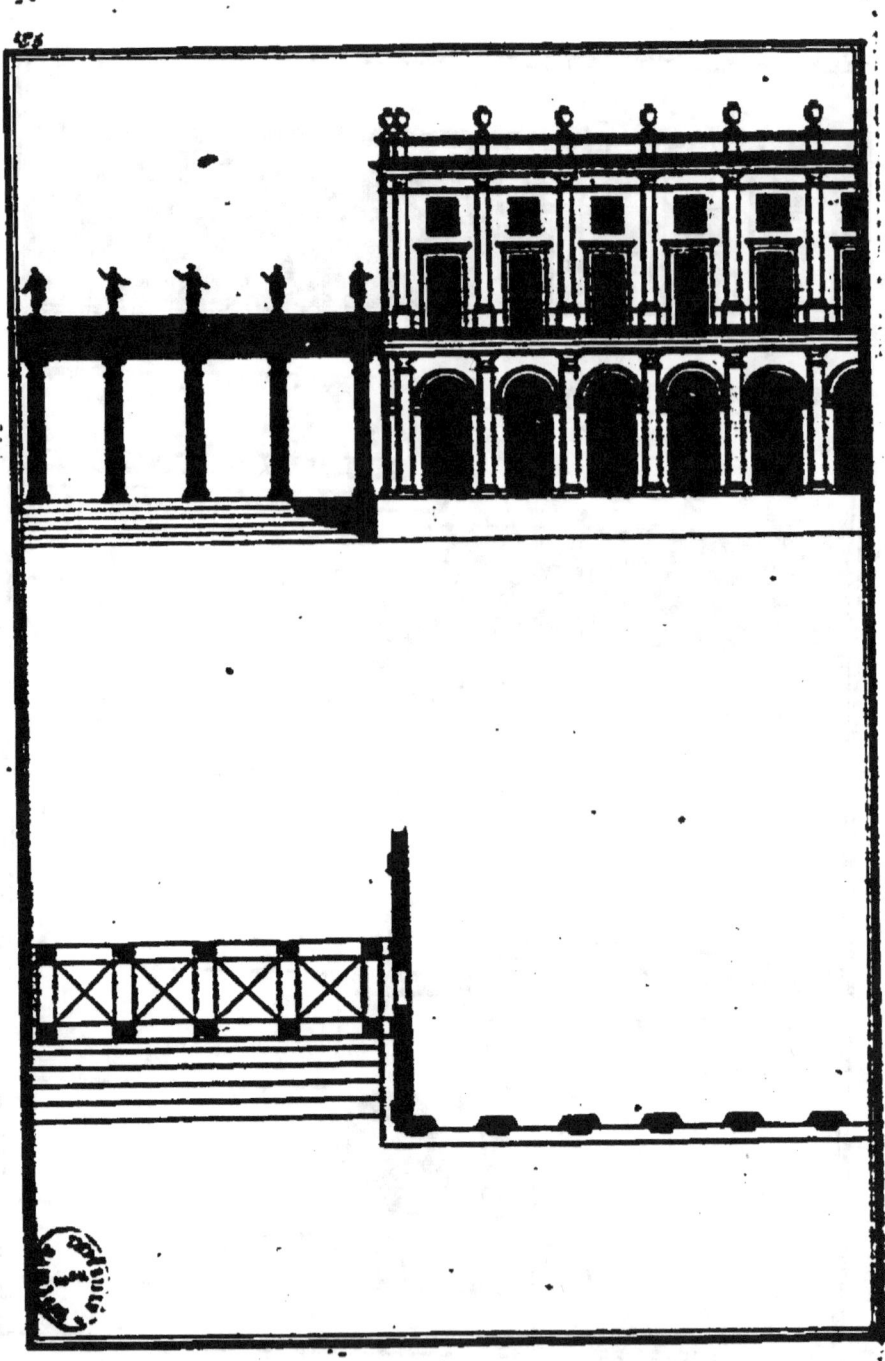

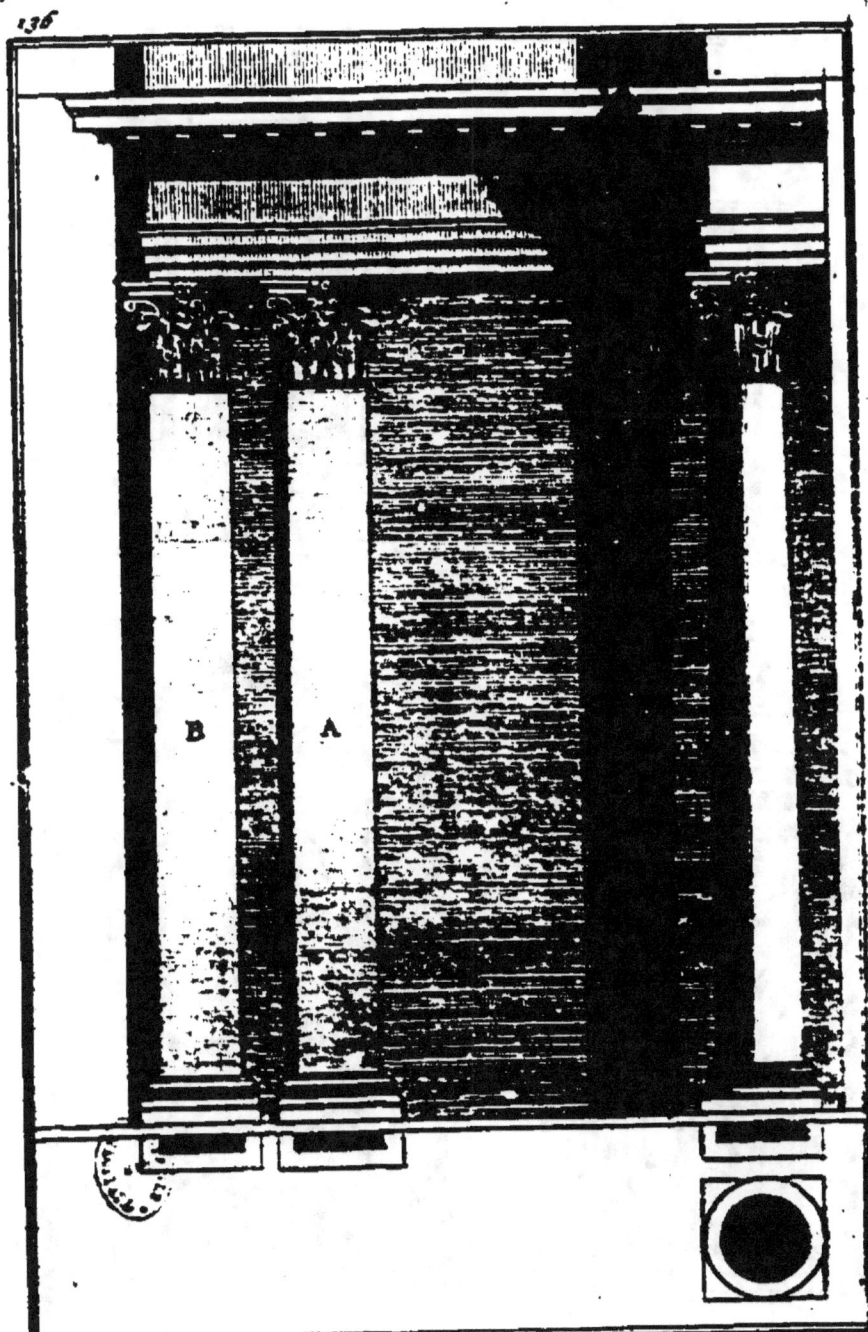

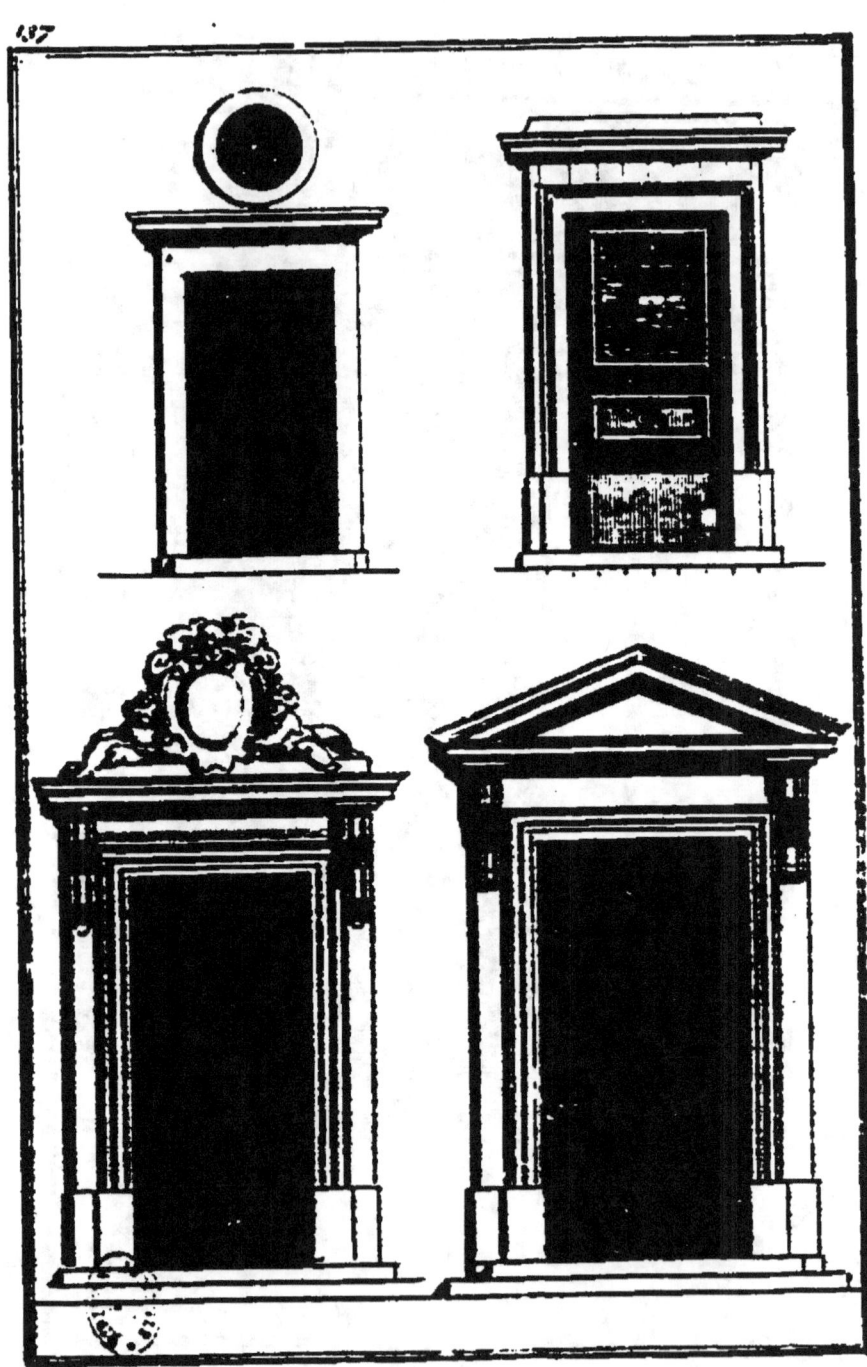

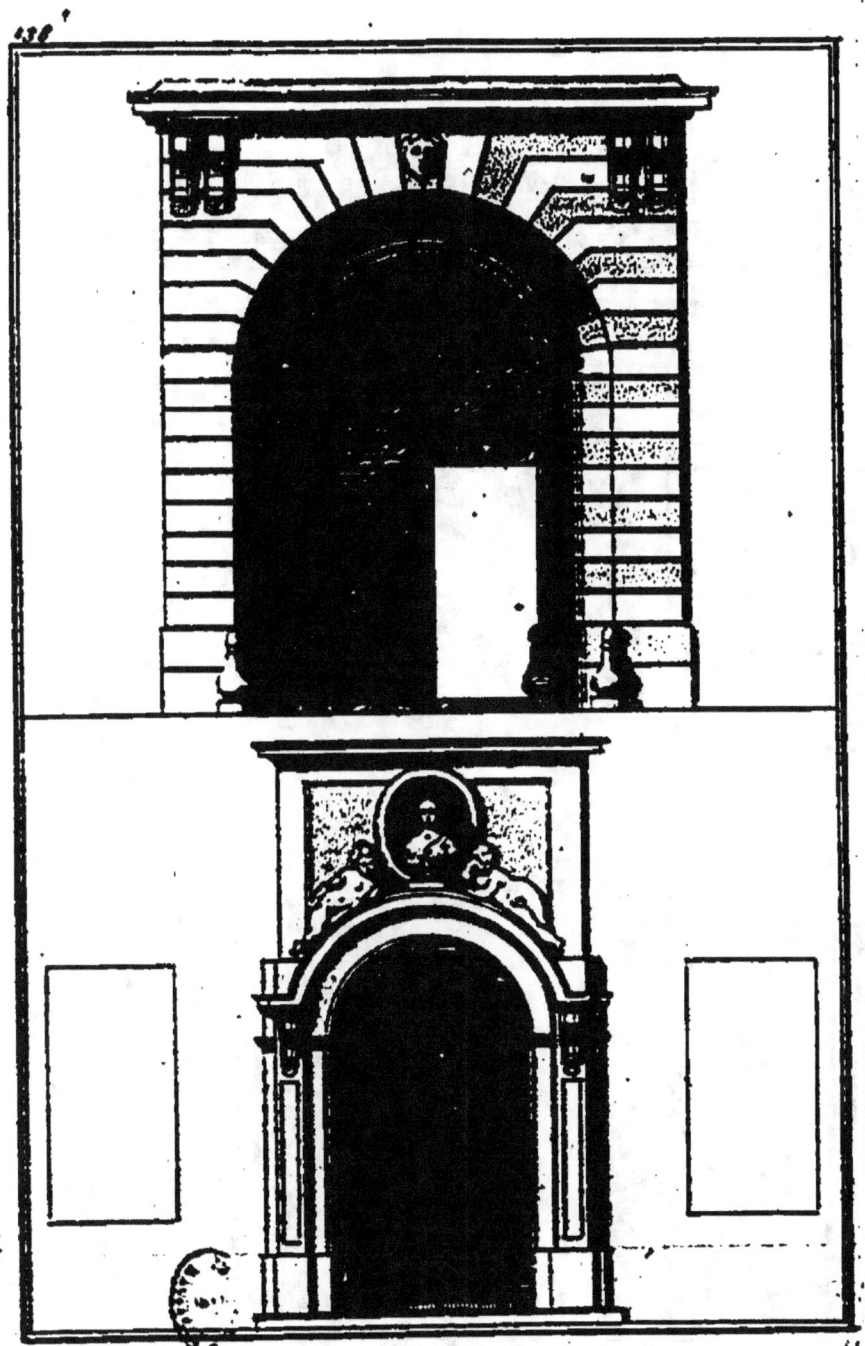

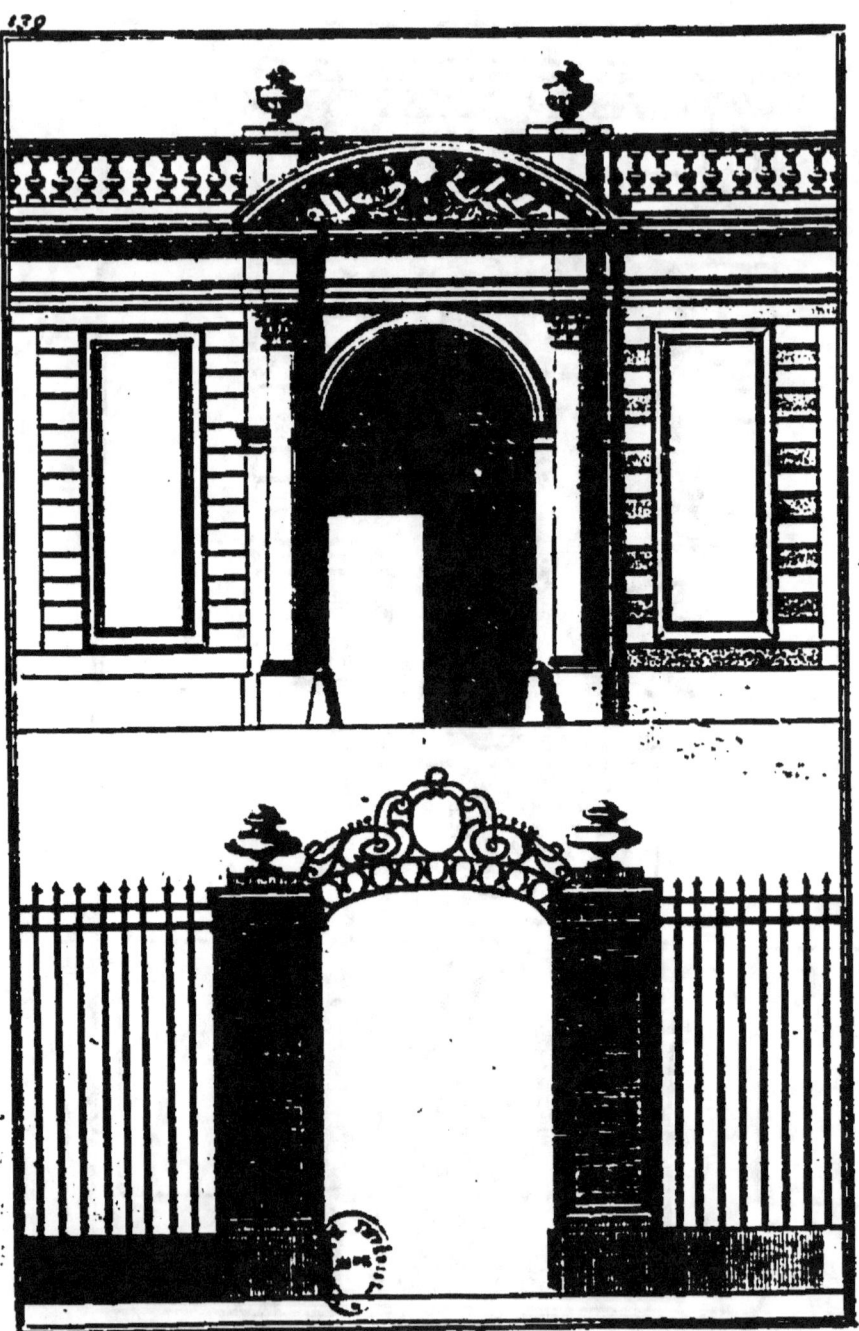

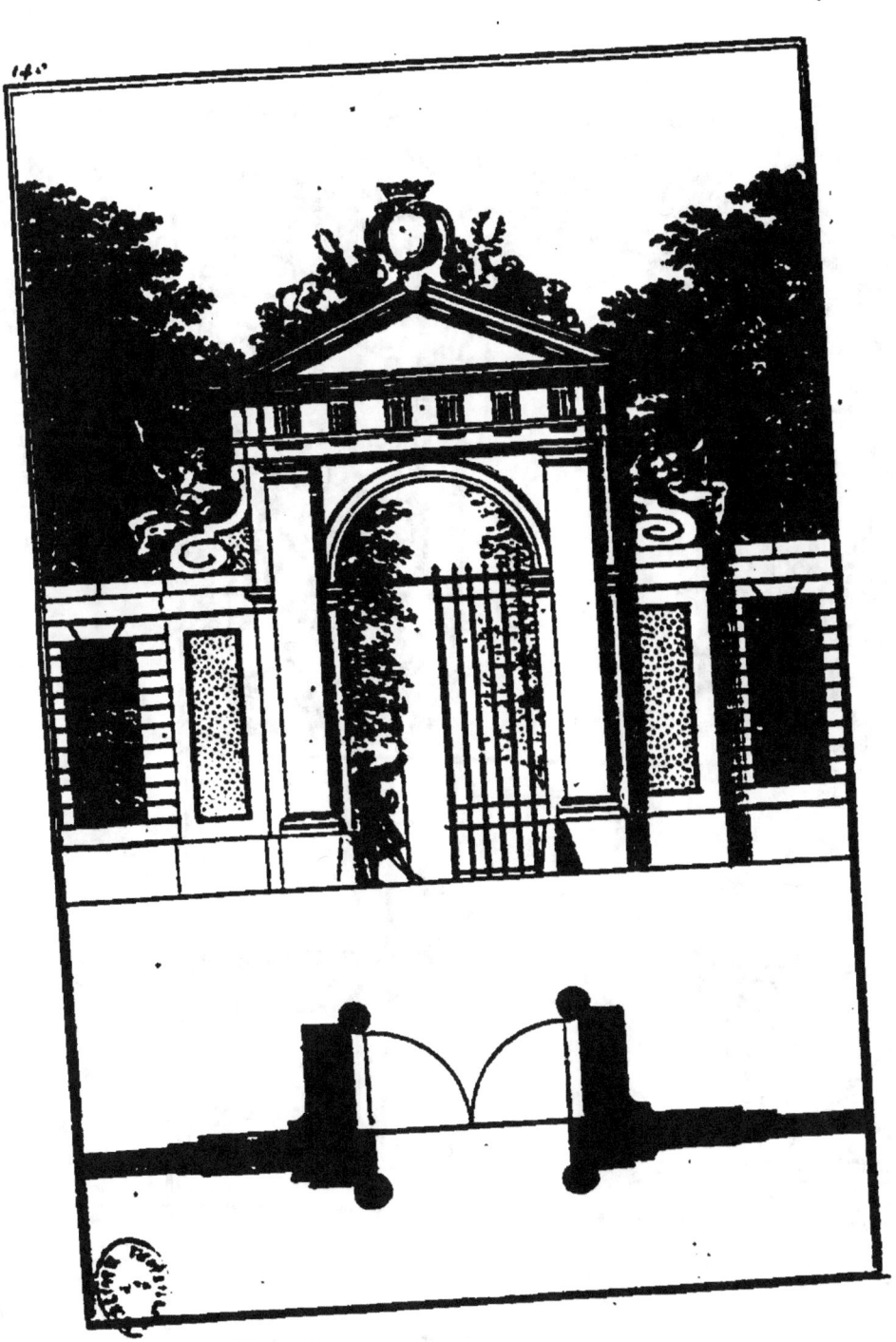

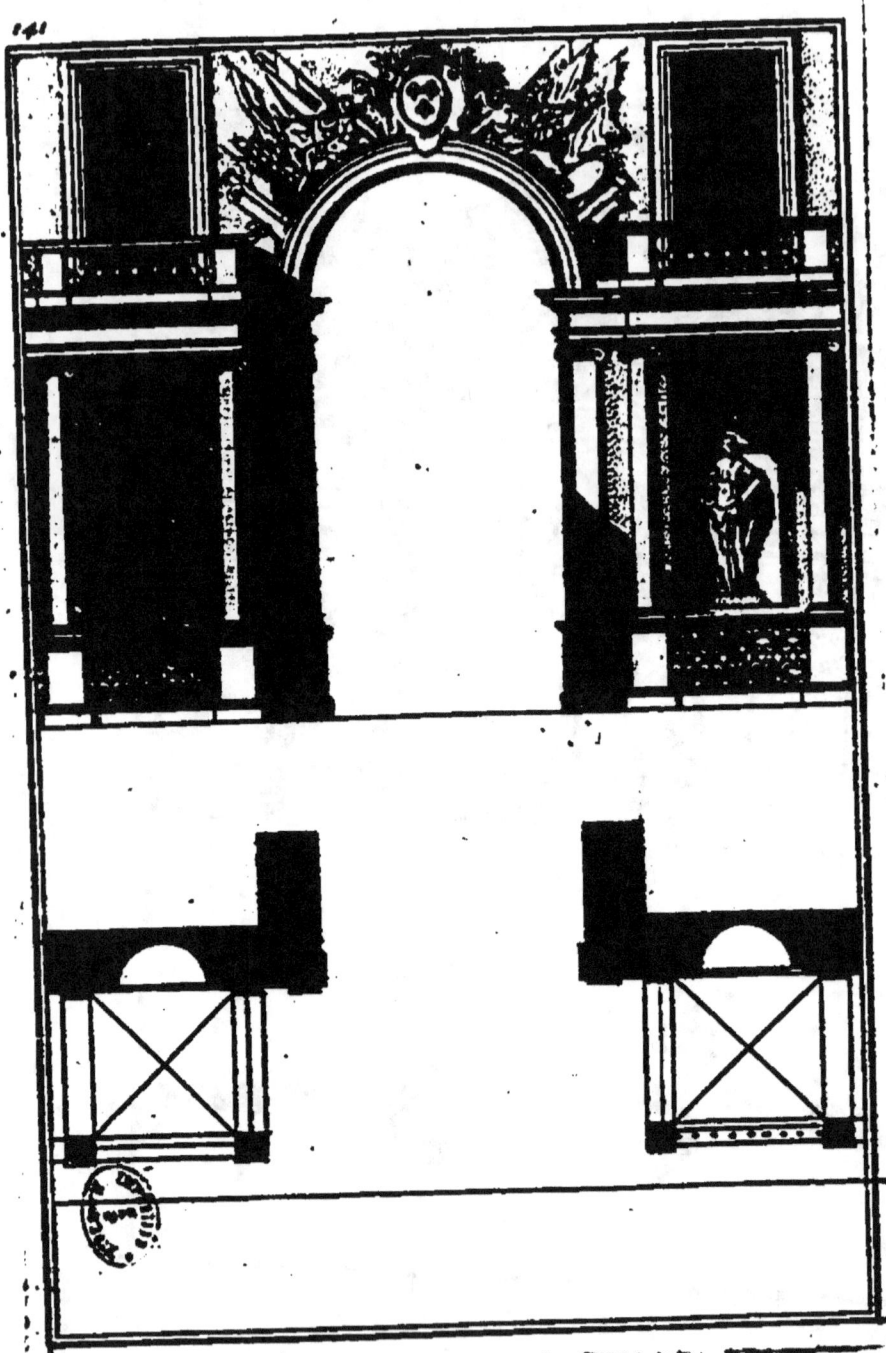

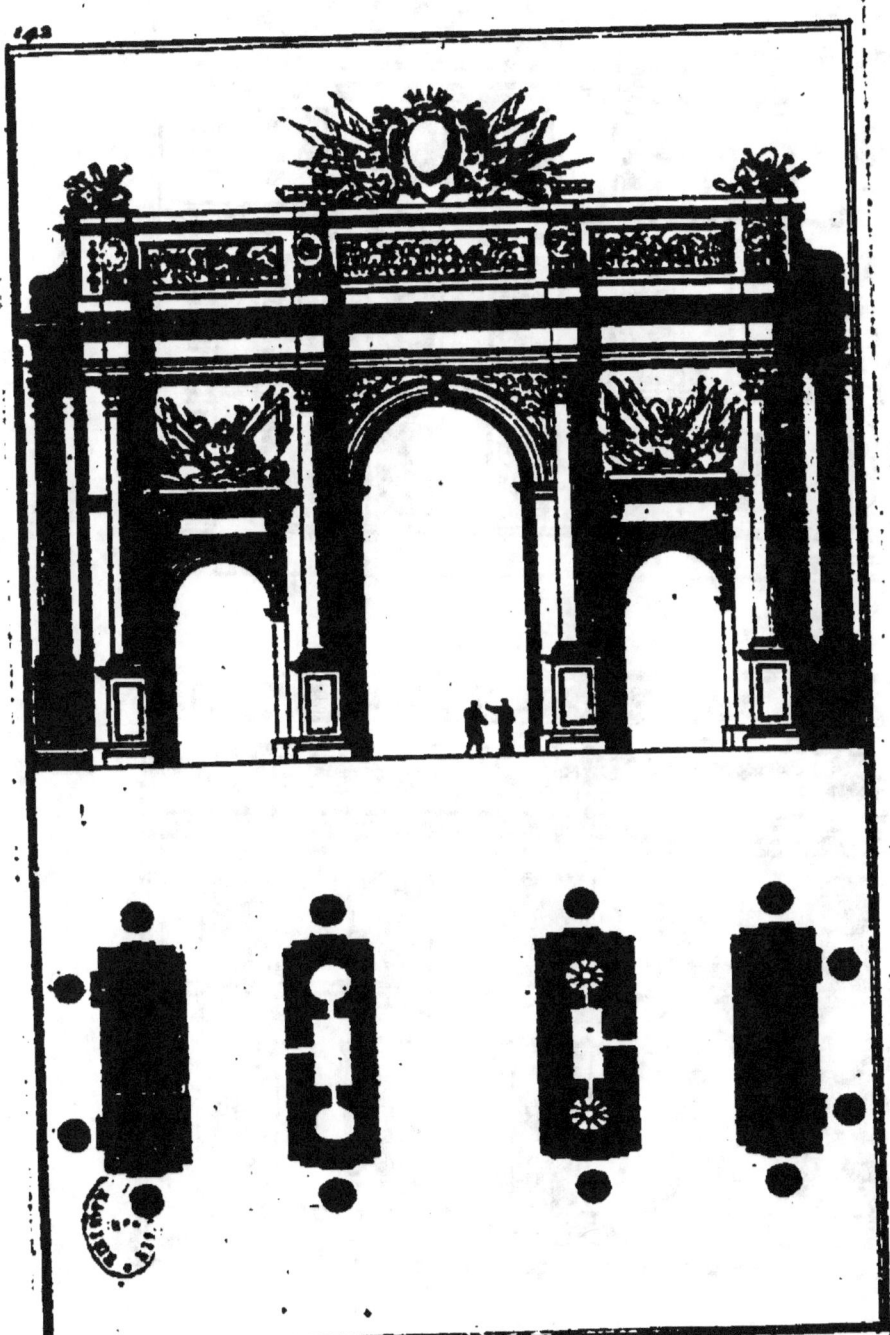

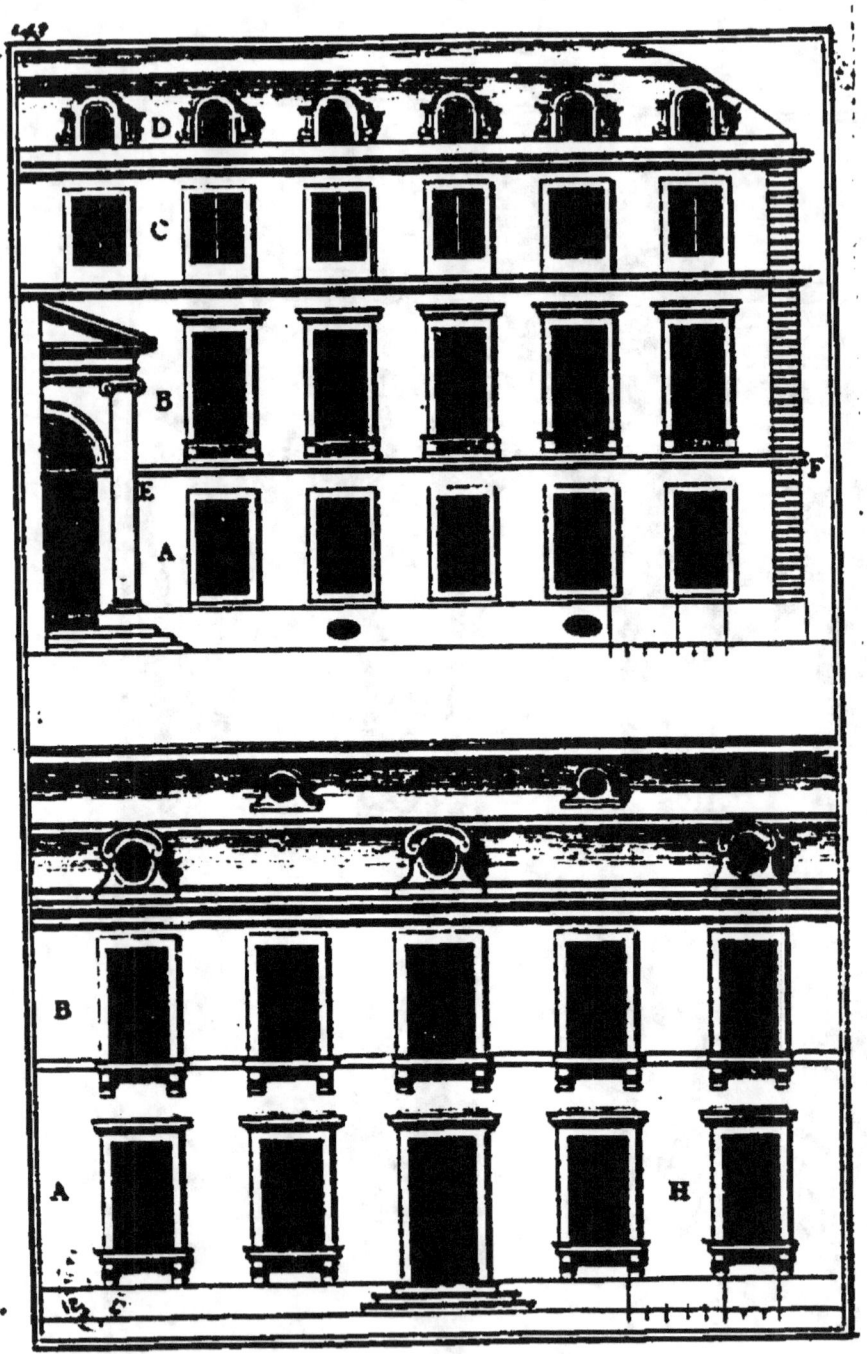

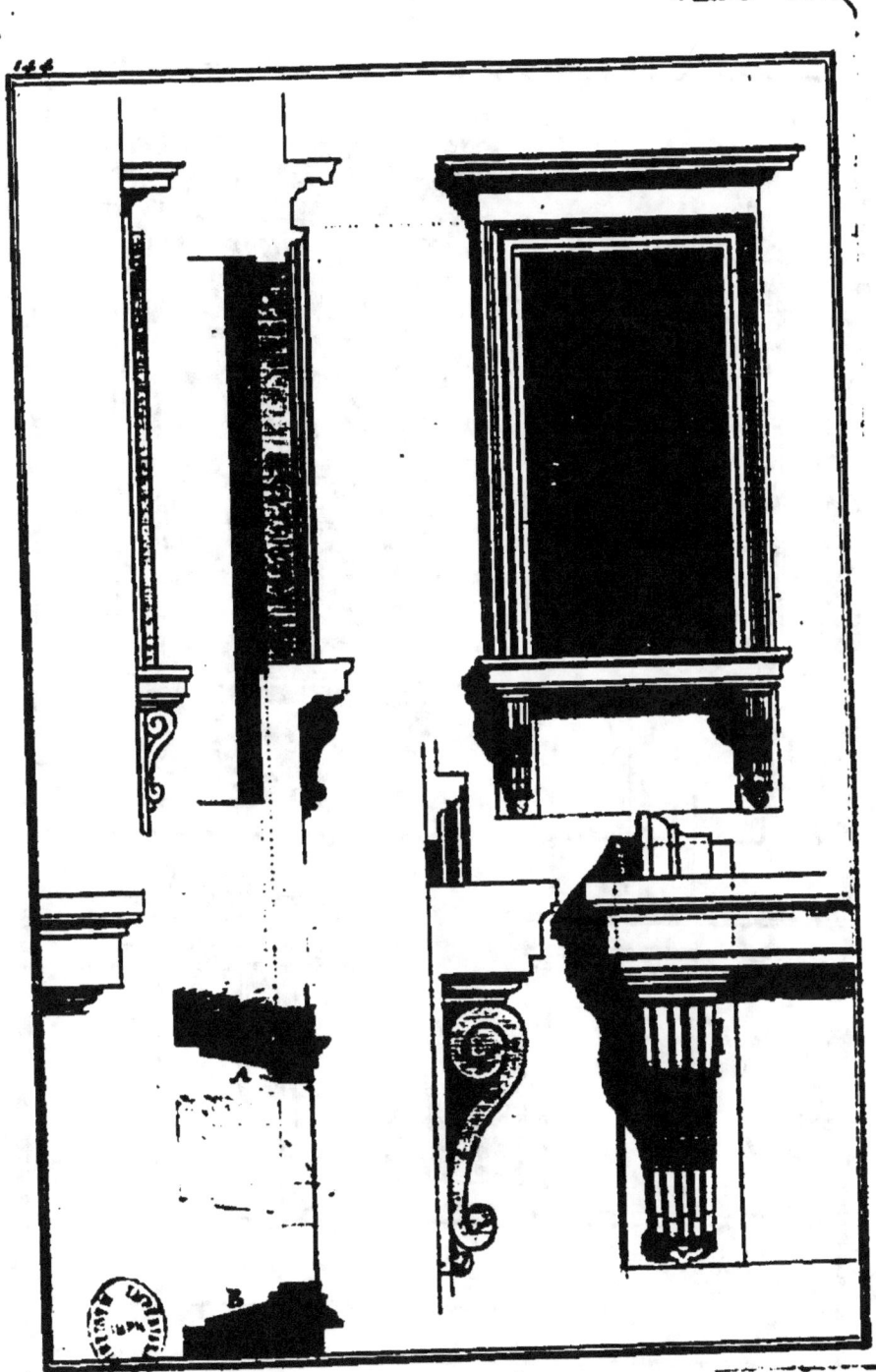

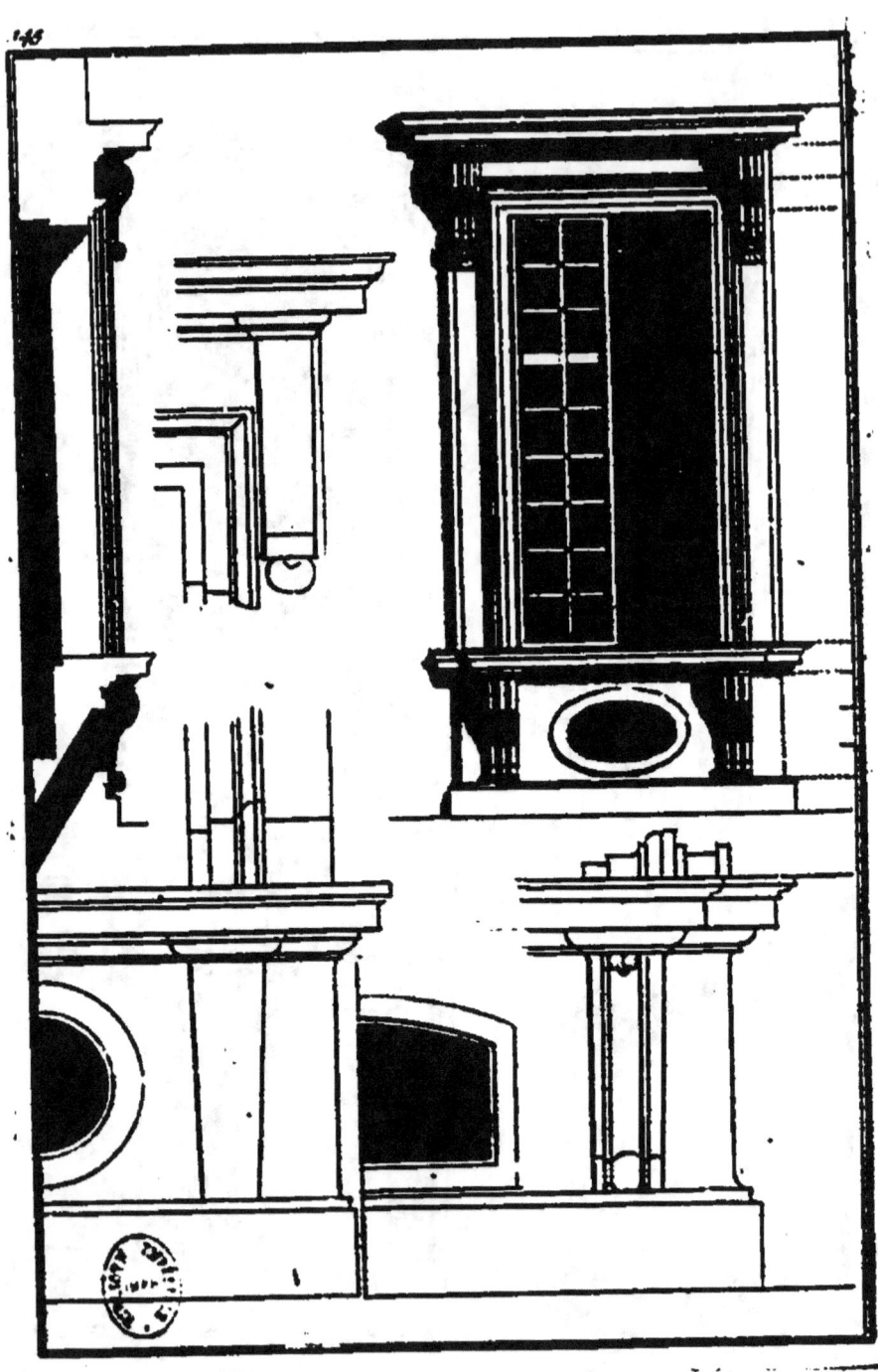

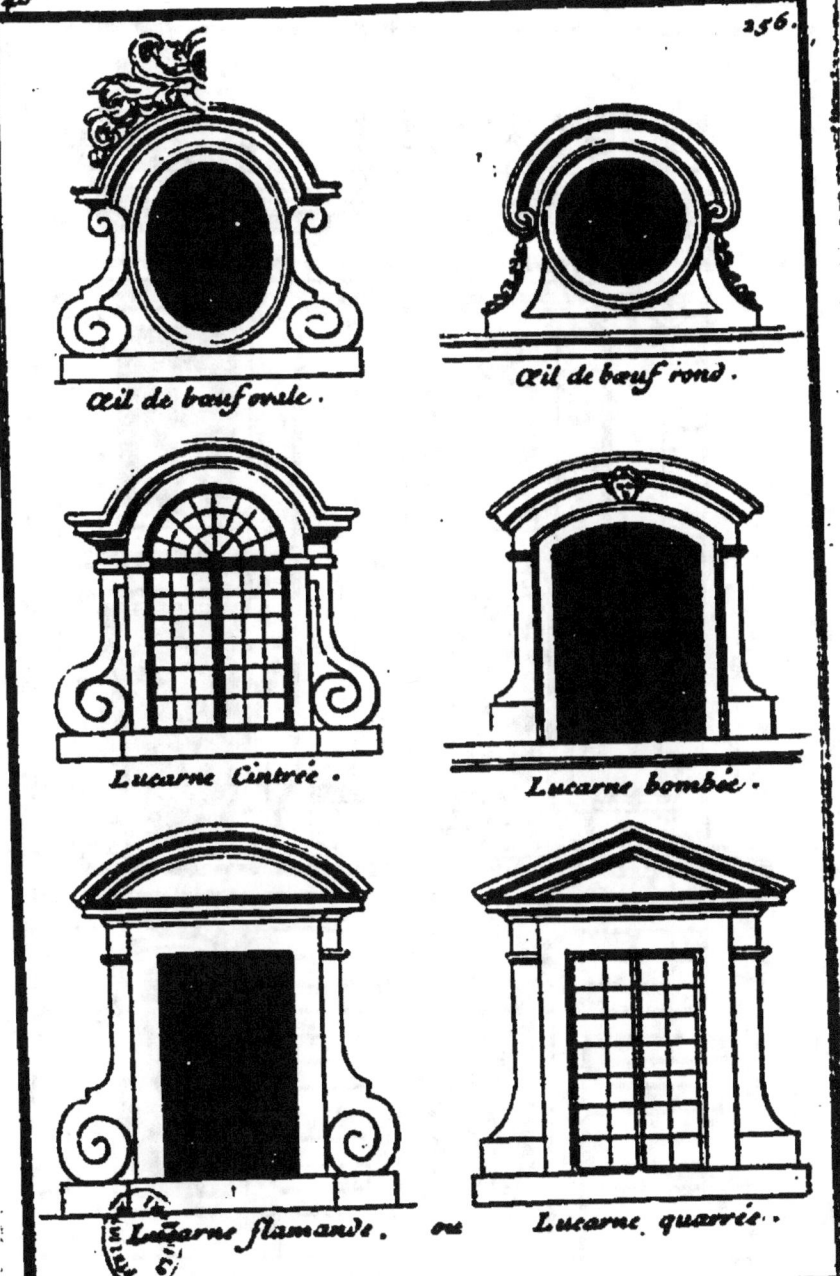

Œil de bœuf ovale.   Œil de bœuf rond.

Lucarne Cintrée.   Lucarne bombée.

Lucarne flamande.   ou   Lucarne quarrée.

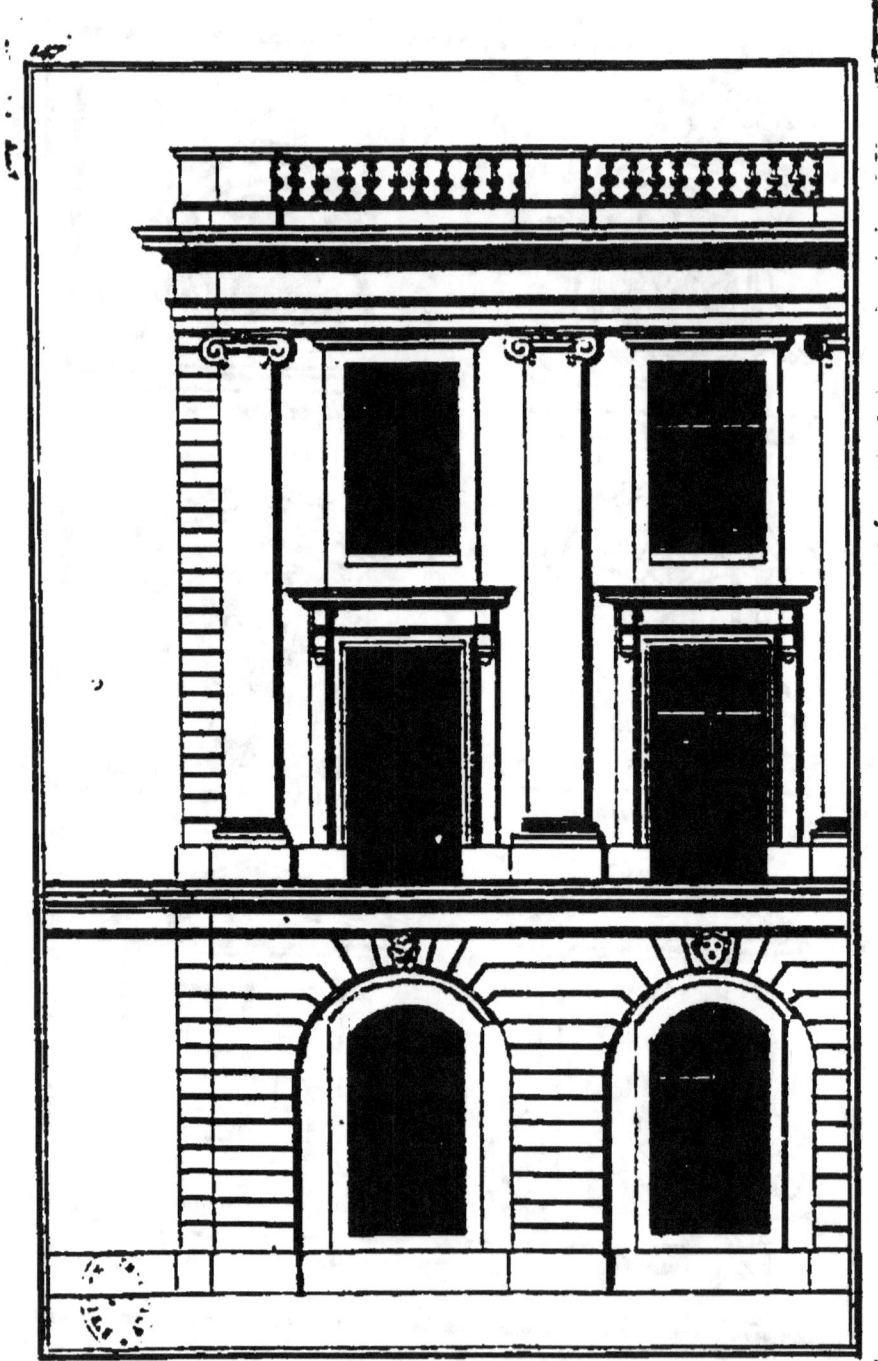

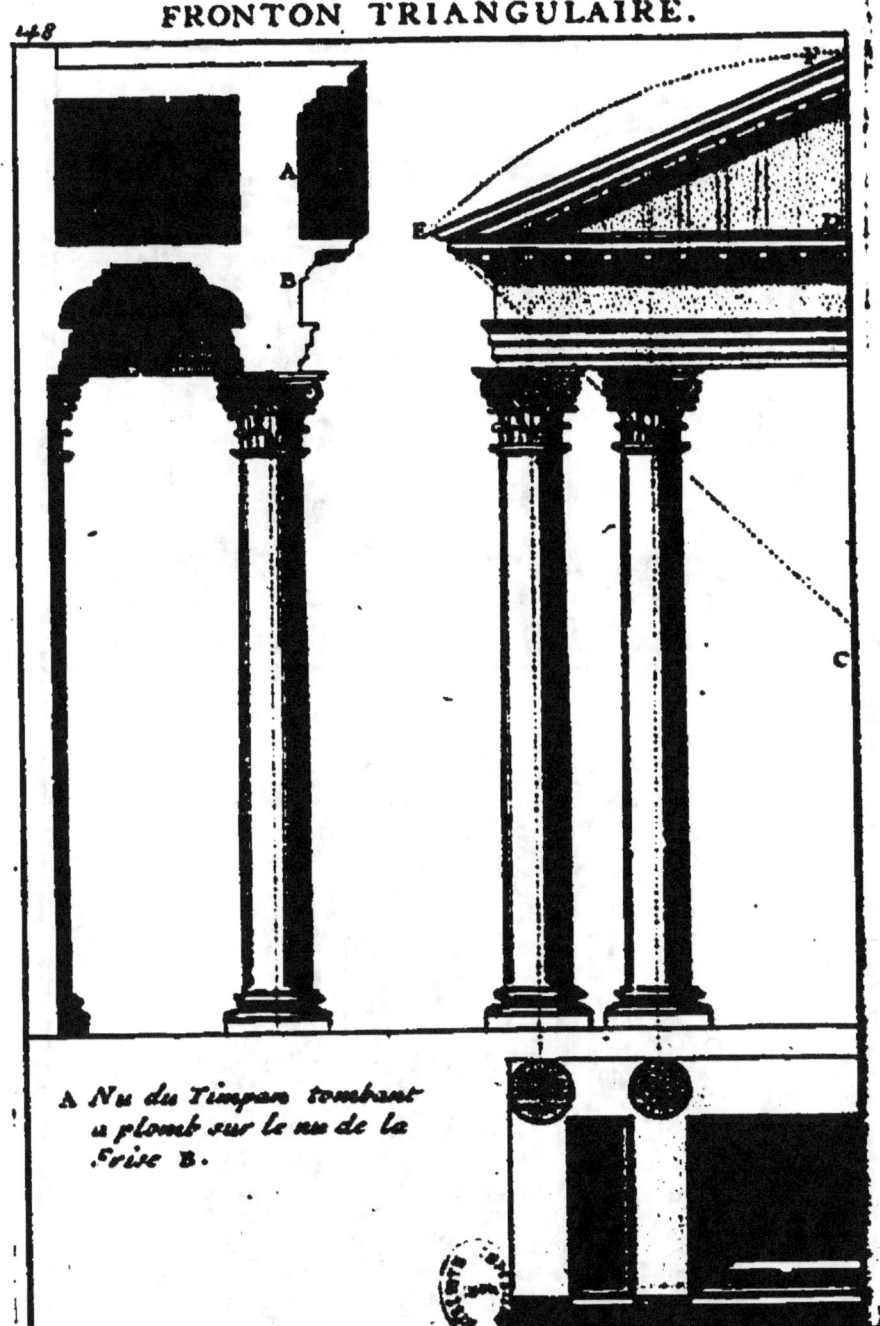

A *Nu du Tïmpan tombant
a plomb sur le nu de la
Frise* B.

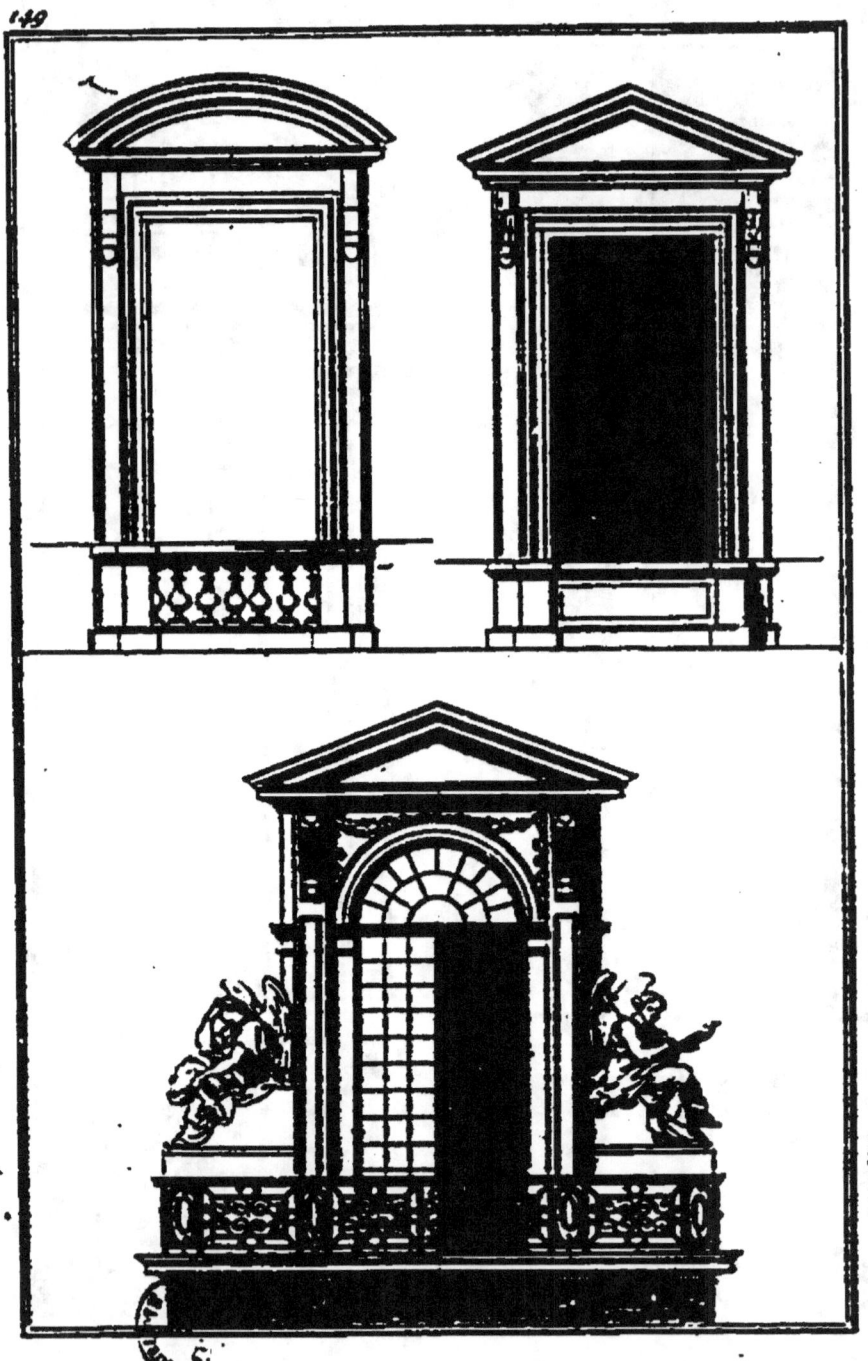

Crossettes pour les Frontons.

GH égale à GI, et
HK égale à HI

BDE Crossette.

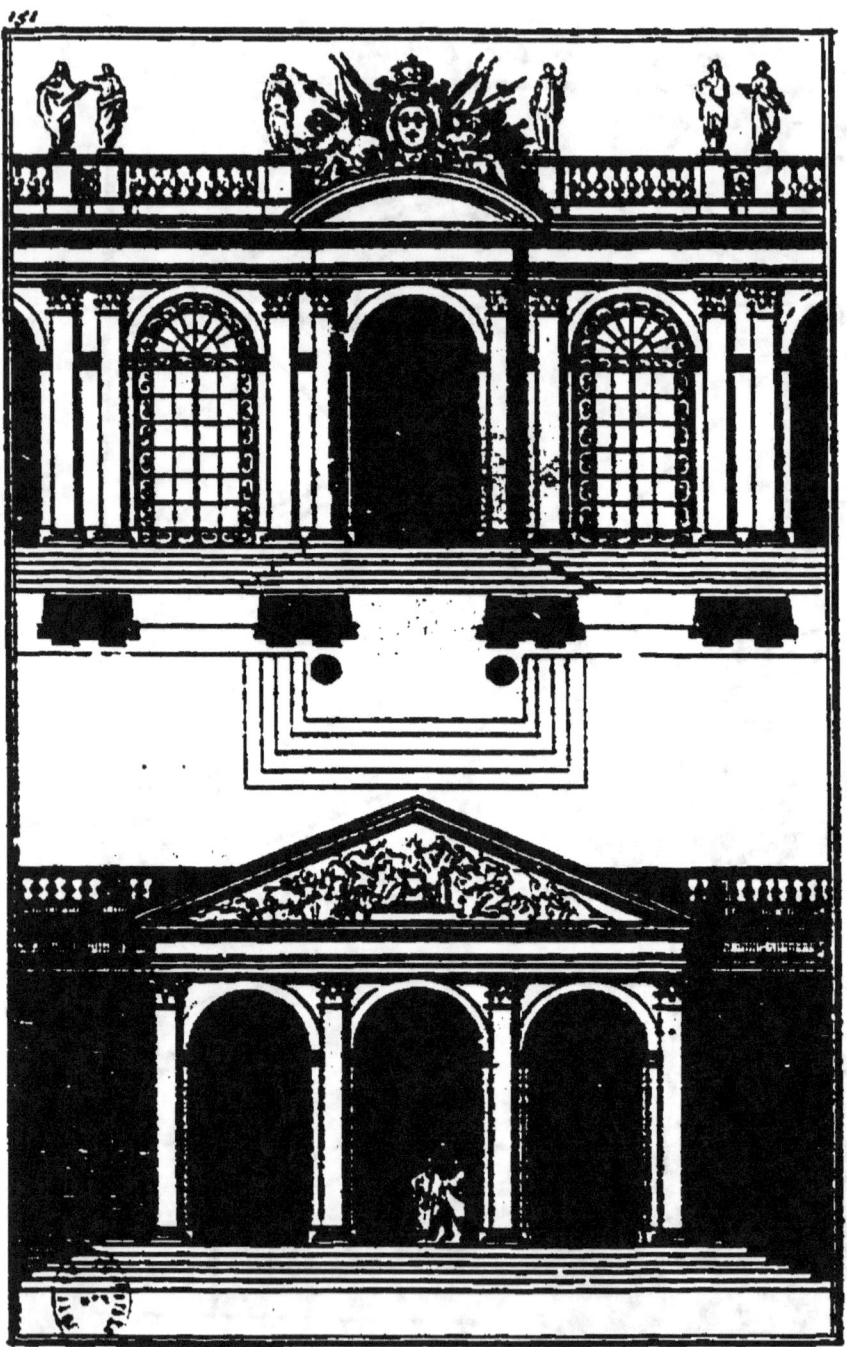

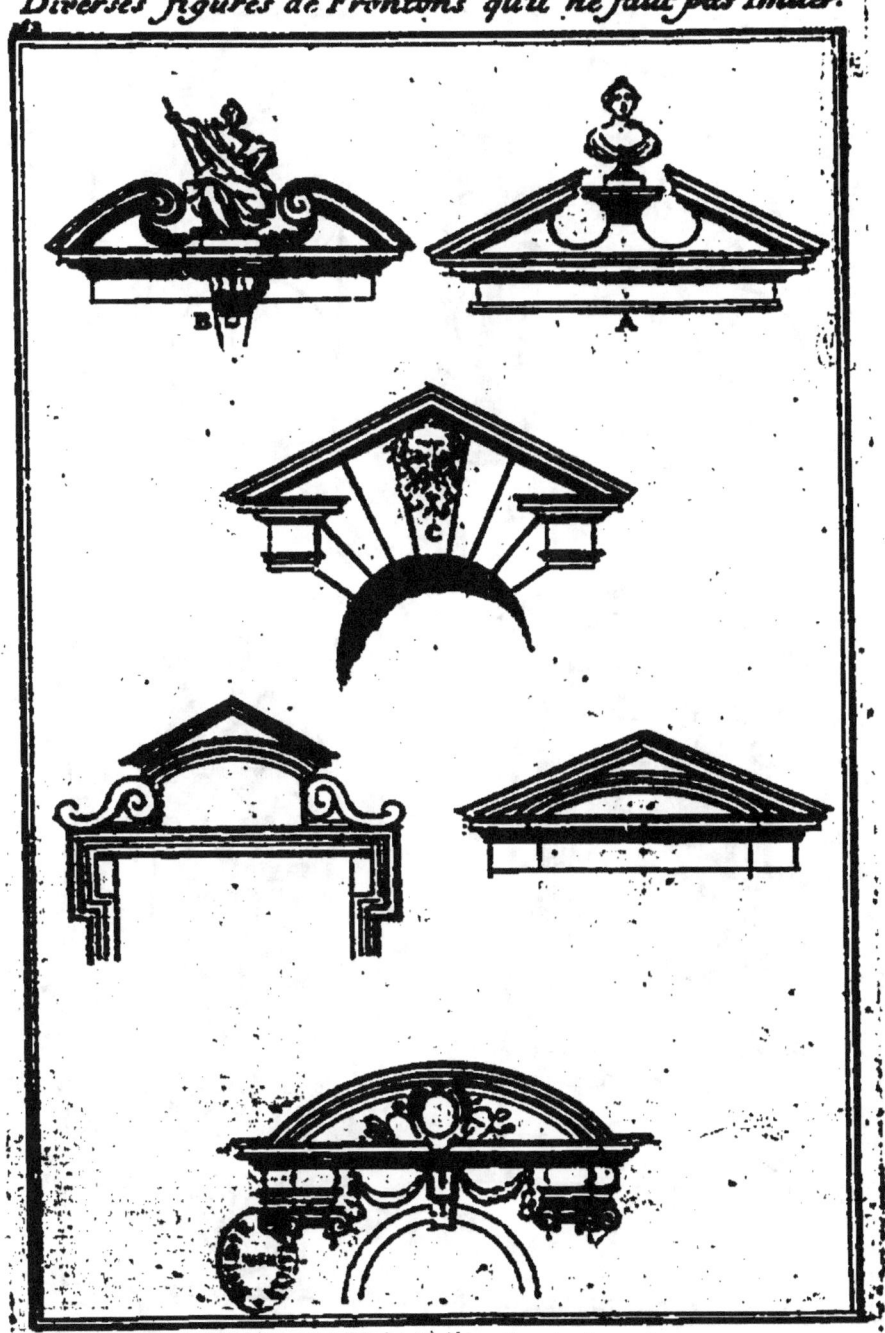

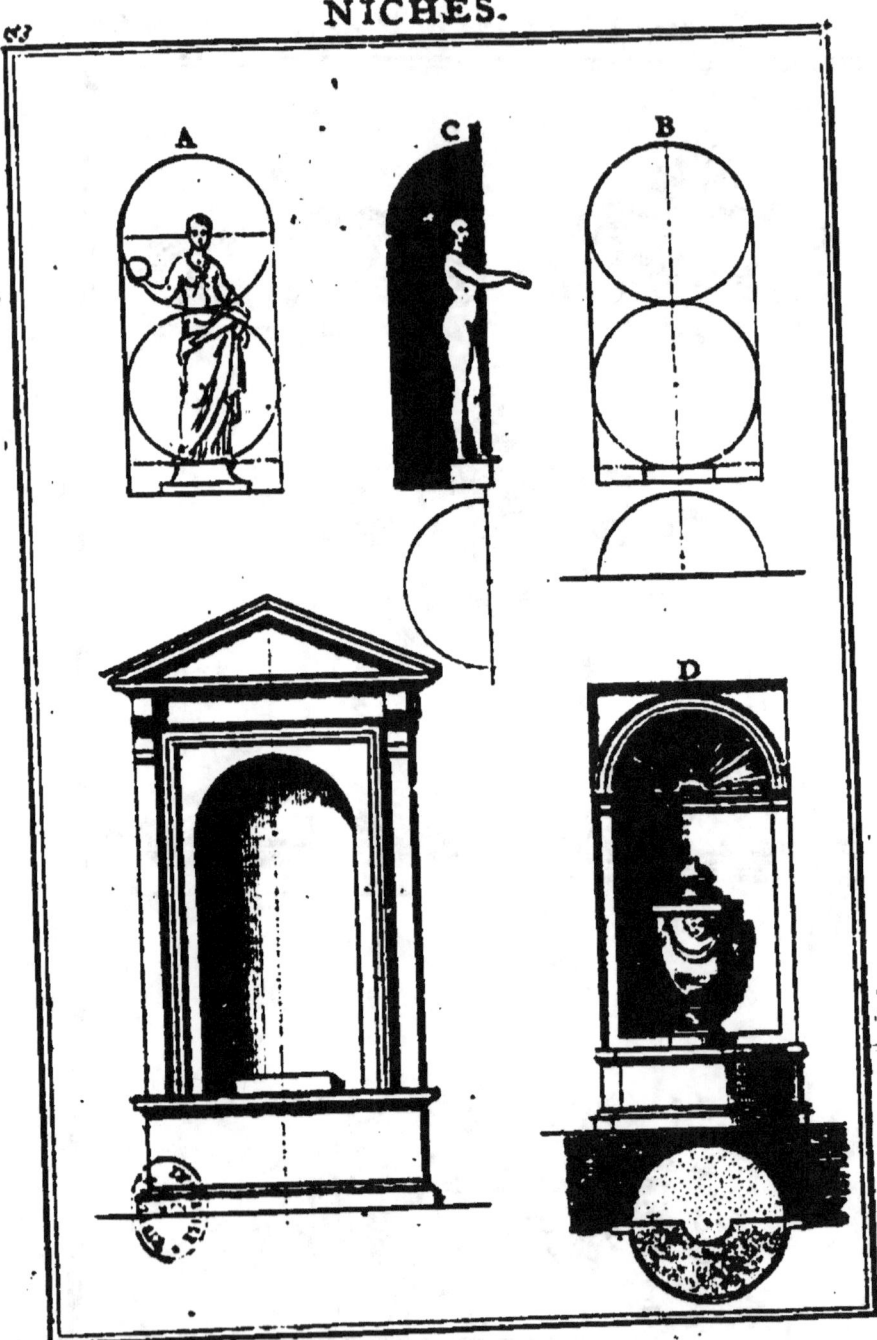

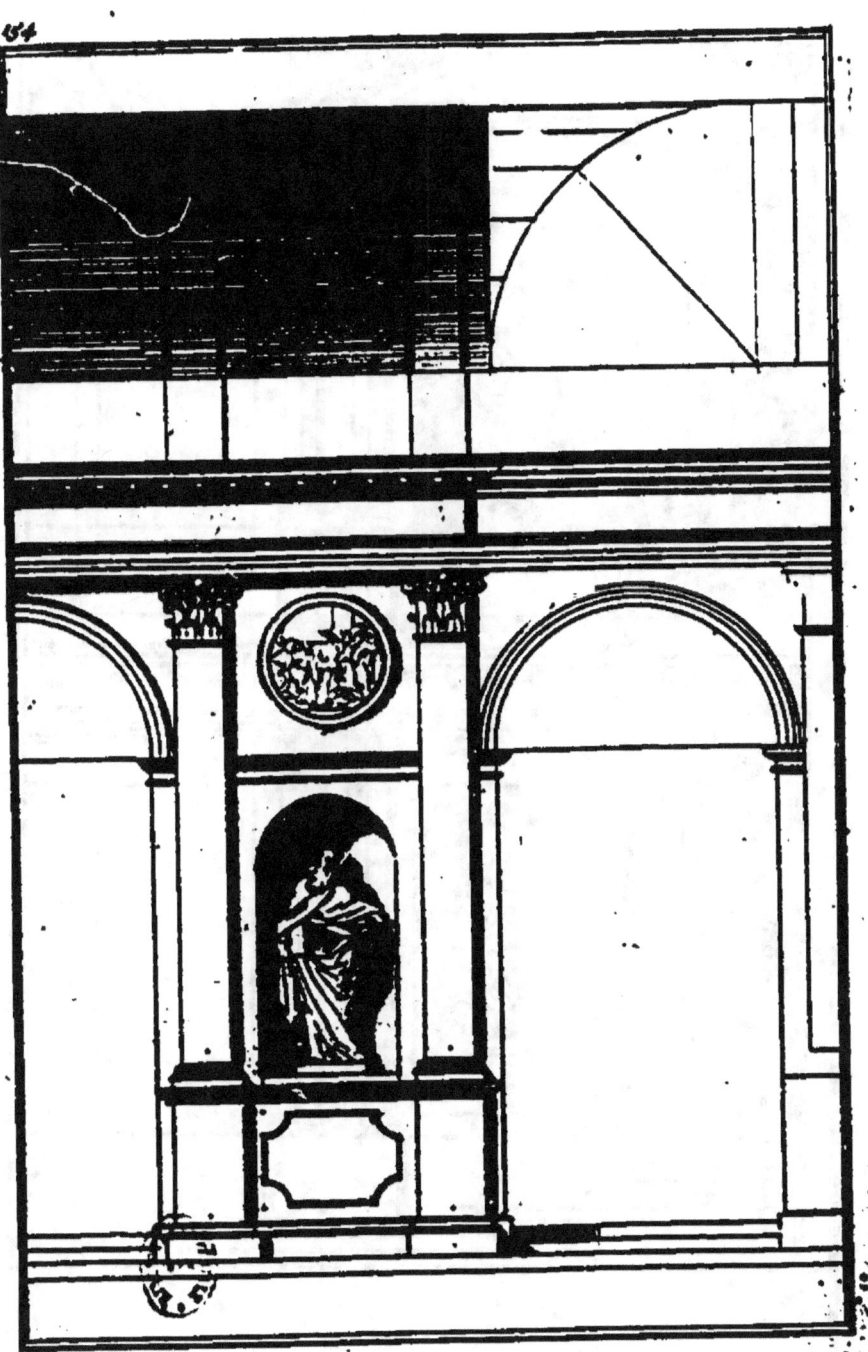

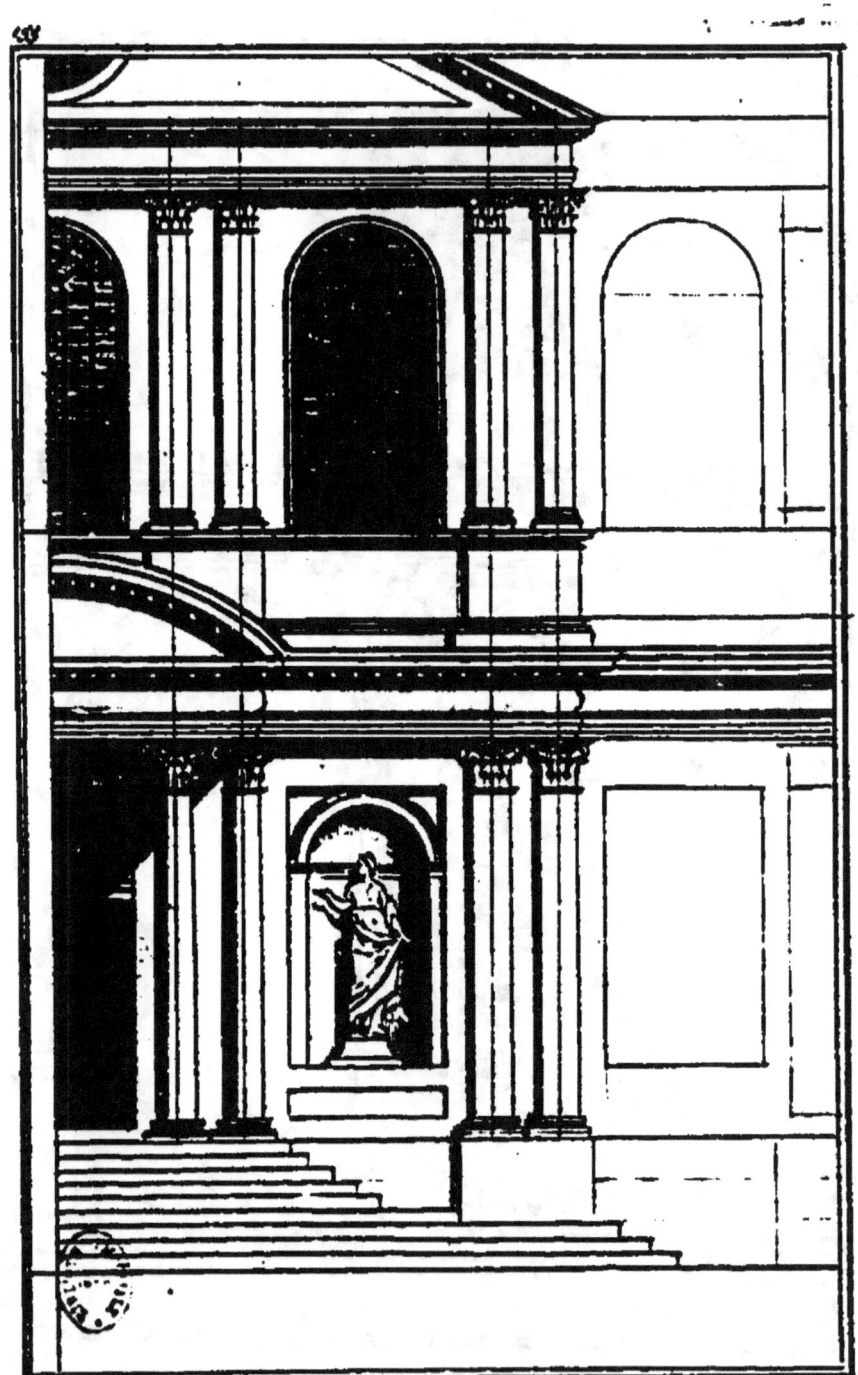

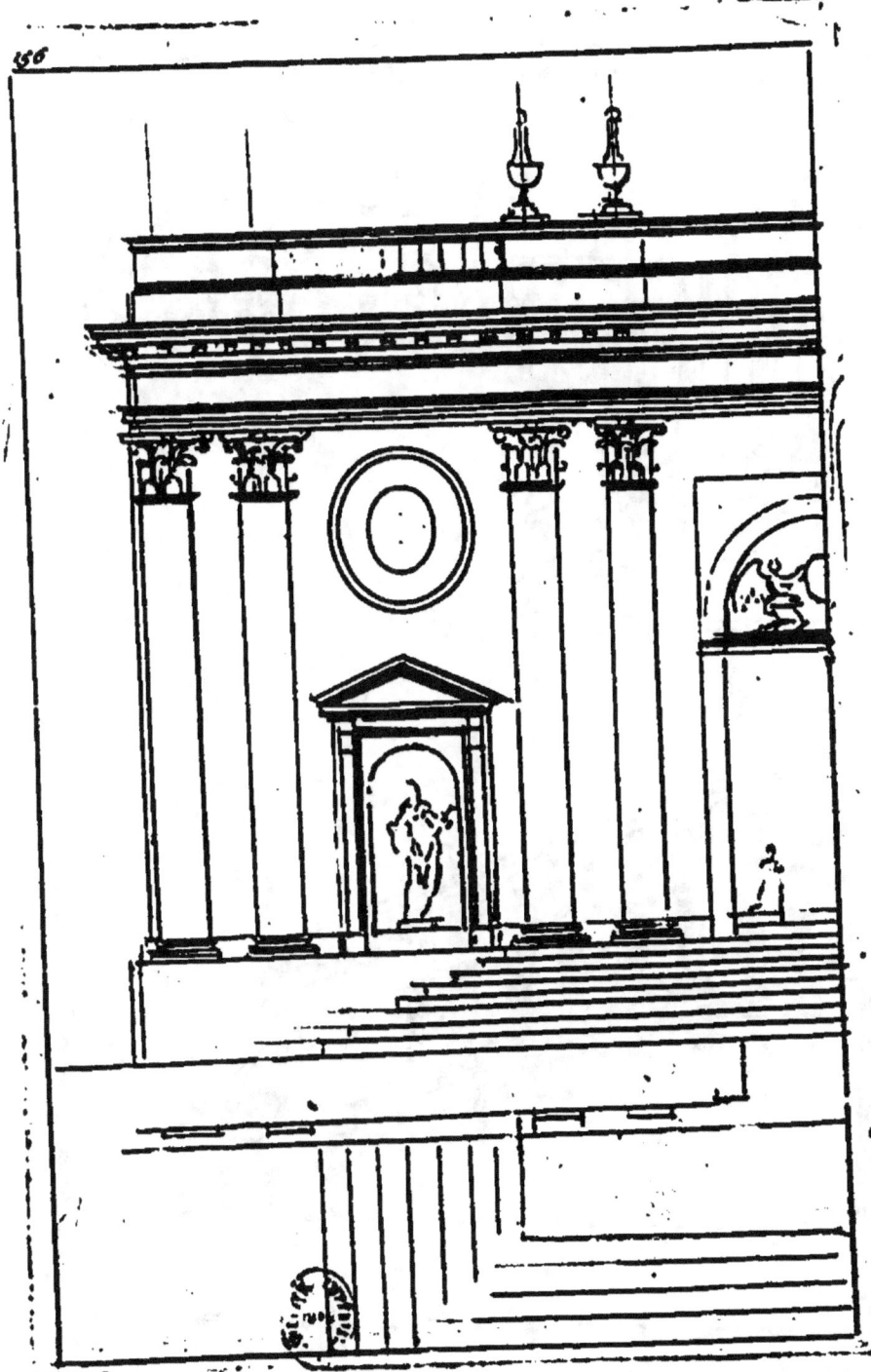

Balustrade de deux Travées

B

Travée de 13 Balustres

Balustrade Rampante

A

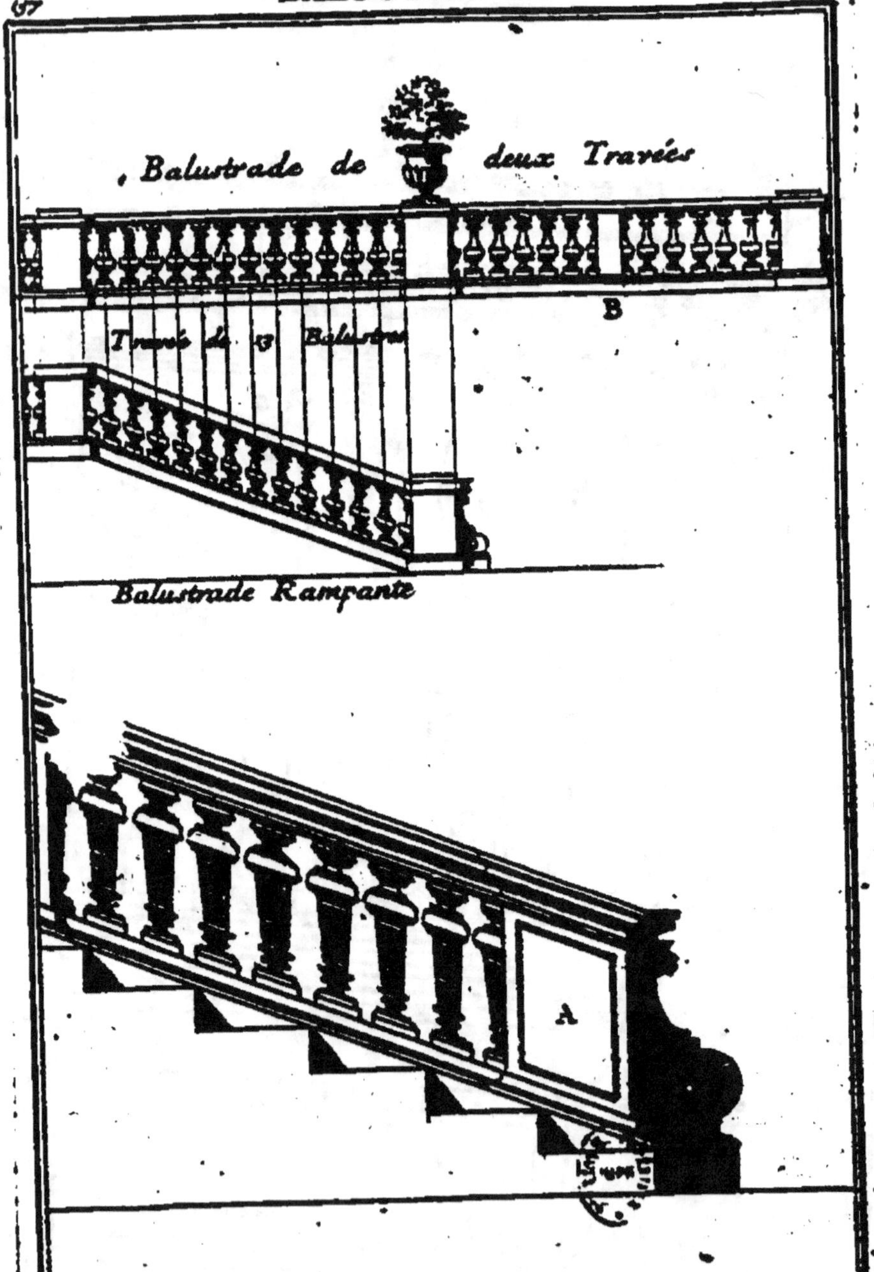

Toscan

Dorique

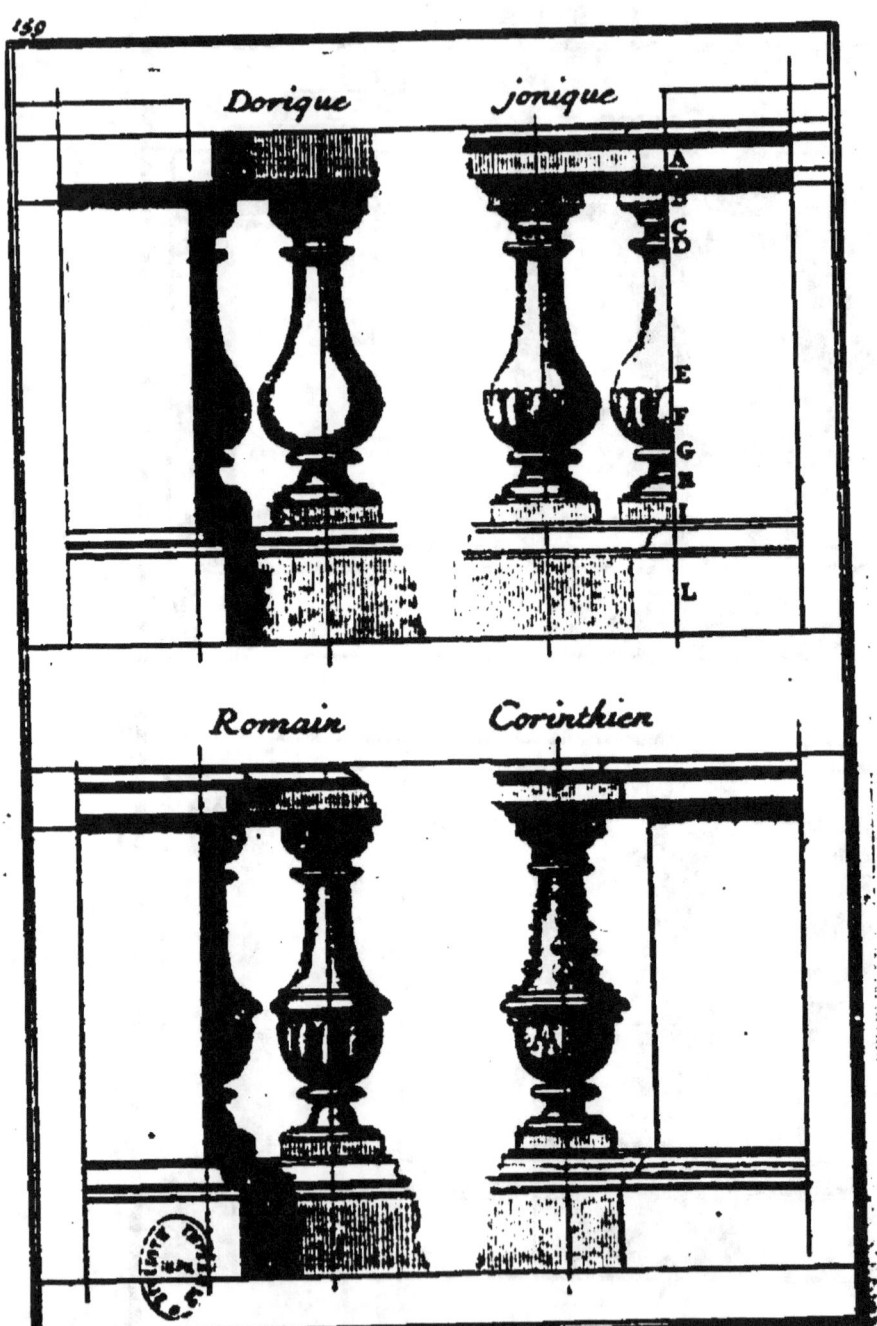

Dorique   jonique

A
B
C
D

E
F
G
H
I

L

Romain   Corinthien

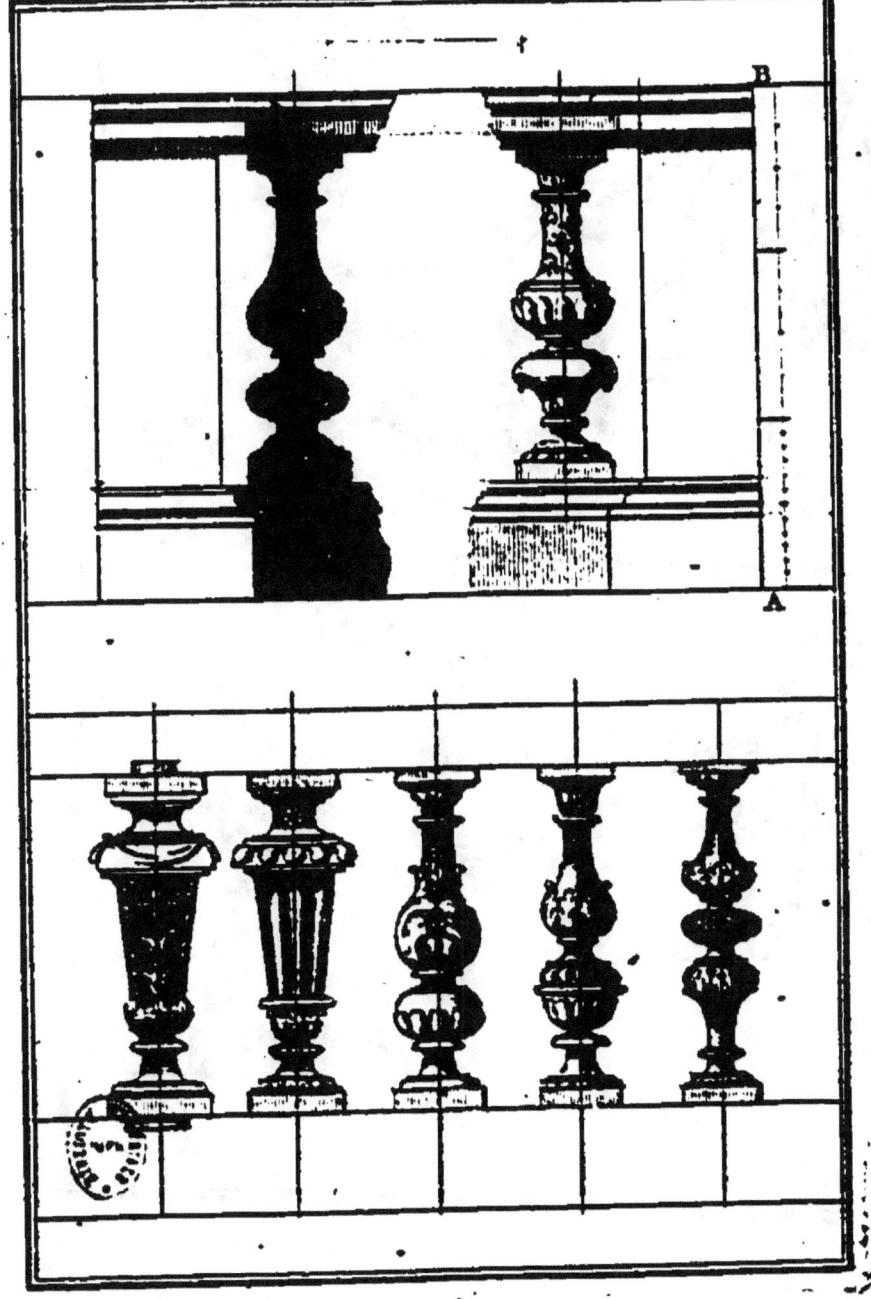

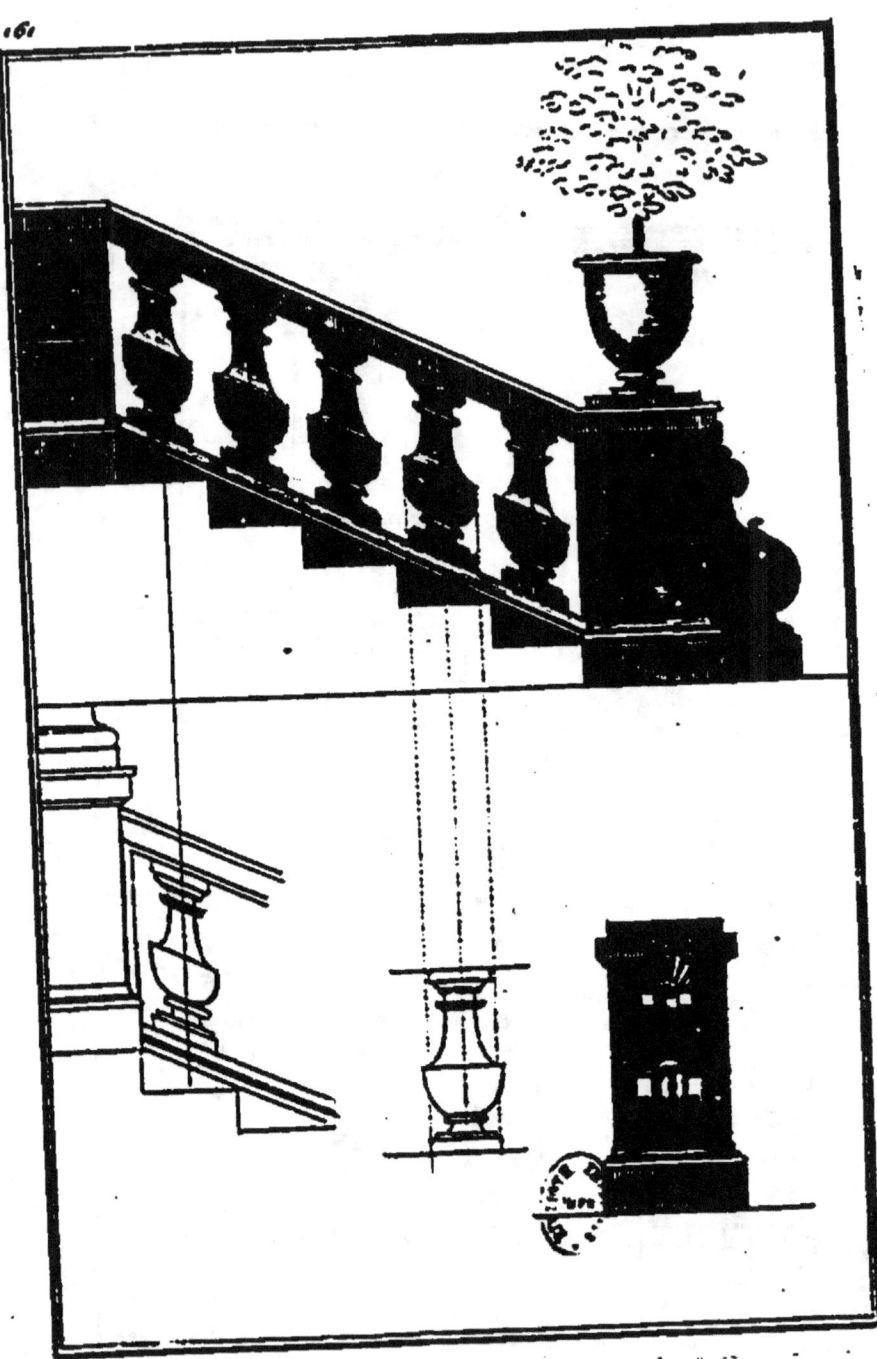

162

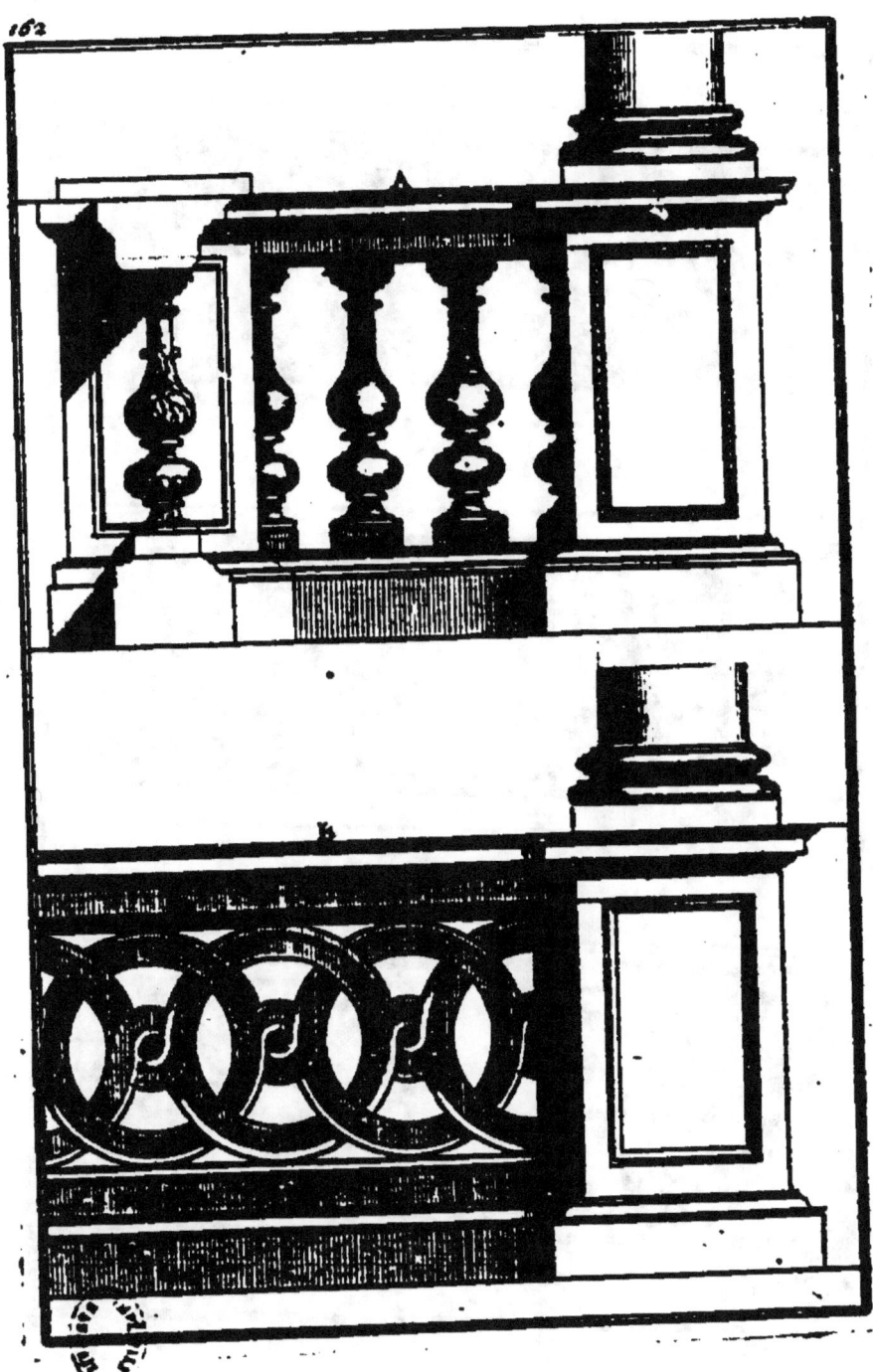

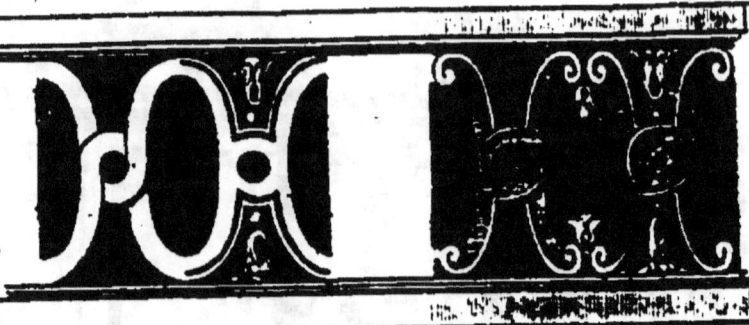

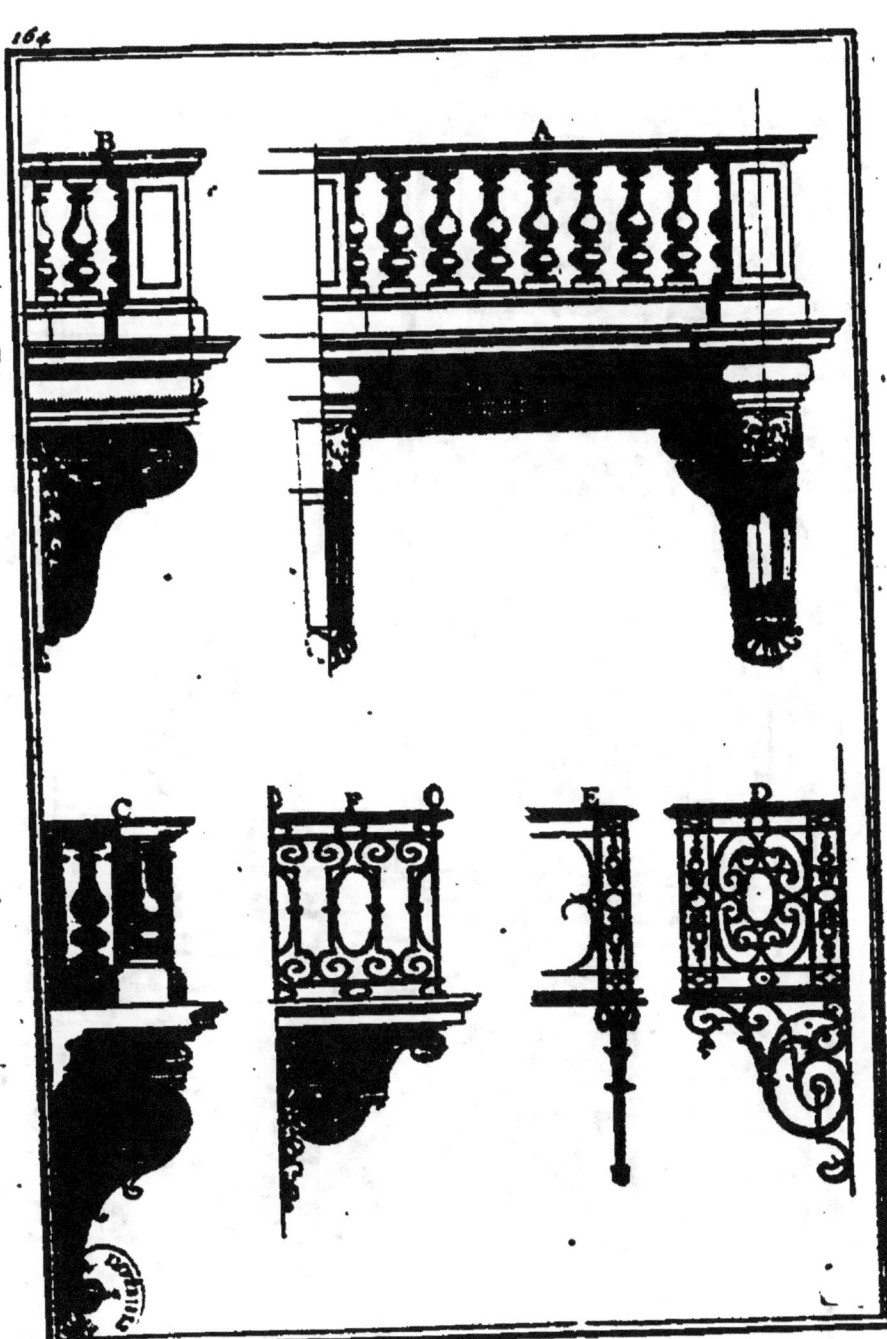

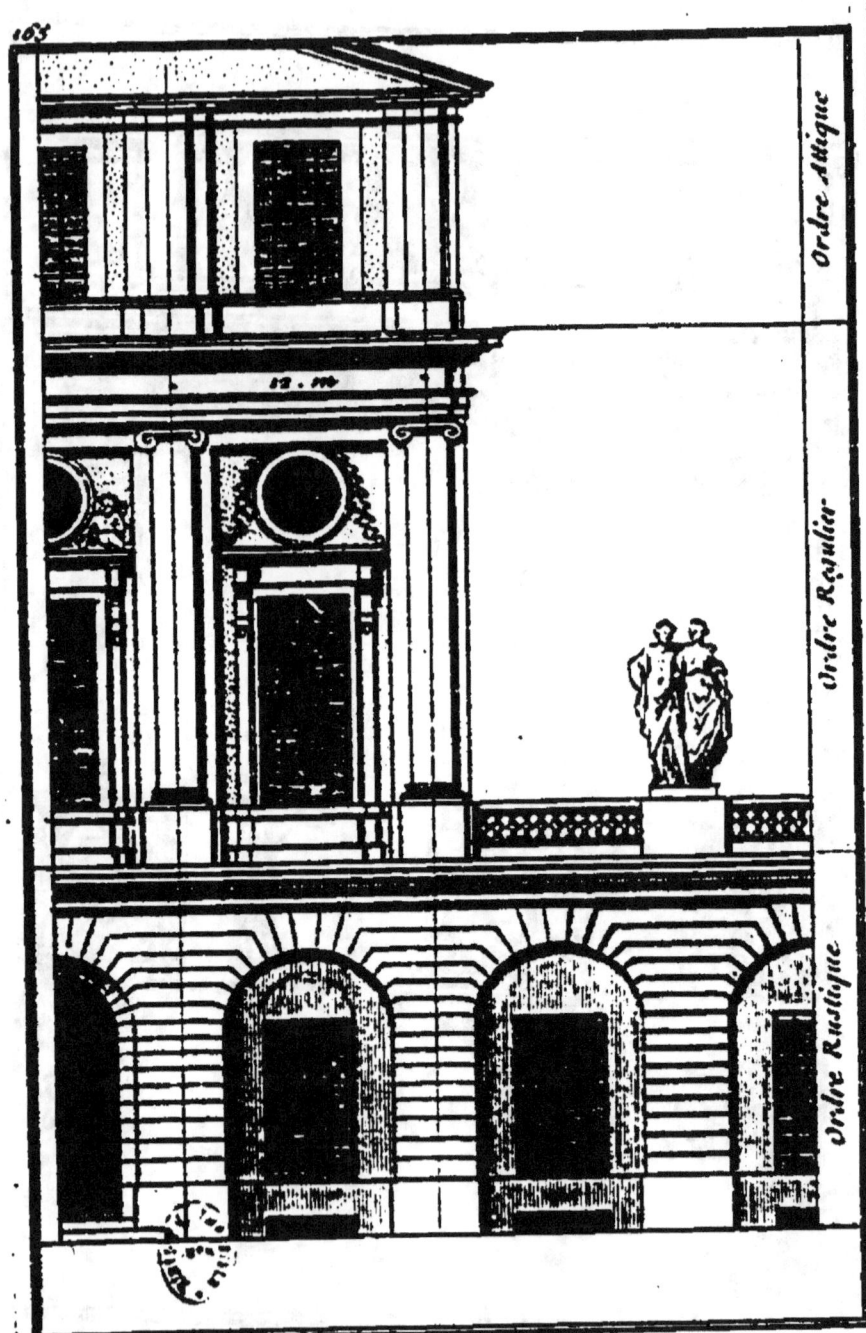

Ordre Attique

Ordre Regulier

Ordre Rustique

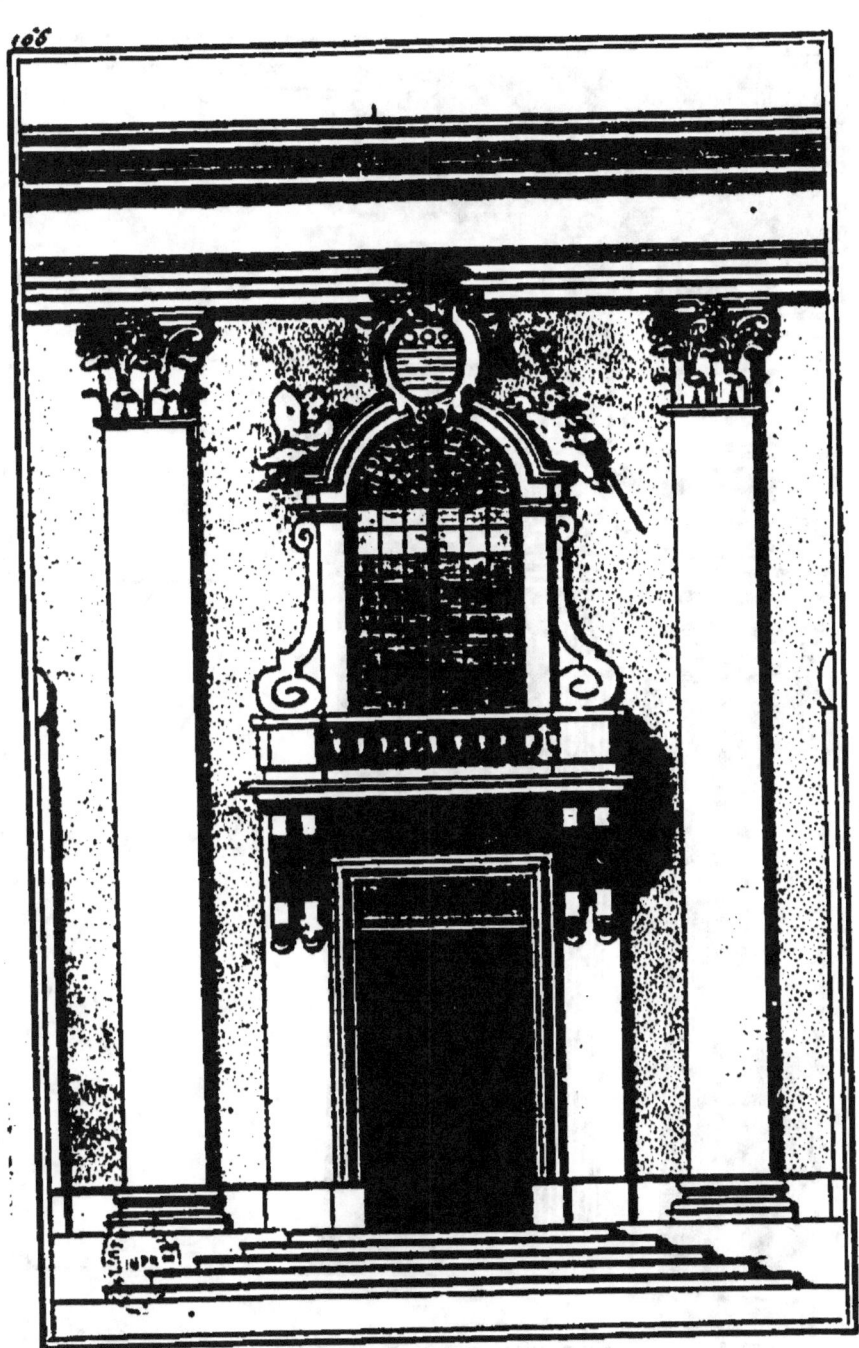

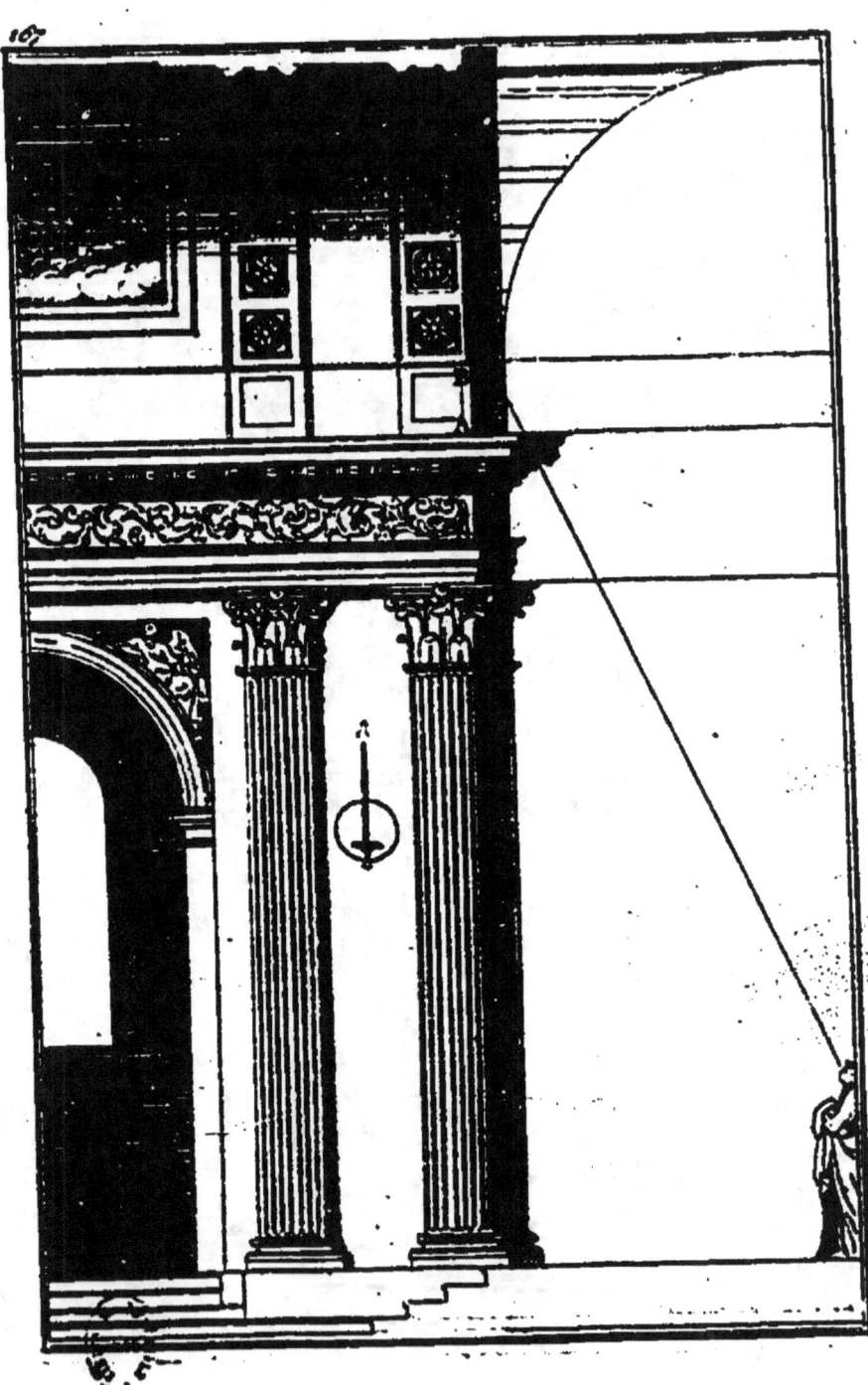

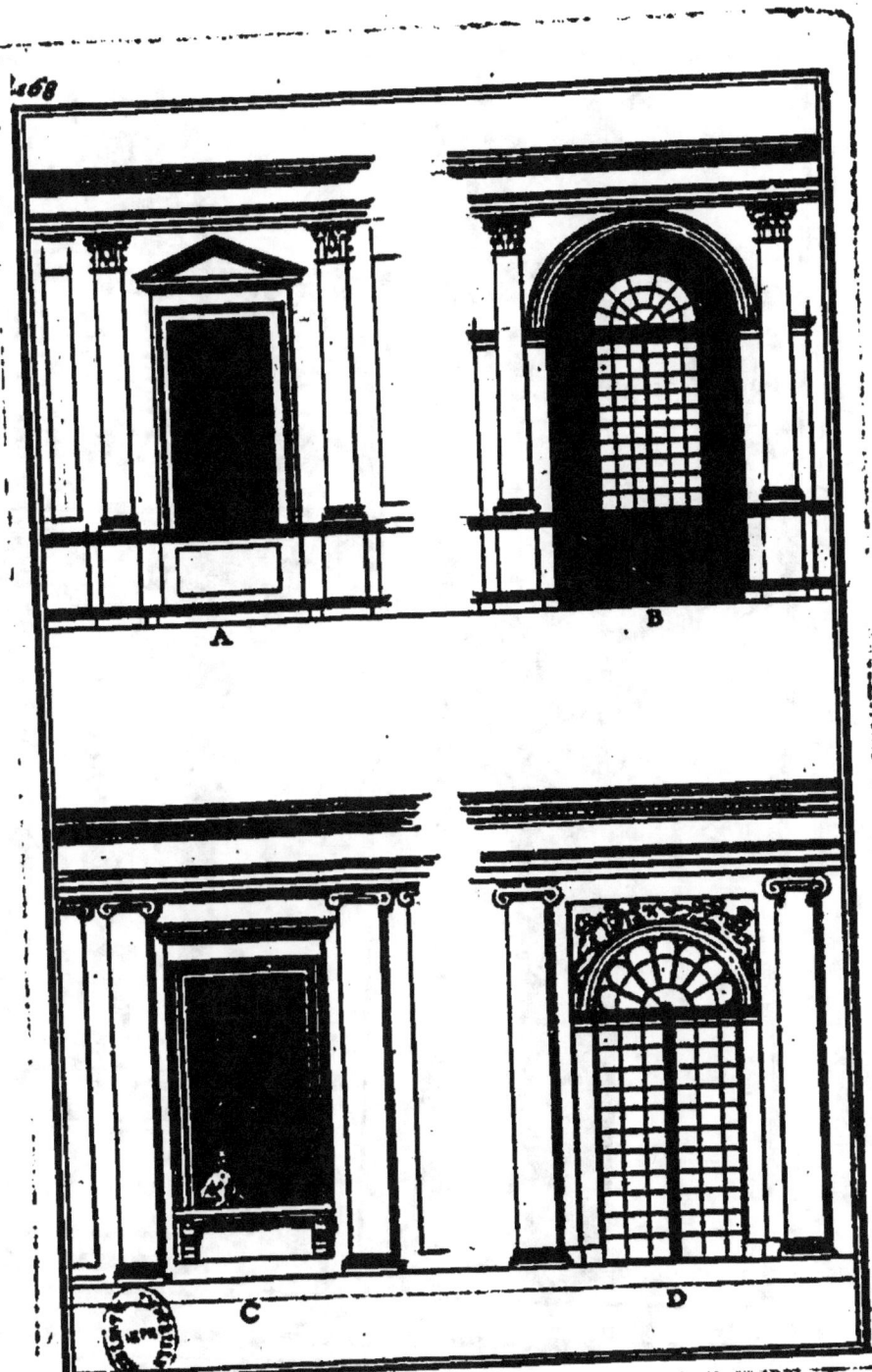

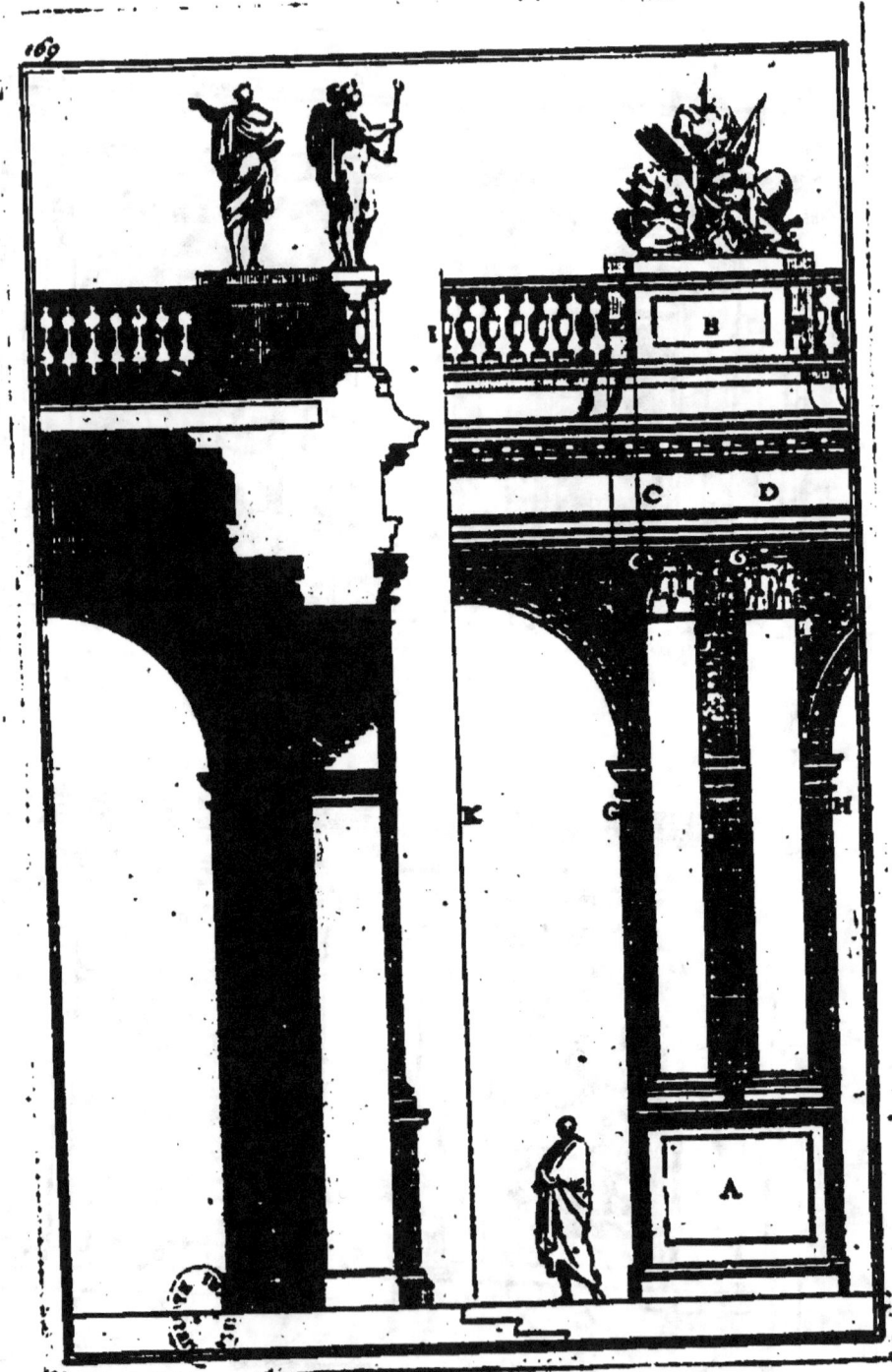

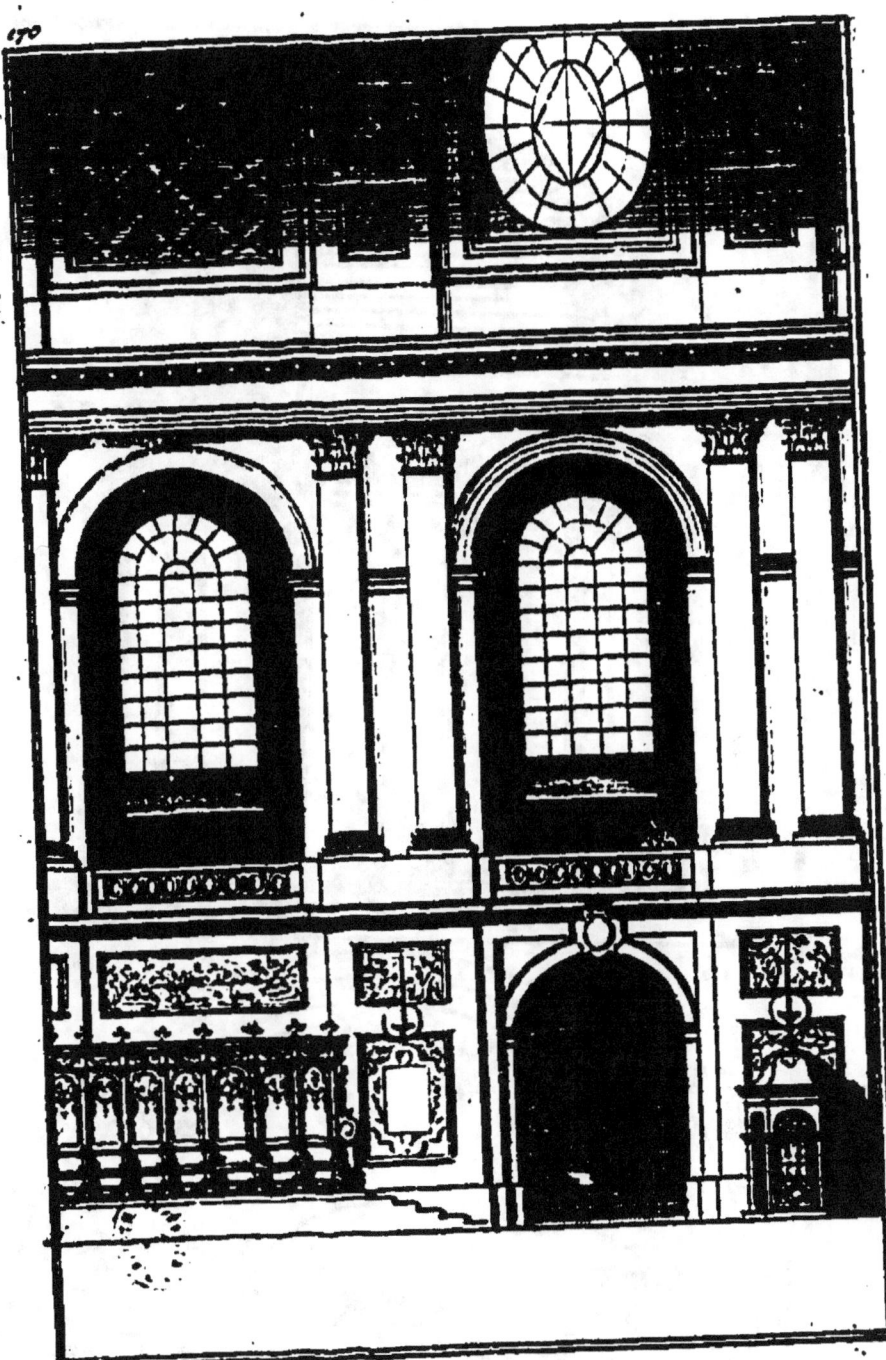

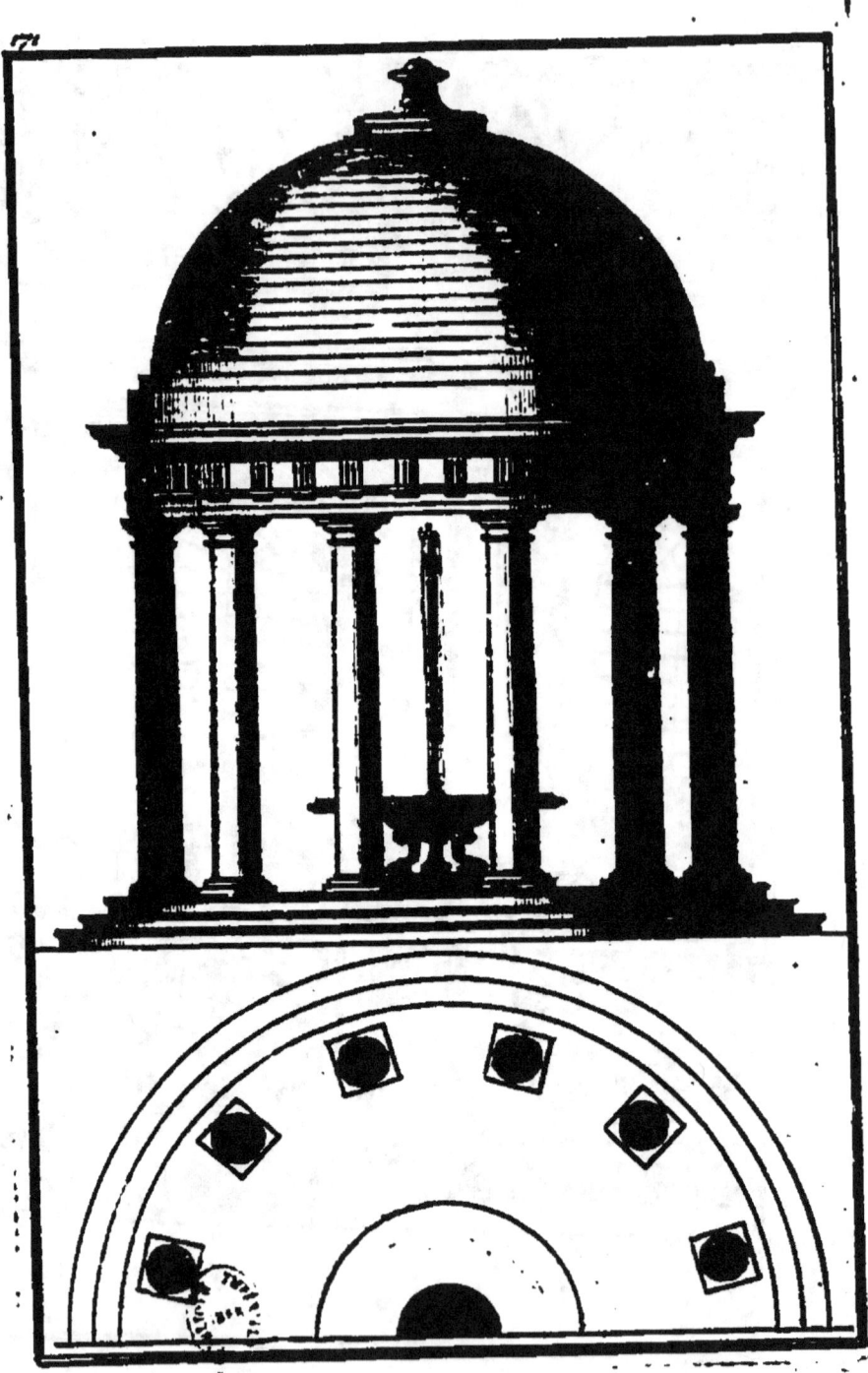

Composition d'architecture à Eviter.

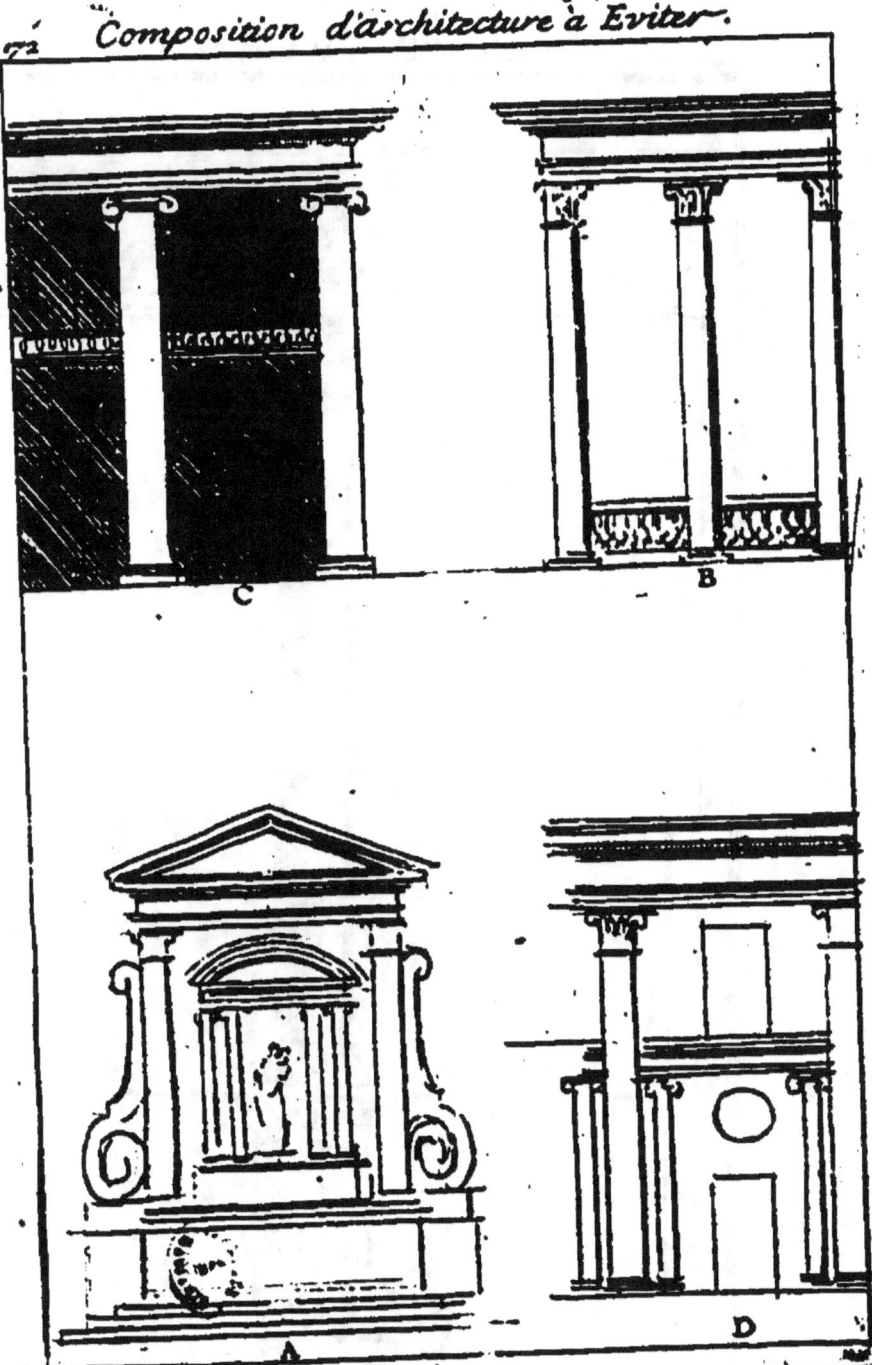

ORDRE FRANÇOIS.

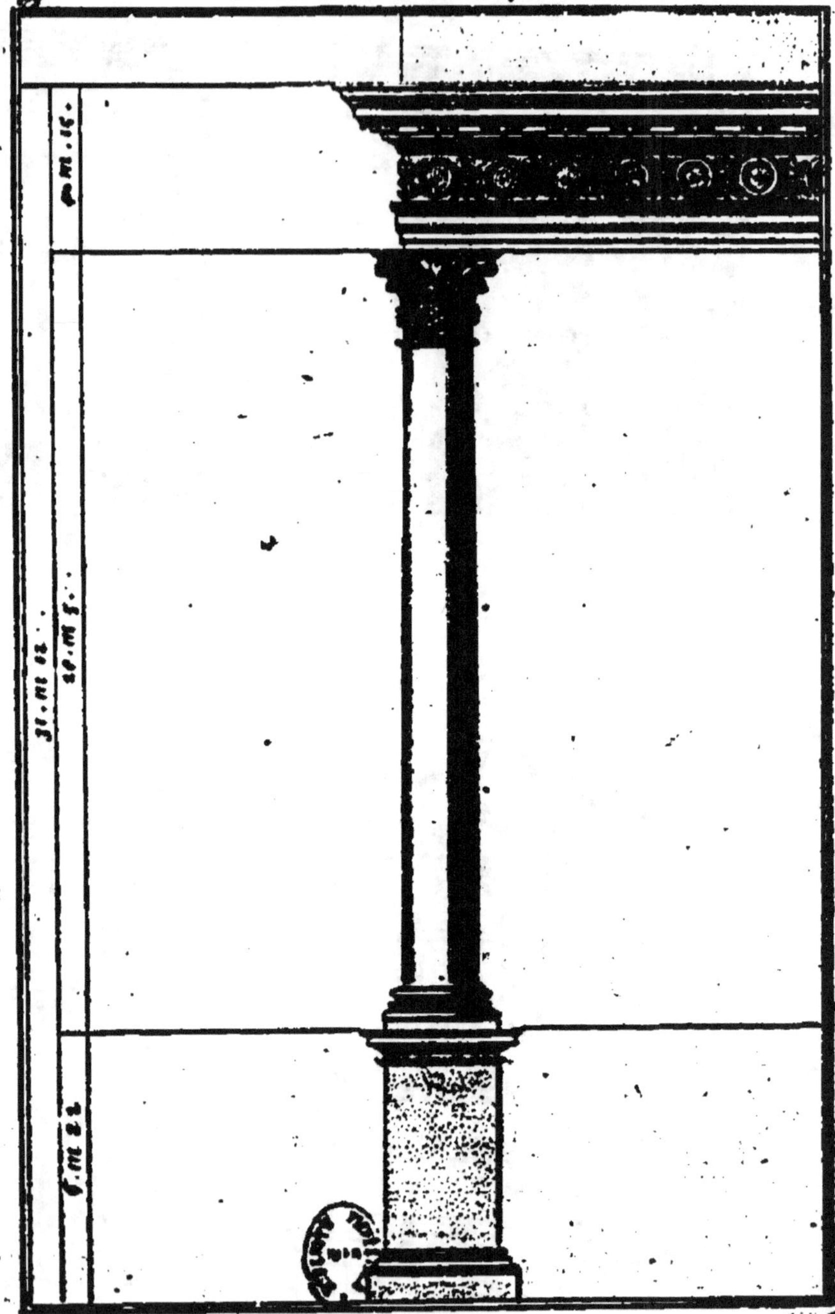

ORDRE FRANÇOIS.

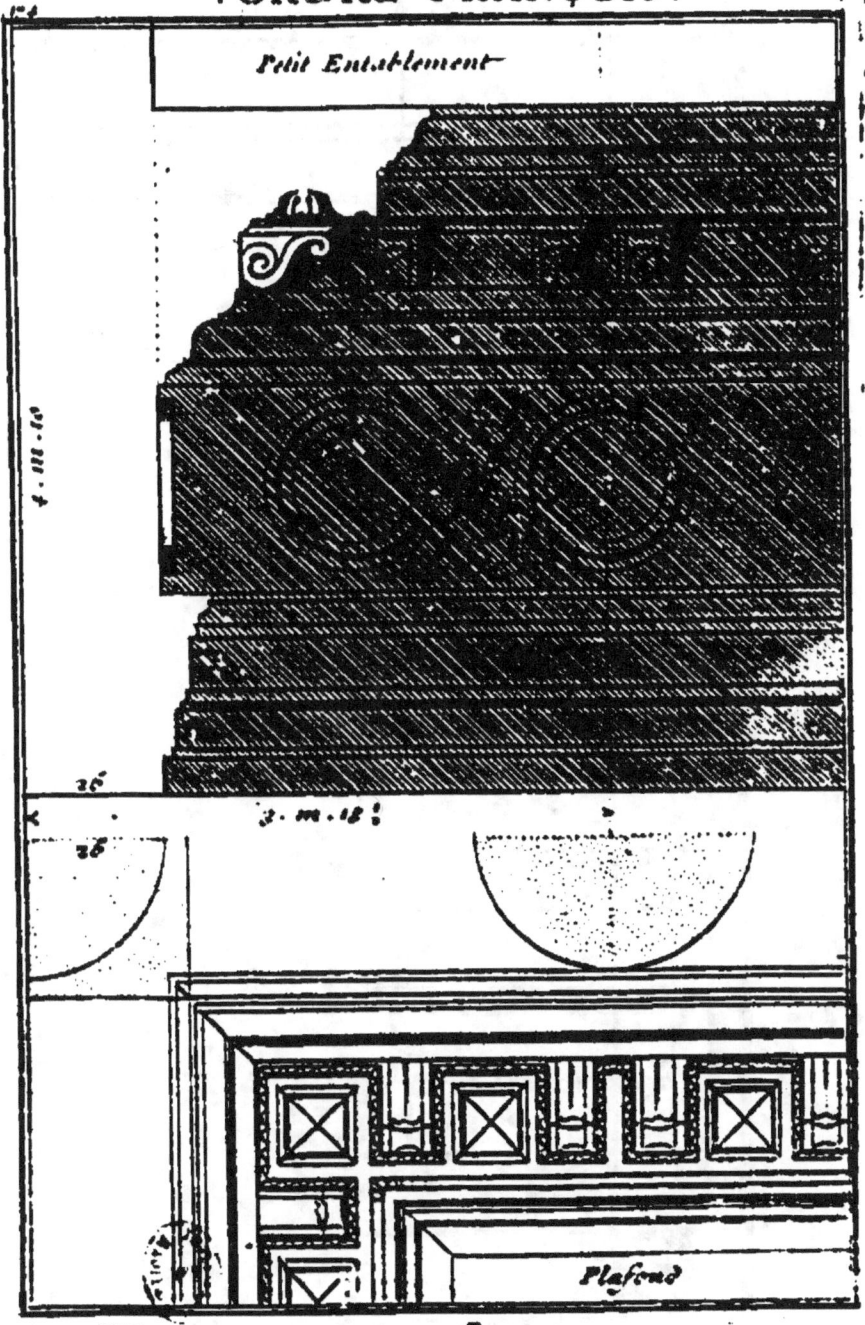

Petit Entablement

Plafond

ORDRE FRANÇOIS.

ORDRE FRANÇOIS.

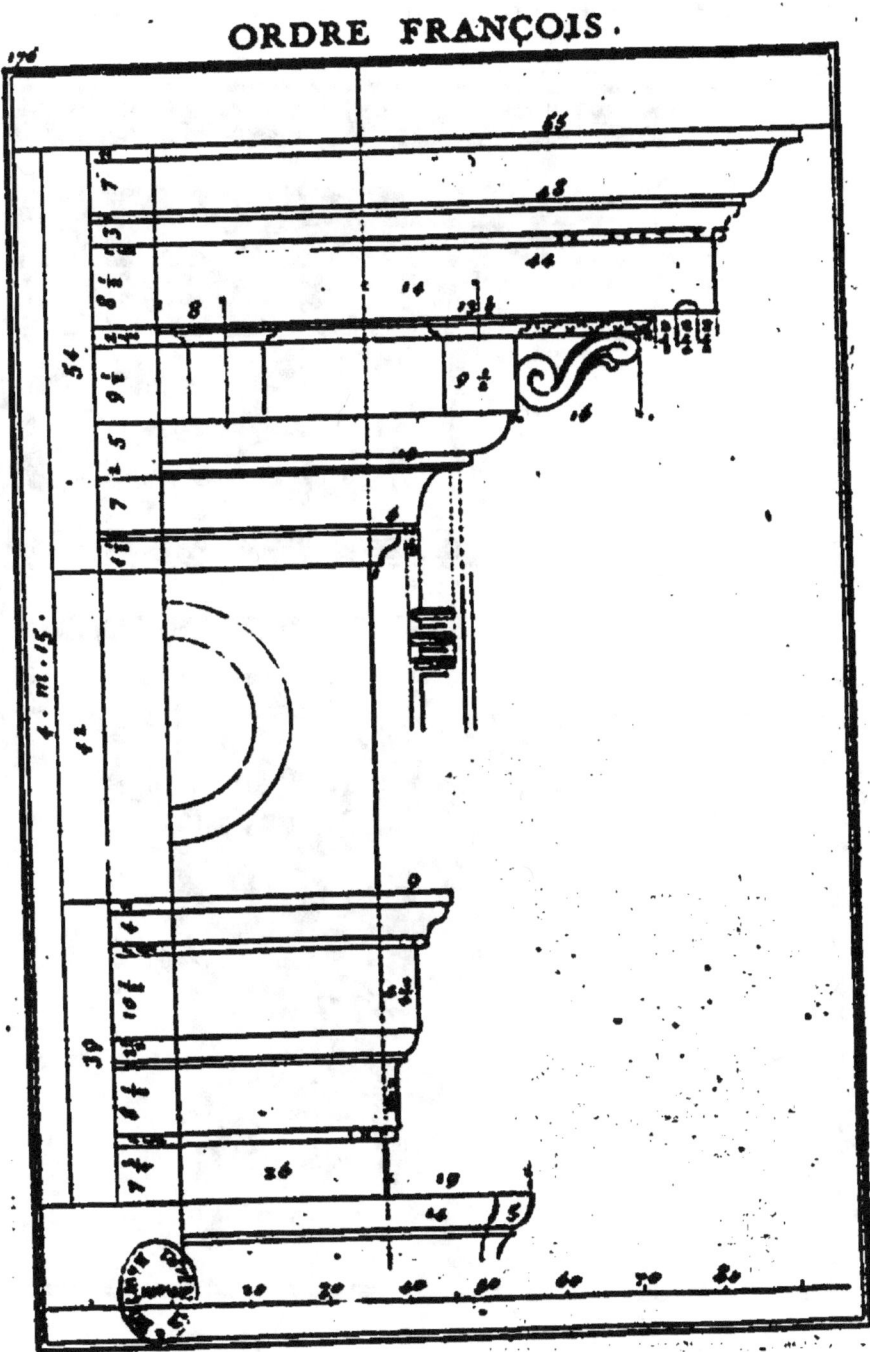

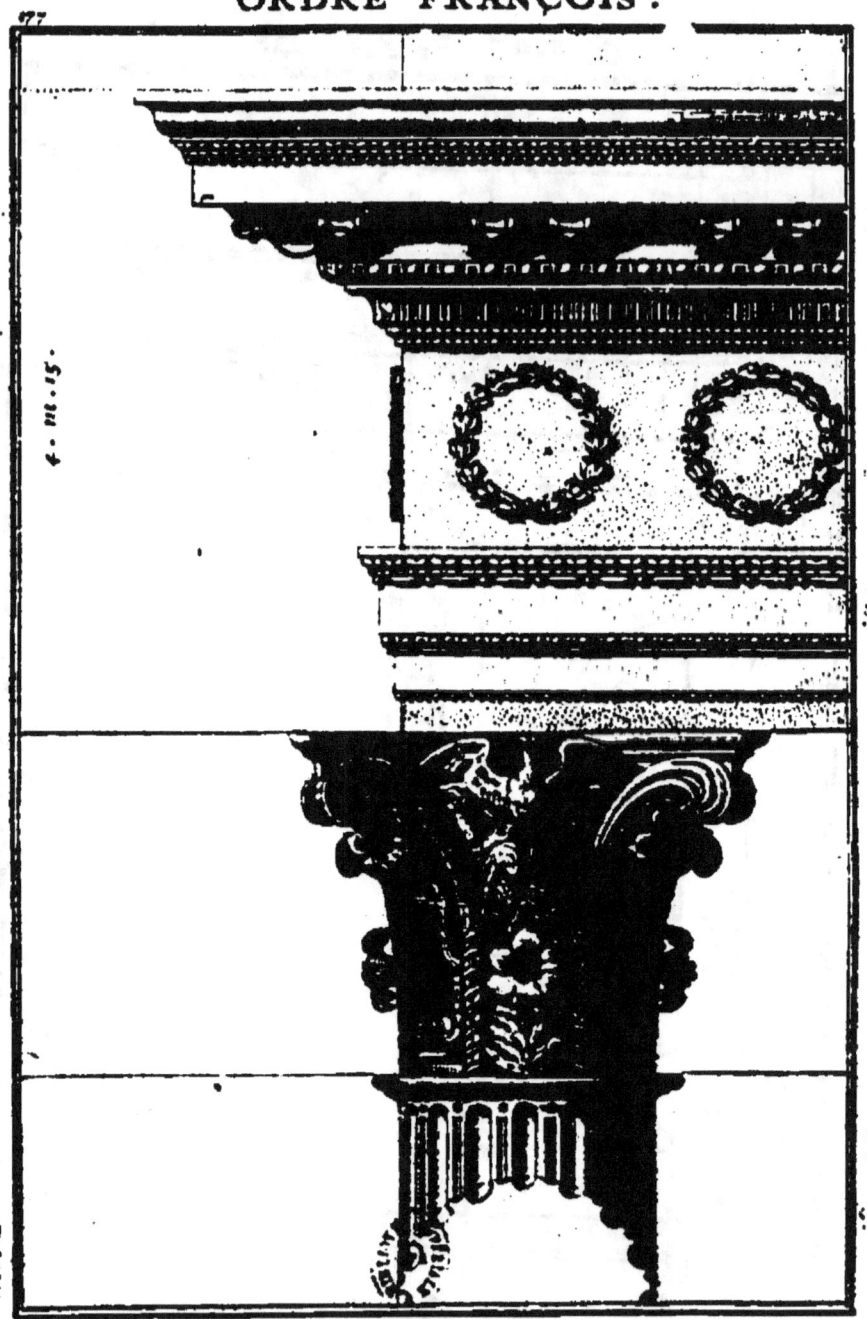

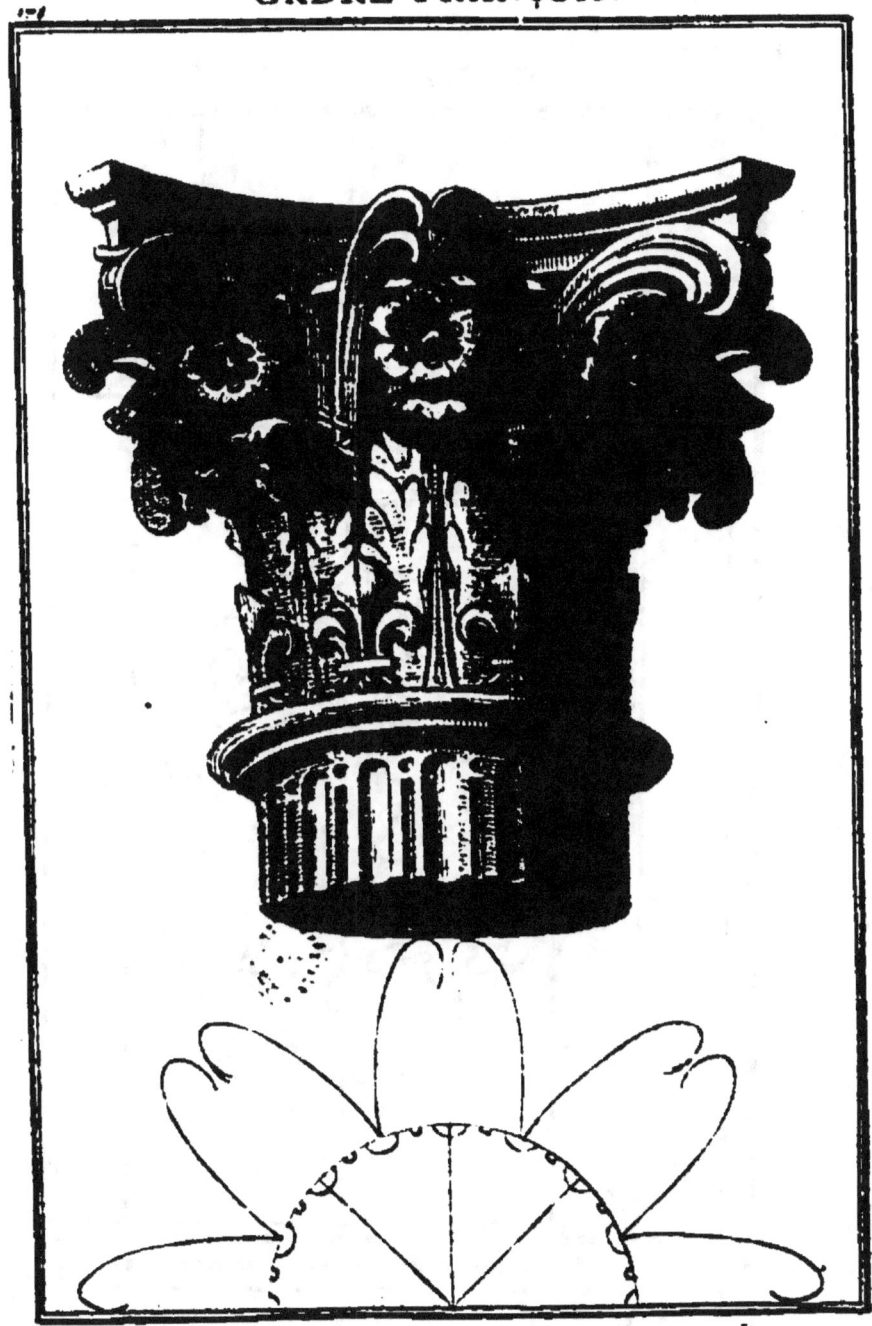

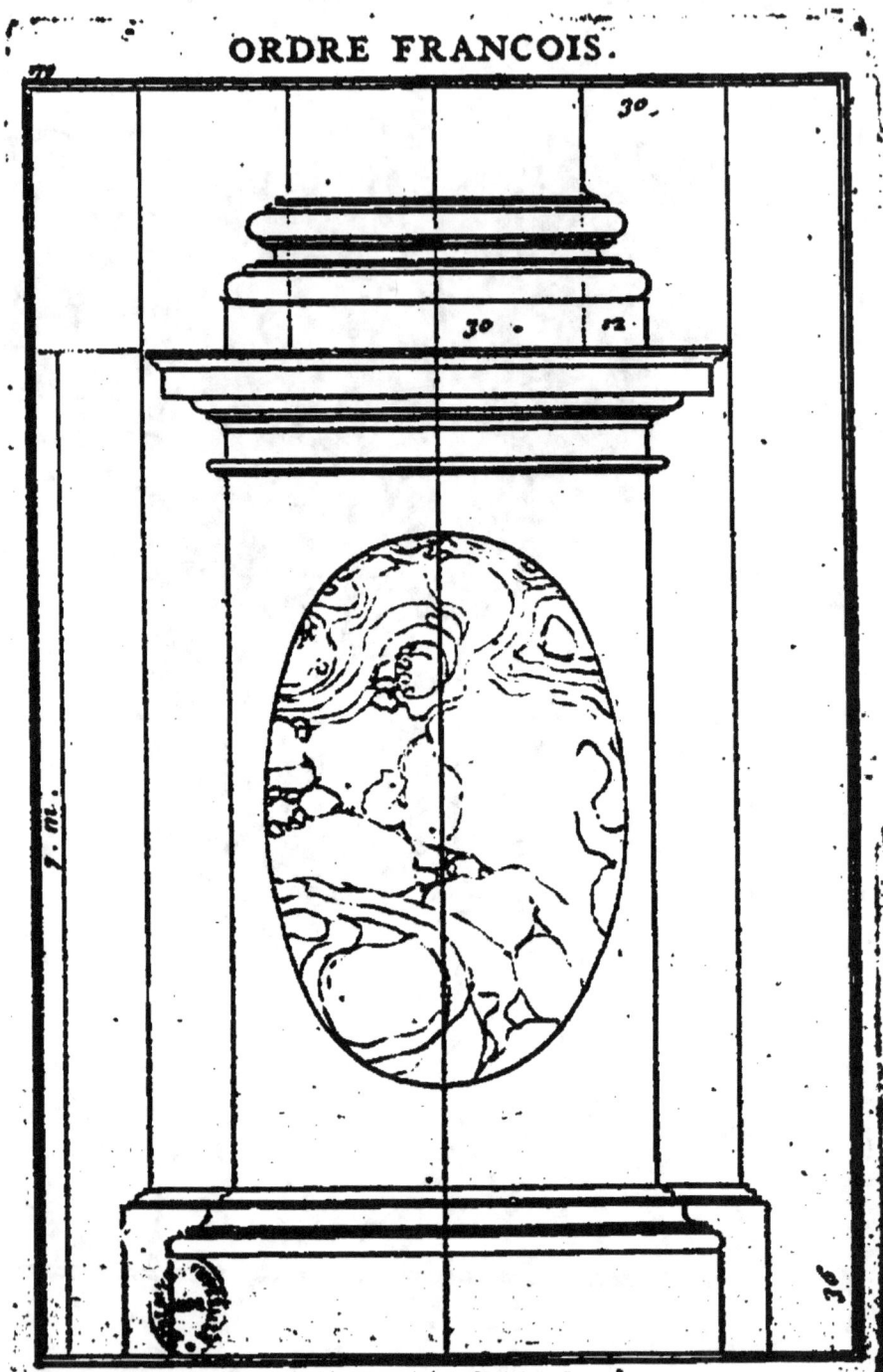

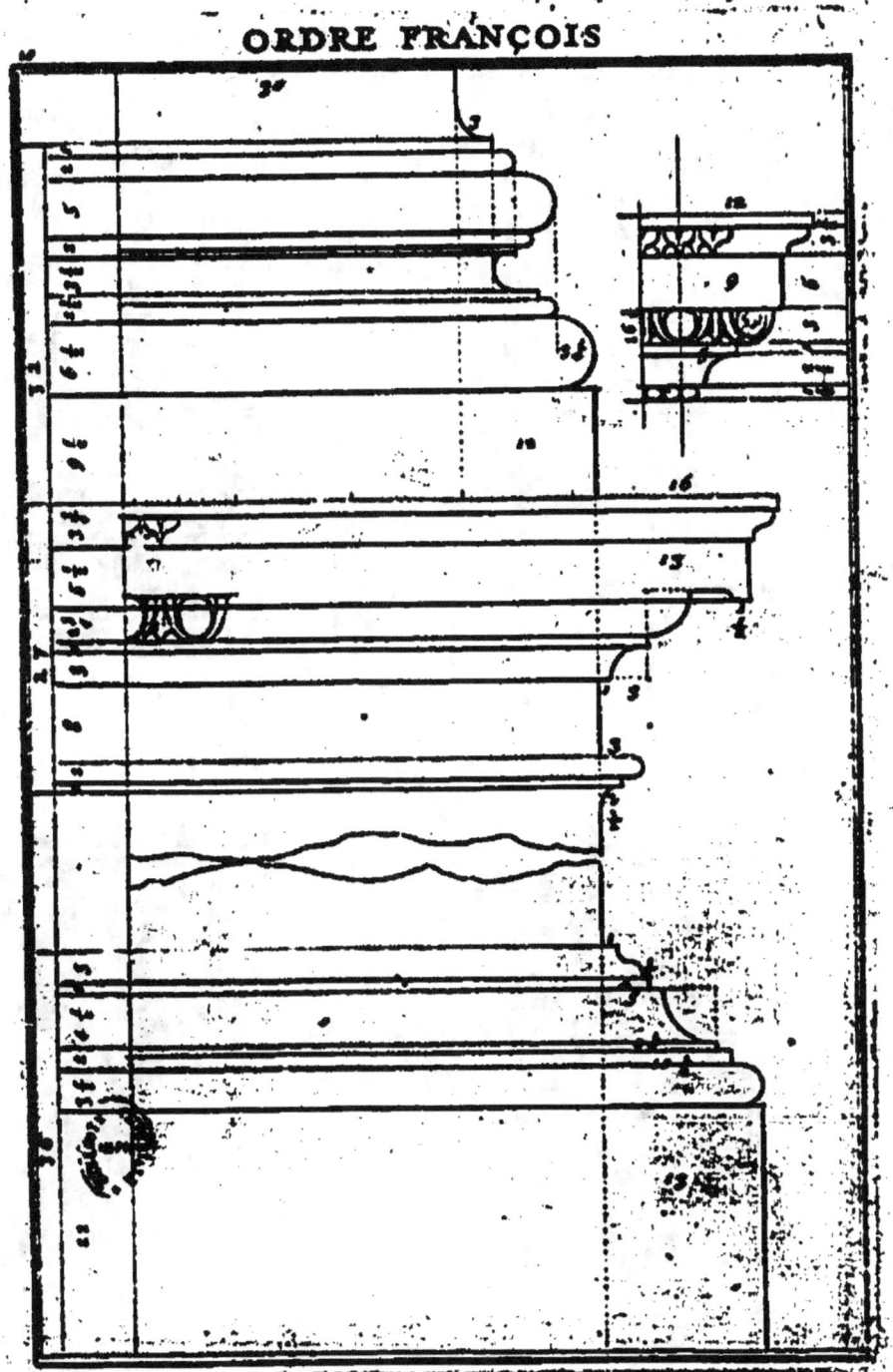

ORDRE FRANÇOIS

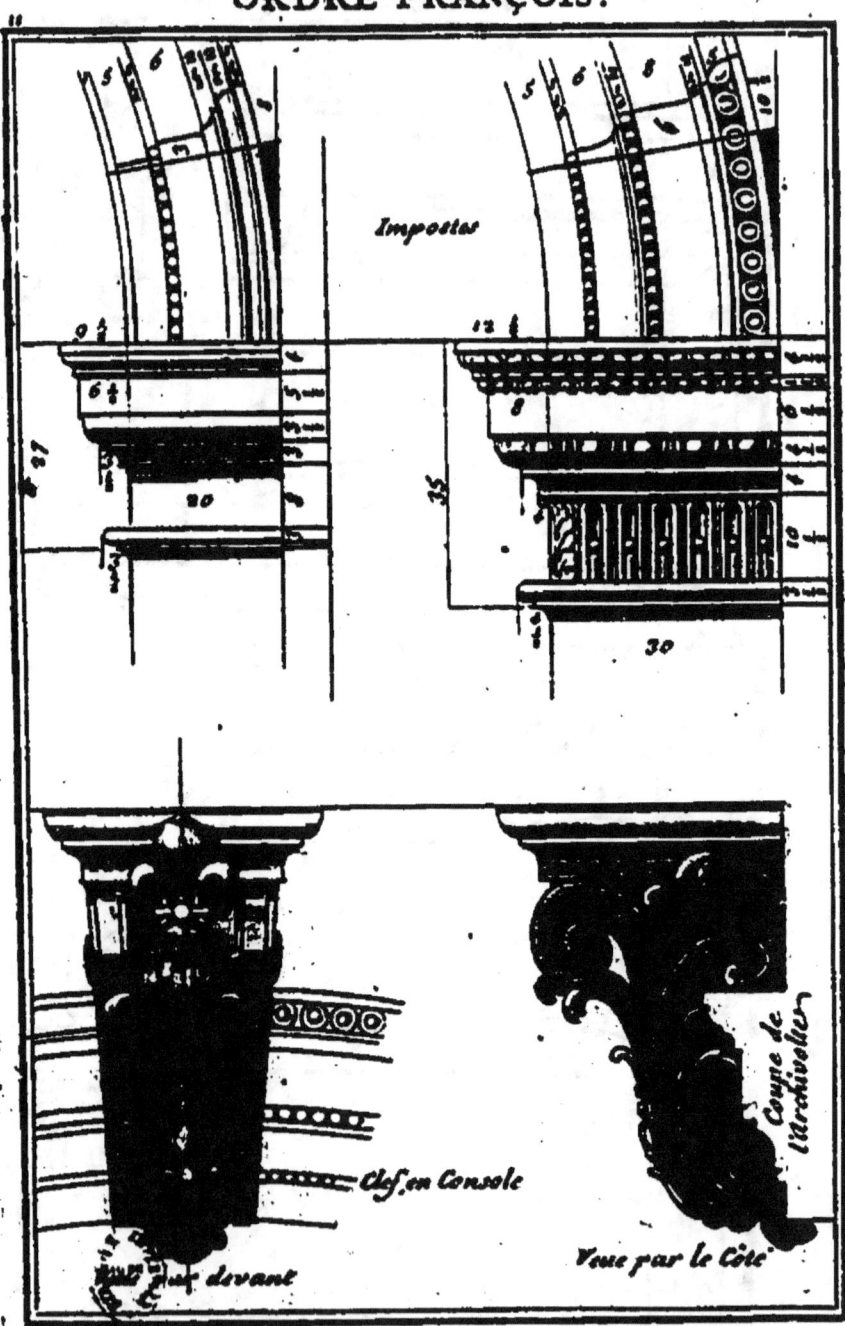

Impostes

Clef en Console

Vûe par devant

Coupe de l'Archivolte

Vûe par le Côté

www.ingramcontent.com/pod-product-compliance
Lightning Source LLC
Chambersburg PA
CBHW071538220526
45469CB00003B/829